現代フランスを生きるジプシー

Les Tsiganes dans la France contemporaine

旅に住まうマヌーシュと共同性の人類学

左地亮子
Ryoko SACHI

世界思想社

はじめに

日本は、「ジプシー」と呼ばれる人々が存在しないとされる世界でも珍しい国だ。しかし、「ジプシー」という言葉から連想されるいくつかのイメージは、世界の国々同様に社会に浸透している。たとえば、音楽と踊りの才能にたけた「流浪の民」というロマンティックなイメージ。またもう一方で、海外旅行の注意書きにみられるようなスリや物乞いといったネガティヴなイメージ。もしかすると、日本では前者が優勢かもしれない。しかし、「ジプシー」が両極端のイメージを喚起すること、そしてそれら表象の圧倒的な浸透力のなかでほとんどその現実が語られないという点は、ジプシーを国民として抱える国々も日本も共通している。

本書が描いていきたいのは、ジプシーと呼ばれ、現実の社会においてその存在を不可視化されてきた人々の日常である。そもそも私がジプシーに興味をもったのは、この彼らの不可視性をきっかけとしている。高校時代、ナチス・ドイツによるユダヤ人迫害について学ぶ授業で、「ここ（教科書）には書かれていないけれども、ジプシーという人たちも同じように迫害された」と聞いた。とても驚いたことを覚えている。なぜ、これほど残酷な出来事の犠牲者でありながら、彼らについて何も書かれていないのかと不思議に思ったのだ。

その後、ジプシーに関わる歴史学や社会学の書物を読み進めていくなかで、私は、ジプシーと呼ばれる人々がヨーロッパに辿りついてから今日に至るまで、どのように差別や排除の対象とされてきたのかを学んだ。しかし、これらの人々は文字をもたない言語を母語とし、近年までほとんど自分たちの手で記録を残してこなかった。したがって、世界が彼らをどのようにまなざしてきたのかを知るうちに、私はおのずと、彼ら自身がそうした世界をどのように捉え返し、どのように生きているのかについて、強い関心を寄せるようになった。そして、異文化の人々がつくりあげる生活世界の内部に入りこみ、人々の行為を観察し、時にそれに参与しながら理解を深めていく人類学の研究手法が、私の疑問を解決するために必要不可欠だと考えるようになった。

ジプシーの不可視化された現実を人類学の調査研究により理解することを目指して私が注目したのが、フランスのジプシーの暮らしであった。とりわけ、「旅するジプシー」という従来のイメージからはずれるような、都市の周縁にある空き地や宿営地に「キャラヴァン」と呼ばれるキャンピング・トレーラーをとめ、動くことなくそこで過ごしている人々の住まい方に惹きつけられた。今日、世界に暮らすジプシーやロマと呼ばれる人々のほとんどが定住している。フランスのジプシーも、第二次世界大戦後、旅の生活を変化させ、定住化の道を歩んでいった。今では、一般のフランス人同様に、家屋やアパルトマンなどの「固定式の」住居に住む人々も多い。しかしフランスでは、依然として、キャラヴァンなどの「移動式の」住居に住むジプシーの姿を見ることができる（彼らもまた、旅を続けることが難しくなっているのであるが）。こうした人々のキャラヴァン居住の様子を、私はパリ郊外を走る鉄道やフランスの地方を行くバスの窓から目にした。それは、フランスという現代社会の隙間で圧倒的な存在感を放っているように感じられた。

ジプシーの定住化の原因は、本書で述べていくように、歴史的、社会的な背景から理解することができる。しかし、私が知りたかったのは、定住化の要因自体ではなく、定住化が進む一方でそれでもなおキャラヴァンに住み続ける人々がいるのはなぜかという問題であった。これに関しても、ジプシーをとりまく差別や排除の問題、またジプシー自身のキャラヴァンや旅の生活に対する愛着など、すでに指摘されていることはあった。実際に、私は調査を始めてすぐに、これらの説明がどれもジプシーたちの現実を正しく示していることを理解した。ただ調査の進行とともに、私にはそれらが表層的に見えてもきた。なぜなら、私と出会った人々が「キャラヴァンに住まうこと」について語り、そのありようを見せてくれるとき、彼らは差別や愛着という言葉では表現しきれないほど多くのことを私に開示してくれたためである。「あなたたちはどのようにキャラヴァンに住まうのか」。このように問う私に彼らは、自分たちの家族や共同体について、自分たちの身体が周囲の環境と織りなす関係について、フランス社会のなかで「ジプシー」として生きるということについて、つまり、ある「住まい」がいかに〈私たち〉をかたちづくり、そしてそのための「居場所」を紡ぐことに深く関わっているのかを教えてくれていた。

こうして私のジプシーの不可視性をめぐる問いは、本書の目的へとつながっていった。本書は現代フランスを生きるジプシーについての民族誌であると同時に、住まいと共同性をめぐる人類学的研究でもある。「住まう」という日常性、そして生の基盤である物質性と身体性のなかから、〈私たち〉とその居場所を紡ぎあげていく人々の姿を描くことで、ジプシーというヨーロッパの「内なる他者」がしなやかに、創造的に生きる現実を伝えることができるはずである。また同時に、それは人と人との結びつきや共同性が、人の「住まう」という日々の実践のなかで創りあげられていくさまを示すものとなる。すなわち、社会変化と他者の只中を生きぬくジプシーの居住の実践を通して、本書はより広く現代社会の住まいと共同性を考えるための一視点を提供することを目指す。国家による統治や排除のもとで居場所を奪われている現代の移動民やマイノリティ、さらに、環境の変化のなかで「住まうこと」の困難に直面している現代社会の私たちにとって、〈私たちのところ〉と呼べるような居場所はどのように認識され、かたちづくられるのだろうか。社会の変化や暮らしの多様化、それに伴うさまざまな課題が生じる過程で、ジプシーのみならず私たちもまた、常に「住まう」という日常のなかでより良き生き方を模索しているはずである。本書がそうした人の創造的な住まいと生を考える一助となれば幸いである。

本書では、これまでジプシーと呼ばれてきた人々を、近年新たな総称とされている「ロマ」ではなく、「ジプシー」と呼ぶ。これは、本書が対象とするフランスのジプシーと一般社会の用法に倣ってのことである（詳しくは序章2-1を参照されたい）。

なお序章では、文化人類学の先行研究を紹介しながら本書の視座を説明するが、ジプシーの住まいと生に興味を抱かれる読者は、序章は調査対象の概要を把握する箇所をおさえるにとどめ、第1章から読み進めていただいても構わない。

目次

【凡例】

外国語および人名、地名などの表記について

本書では、マヌーシュ語とフランス語／英語などを併記するが、マヌーシュ語をはじめとするジプシーの諸言語はその他の言語と区別するため斜体で示す。元来文字をもたないマヌーシュ語の表記法については、基本的にはヴァレ神父の編集したマヌーシュ語語彙集［Valet 2007］に倣うが、一部で変更も加えている。

また本書では、調査対象者の匿名性が守られるよう配慮した。調査地の集合宿営地の名称は、アルファベット略語（仮名）で表記する。登場する個人名は仮名であり、家族集団の姓はアルファベット略語で表記する。なお、調査対象者の年齢や年代は、調査当時のものである。

写真について

本書に挿入した写真のうち提供元の記載のないものは、筆者がフランスにて撮影したものである。

序章　ジプシーの住まいと共同性をめぐって

本書では、現代フランスにおけるジプシーのキャラヴァン居住の実践を、共同性との関わりに注目して論じる。住まうという日々の営みを、人々の共同性と居場所構築をめぐる社会的かつ身体的な実践として描きだすことで、ジプシーならびに現代世界の移動民とマイノリティについての民族誌的研究に貢献すると同時に、住まいと共同性に関わる人類学的研究に新たな知見を加えることを目指す。

1　旅と居住の道具としてのキャラヴァン

「あんたのほうが旅人だ。だって日本からやって来たんだもの。そこは遠いんでしょう」。

二〇〇七年一一月、博士論文執筆のための本格的な調査を始めた私に、マヌーシュの女性がこのように述べた。宿営地にとめたキャラヴァンの前で彼女は、「旅はもう終わりだ。私たちのキャラヴァンのための場所なんてもうない

写真０－１　キャラヴァン

のよ」と言った。

「マヌーシュ *Mānuś*/Manouches」は、フランスで「ツィガン Tsiganes」や「旅の人々 gens du voyage」と呼ばれている。日常的には彼らは自らを指す際に、マヌーシュ以外に、「ジタン Gitans」や「旅人 Voyageurs」といったさまざまな名前を用いる。「ツィガン」は異端者や不可触民を意味するギリシア語「アツィンガノス Atsinganos」に、「ジタン」は「エジプト人 Egyptians」の語に由来するが、いずれも日本語や英語で「ジプシー Gypsies」と訳すことのできる名称である。つまり、マヌーシュは、「旅のなかに住まうこと」を生き方としてきたジプシーである。

正確な統計データを欠き、推計値の幅も広いが、今日、ジプシーと呼ばれる人々は世界各地に約一〇〇〇万人から一五〇〇万人暮らすとされ、その内部にはいくつかの下位集団が存在する。フランスのマヌーシュもその下位集団の一つである。マヌーシュは、歴史的に早い時期から各地域社会で定住を開始した他のジプシー集団とは異なり、第二次世界大戦後まで「ノマディズム」と呼ばれる移動生活を活発に続けてきた。しかし、フランスで急速に進行した都市化と高度経済成長の影響を強く受け、マヌーシュもまた移動生活を縮小し、今日、都市の周縁にある宿営地や空き地に定着して住むようになっている。

写真０－２　ルーロットとマヌーシュ（AGV 64提供）

マヌーシュは、移動のなかに住まう暮らしから一つの定着地にとどまる暮らしへと生活を変化させたが、依然としてキャラヴァンに住まい、定住民社会のそれとは異なる生活様式を保持している。「キャラヴァン caravane」とは、正確にいうと自動車で牽引するキャンピング・トレーラー、ならびにモービル・ホームなどの「移動式住居」を指し、マヌーシュは、「カピーナ *kapina*」、「キャンピン *kampine*」と呼ぶことも多い（写真０－１）。キャラヴァンは、それまでマヌーシュが使用していた「ルーロット roulotte」と呼ばれる家具馬車（写真０－２）に代わり、第二次世界大戦後からマヌーシュが利用してきた住居であるが、マヌーシュは定住化の進む今日においてもなお、この移動式住居に住み続けている。キャラヴァンは、彼ら自身も認めるとおり、定住化の過程で次第に「動かなくなっている」にもかかわらず、である。

キャラヴァンとつくりあげる〈私たちのところ〉

なぜ、マヌーシュは定住化を進行させてもなおキャラヴァンに住み続けるのだろうか。フランスのメディアや社会学的な議論においてその背景が語られるとき、まず挙げられるのは、彼らが経済的に貧しく、かつその文化的慣習によって一般社会でさまざまな差別や排除を経験するため、家屋居住への移行が難しいという見解である。これは一部分では事実であり、本書でもそうした現状を正確に記述していく。しかし本書で試みるのは、マヌーシュの現代におけるキャラヴァン居住を主流社会への参入、あるいは移動生活から定住生活への移行の「失敗」という側面から捉えることではない。むしろ、なぜマヌーシュがそうした生活様式を選択するのかという側面を追究することで、キャラヴァン居住がマヌーシュの生のありようと不可分に結びつく社会的、身体的実践であることを明らかにしていきたい。

キャラヴァンはマヌーシュが使用してきた歴史も浅く、一般市場に流通する商品である。マヌーシュのキャラヴァンと一般のフランス人（定住民）が余暇活動の際に使用するキャンピング・トレーラーは同じもので、マヌーシュは定住民のディーラーや中古車業者からキャラヴァンを購入する。このように博物館に展示されるような特別な文化的価値が備わっているとはいえないキャラヴァンであるが、マヌーシュはキャラヴァンに住むことを「マヌーシュであること」と結びつけて語り、その重要性をことあるごとに強調する。私有地に暮らし、そこに家屋を建てて暮らすマヌーシュも増えているが、彼らもまた家屋の横に置かれたキャラヴァンのなかで眠る。彼らはキャラヴァンを用いてつくりあげる住まいを〈私たちのところ *paś mangel* / chez nous〉と表現し、その住まい方を今日においても彼らを定住民ではなくマヌーシュとして位置づける指標とする。

このようなことから、マヌーシュがキャラヴァン居住を続けるのは、旅の生活やキャラヴァンに対する愛着のためだという説明もしばしばなされる。確かに、「私たちはキャラヴァンに住む、だからマヌーシュなのだ」というフレーズは、私が調査のあいだに幾度も耳にしてきたもので、そこにみられるマヌーシュとキャラヴァン居住との関わりは、住まいが人のアイデンティティ形成や維持に結びついていることを示唆する。しかしその一方で、「語られたこと」を記述し、マヌーシュとキャラヴァンとの関係を「愛着」という言葉で説明するだけでは、さまざまな困難に直面しながらもマヌーシュがキャラヴァン居住を続けていこうとする、その選択の背景を十分に理解することはできない。そこで本書では、そうした語りの背景として、キャラヴァンに住まうという営みが実際にマヌーシュの人々の日々の生活をどのように支えているのかという点を探究していく。マヌーシュは、定住化に伴う社会変化をどのように捉えて生きているのか。また、彼らは定住民社会という他者の只中で、〈私たちのところ〉と呼ぶ居場所をどのようにかたちづくるのか。こうした問題を、キャラヴァンを媒介として自らを環境や他者のなかに位置づけていくマヌーシュの社会的、身体的な実践と照らしあわせながら考察することで、「キャラヴァンに住まうこと」が、彼らの「マヌーシュであること」という感覚や「共同性」と切り離すことのできない生の営みであることを示したい。

キャラヴァンの二つの側面

それではどのような視点から、この問題を探っていくことができるだろうか。キャラヴァン居住の特徴は、それが「移動する住居」に住まう行為だという点にある。私はマヌーシュに、「(ほとんど移動生活に出かけないのに)なぜキャラヴァンを保持するのか」という問いをよく投げかけた。そうすると頻繁に返ってきたのは、「旅をするため」、そして「眠るため」という二つの答えであった。マヌーシュのキャラヴァンは、現在、一年の大半は動くことなく定着地にとめられている。しかしそれでもマヌーシュは、キャラヴァンに住まうことを旅の生活と結びつけて語る。またマヌーシュは、身体を休め眠るための住居としてキャラヴァンを使用し、家屋をその代替物として用いない。つまり、定住化が進行する今日においても、マヌーシュにとってキャラヴァンは「旅」と「居住」の道具であり、キャラヴァンに住まうことの意味はこの二つの側面から問う必要がある。

したがって本書では、マヌーシュのキャラヴァン居住について検討するにあたり、キャラヴァンがもつ二つの側面に沿って二つの課題を設定する。

第一の課題では、キャラヴァンの「旅」の道具としての側面に焦点をあて、マヌーシュが定住化という新たな社会的環境のもとで構築する「生活空間」の特徴を探る。今日、マヌーシュはこれまで維持してきた移動生活の方法や共同体のあり方を変容させている。ここではそうした変化の諸相を記述するのみならず、共同体と移動生活の再編の局面に注目し、旅の道具であるキャラヴァンを用いて、マヌーシュが定住化の時代を独自の方法で生きぬくさまを照らしだしたい。

第二の課題では、キャラヴァンの「居住」の道具としての側面に着目し、マヌーシュがキャラヴァンを用いてかたちづくる「居住空間」の特徴を検討する。一般的に住居とは、人の身体と周囲の環境とのあいだを媒介する道具であるが、住居の物質的な特徴によって住まいの全体的な構成もそこにみられる身体や環境との関係も異なってくるはずである。したがってここでは、キャラヴァンという人と共に移動することを前提とし、家屋のような空間構造をもたない住居が、マヌーシュの身体と織りなす固有の関係を探り、その関係から広がる他者や環境との結びつきや相互作用のありようを描きだしたい。

このように本書では、旅と居住の道具としてのキャラヴァンの二つの側面に着目し、マヌーシュが構築する二種の空間を検討する。そして同時に、全体を通しては、マヌーシュが住まうという日々の暮らしのなかで紡ぎあげる「共同性」について繰り返し問うていく。ここでいう共同性とは、人がある環境に住まうときに織りなす他者との結びつきの様態である。こうした共同性に関する問いを、住まいをめぐる日常の社会的、身体的実践を通して考察することが本書の特徴である。それにより、ヨーロッパの「内なる他者」として生きてきたジプシーの居場所構築の独自の方法を解明するとともに、これまでの民族誌的研究において人々の生活の背景として静態的に記述されることが多かった居住の営みやその空間を、人の生のありようと相互に作用しあう動態的な過程のなかで捉え直したい。

2　先行研究と本書の視座

2-1　「ジプシー」と人類学

それでは、本書がとるアプローチを説明していく。まず、「住まい」と「共同性」というテーマのもとで取りくむ課題の検討に先立ち、ジプシーと呼ばれる人々と彼らを対象にこれまでになされてきた研究について述べ、本書全体に通底する問題意識を示したい。

「ジプシー」とはどのような人々か

「ジプシー」を定義することは非常に難しい[1]。なぜなら、一般的にジプシーとは、五世紀から一〇世紀までのあいだに北西インドを出発し、その後ペルシアを経て一五世紀にヨーロッパ各地に拡散していった人々の子孫を指すが、ヨーロッパに到着してから今日に至るまで、これらの人々は異なる歴史を辿り、現在、彼らが営む生活や文化はきわめて多様性に富むためである。多くの場合、彼らはインドのサンスクリット語やギリシア語の影響を受けた独自の言語「ロマニ *Romani*」（「ロマネス *Romanes*」とも呼ばれる）をもつとされ、このインドに起源をもつ独自の言語使用により、世界中に散在するジプシーを同じ民族集団に属す人々とする見解がかねてより主張されてきた。しかし、ジプシーのインド起源説や単一民族説には異論も多い[2]。

バルカン半島を起点に拡散していったジプシーの存在がヨーロッパの広範囲で指摘され始めたのは、一五世紀初頭である（図0-1参照）。フランスでは、最初期の記録として、一四一九年にスイス国境に近いドンブ地方の町でサラセン人の一団が、一四二七年にパリで悔悛者を名乗る低地エジプト出身のキリスト者があらわれたという記述が残さ

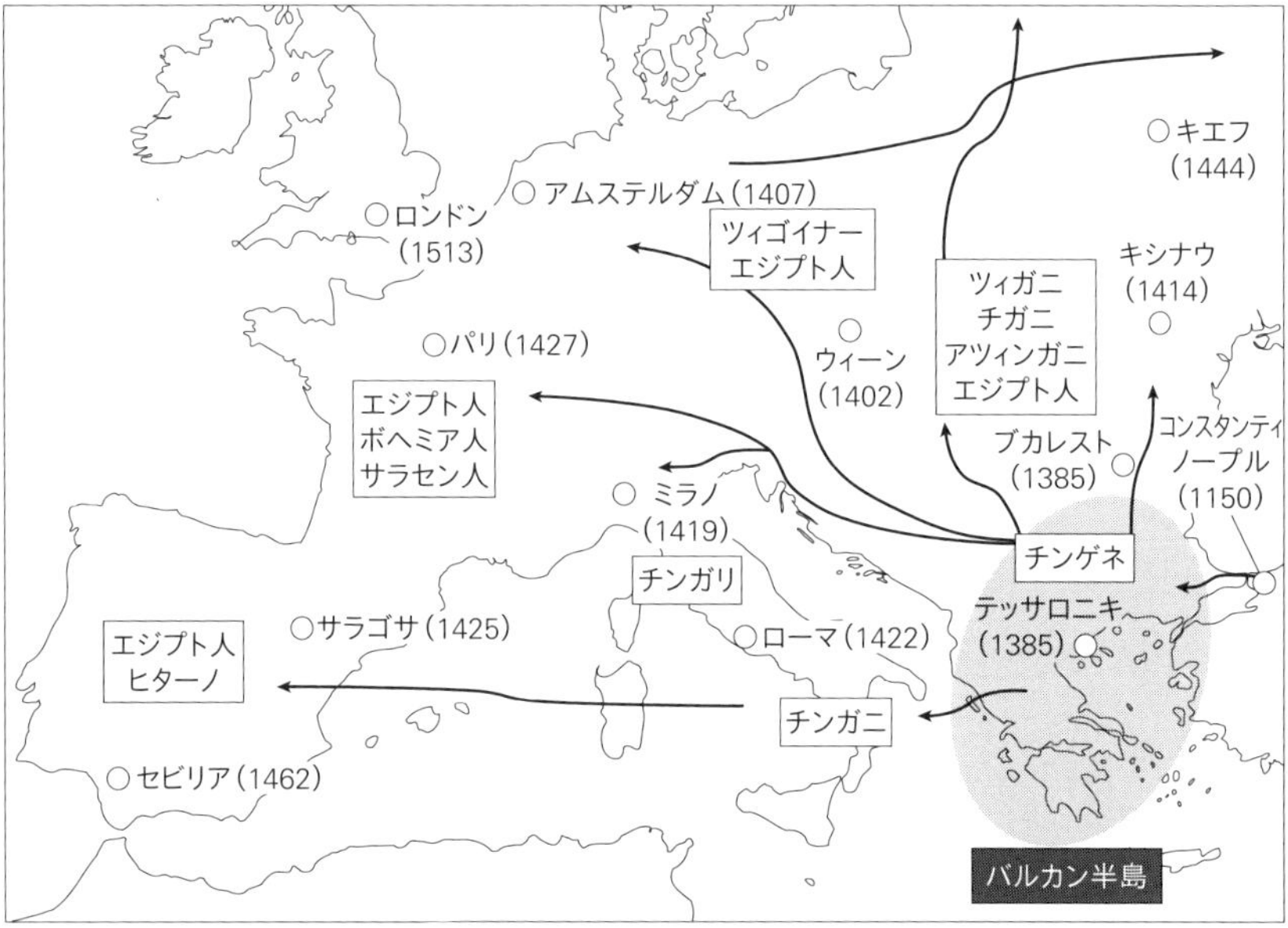

図0－1　バルカン半島から東西ヨーロッパへの拡散

Delépine［2012: 10-11］をもとにフレーザー［2002（1992)］の情報を加えて作成。ジプシーの祖先は、450年から950年のあいだにインド北西部を出立後、1000年ごろにペルシアを経由し、14世紀にはバルカン半島に到来したとされる。15世紀初頭には東西ヨーロッパ各地で、異端者を意味するアツィンガノス系の名称（ツィゴイナー、チガニ、チンゲネなど）や、エジプト人（ヒターノもその一つ）やボヘミア人など、南方や東方から来た異邦人を意味する名称をもつ人々の存在が報告された。この時代にバルカン半島から東ヨーロッパへと向かった人々が、現在ロマを自称する集団を、西ヨーロッパへと向かった人々が、マヌーシュ／シンティ、ジタン／ヒターノを自称する集団を構成したと考えられている。

れている［Vaux de Foletier 1961: 18］。同時期に東ヨーロッパでも、「異端者《アツィンガノス》」に由来する名をもつ人々の出現が報告されている。これらさまざまな名で呼ばれた人々がジプシーの祖先であったのかどうか、真偽は定かでない。確かな点は、今日ジプシーと呼ばれる人々がヨーロッパ各地で異なる歴史的、社会的環境のなかを生きてきたことだ。

ヨーロッパでの歴史や本人たちの自称をもとに、ジプシーは「マヌーシュ／シンティ」、「ジタン／ヒターノ」、「ロマ」などの下位集団に分かれる。中・東欧諸国ではロマが圧倒的多数派であるなど、地域ごとにこれらの下位集団の広がり方に偏りはあるが、本書の舞台となるフランスでは複数の下位集団が暮らす。

フランスのジプシー下位集団

「マヌーシュ」は、「シンティ *Sinti*／シンテ *Sintés*」と自称する人々と一つのジプシー下位集団を構成する。これらの人々は、一五世紀から、現在のフランス、ドイツ、スイス、ベルギーといった西欧地域に暮らし、第二次世界大戦後まで活発な移動生活を送っていたとされる。マヌーシュ／シンティは、過去の時代に長期的に居住していた地域によって、フランス系、イタリア系、ドイツ系、プロイセン系などに区別されることがある。本書に登場する人々は、主に一八七〇年に始まった普仏戦争の混乱のさなか、ドイツ語圏地域からフランス各地に拡散していった「ドイツ系マヌーシュ *Gajekene Mānuš*」の家族である。

「ジタン Gitans」は、フランスではジプシーの総称として広く認識されている。しかし同時に、ジタンは、スペインやポルトガルで「ヒターノ」や「シガーノ」と呼ばれる人々と同一のジプシー下位集団に属す人々を指す名称でもある。下位集団名としてのジタンは、一五世紀以降にイベリア半島に到着し、その後フランスを含む地中海沿岸地域の都市を中心に定住してきた人々を指し、彼らは総じて「カーレ *Kalé*」と呼ばれることもある。

「ロマ Roma」（フランスでは「ロム Roms」と発音する）は、ルーマニア、ブルガリア、ハンガリーをはじめとする中・東欧諸国に長らく定住してきた人々を指すが、今日では西欧諸国や南北アメリカなどの世界各地に暮らす。マ

写真０－３　パリ郊外の空き地に暮らすロマ家族（2000年）

ヌーシュ／シンティやカーレ系の人々が西欧の一部の地域に集中するのに対し、ロマが世界中に散在している背景の一つとして、一四世紀中期に始まり一九世紀半ばに廃止されたワラキアとモルドヴァの両公国（現在のルーマニアの一部）におけるジプシー奴隷制との関連がしばしば指摘される。ただし、一九世紀後半に世界各地へと大移動を開始した人々は、ルーマニア語の影響を受けた言葉を話すロマ（ヴラフ系ロマ）を中心としたものの、そこには奴隷制のくびきから解放された両公国のロマ以外に、バルカン半島やハンガリー他地域から出立したロマも多く含まれていたという[3]。フランスには、一九世紀末にロマが大流入し、その流れは一九五〇年代まで続き、彼らの一部はパリをはじめとする大都市圏に定住していった。さらに、一九八九年に始まる中・東欧諸国の民主化の動きは、共産主義体制を崩壊させると同時に、ロマの世界的な（特に西欧諸国を目指す）大移動を再びうながした。出身国での差別や貧困から逃れるためにフランスへとやって来たロマは、現在、都市郊外の空き地にバラックを建てたりキャラヴァンをとめたりして暮らしている（写真０－３）。二〇一〇年に、当時のサルコジ政権がロマの宿営地の大規模撤去やルーマニアなどの出身国への強制送還をおこなって以降、今日に至るまで彼らの存在はフランスが抱える社会問題となっている。

一〇〇〇万人前後のジプシーが暮らすとされるヨーロッパ全体でみると、ロマがジプシー人口の約八八%を占め、これに対して、ジタン／カーレは約一〇%、マヌーシュ／シンティは二%から三%と少数派である［Conseil de l'Europe 2012: 6-8］。しかし、正確な統計は存在しないものの、西欧諸国では、ロマ以外の人々（フランスのマヌーシュとジタン、ドイツのシンティやスペインのヒターノ）が国内のジプシー人口のうちの大きな割合を形成しているともいわれる。本書の調査地でも、マヌーシュが圧倒的多数を占める。

さまざまな呼称――ジプシー、ロマ、移動生活者

今日、欧米諸国や日本では、「ジプシー」という呼び名が内包する差別的な意味を避けるため、「ロマ」という名で彼らを総称することが一般的となっている。しかし、前述のように、本来ロマとは、複数の下位集団に分かれるジプシーのなかの一部の人々が用いる自称であり、フランスをはじめ、ロマ以外の自称を用いる下位集団が存在する国では、総称として用いられていない。フランスのマヌーシュやジタンは、「ロマ（ロム）」と自らを呼ぶことはない。彼らは居住地が近接している場合、共住し通婚することもあるが、基本的にはロマを異なる集団とみなしているためである。さらに近年のフランスでは、ロマが中・東欧出自の「外国籍ロマ移民」を指す名称として認識されてもいることから、ロマと呼ばれることに対する彼らの抵抗感は非常に強い。マヌーシュやジタンは、早くて一五世紀、遅くとも一九世紀末からフランスに根づいて暮らしてきた人々で、フランス国籍保持者である。このような点から、フランスでは、「ロマ」はジプシーの総称ではなくそのなかの一つの下位集団および外国籍ロマ移民を指し、外国籍のロマとフランス国籍のジプシーを総じて呼ぶ場合には、フランス語の「ツィガン」や「ジタン」という名称が用いられる（図0-2参照）。ツィガンもジタンも「ジプシー」を表す言葉だが、フランスでは蔑称とはされておらず、一般社会に

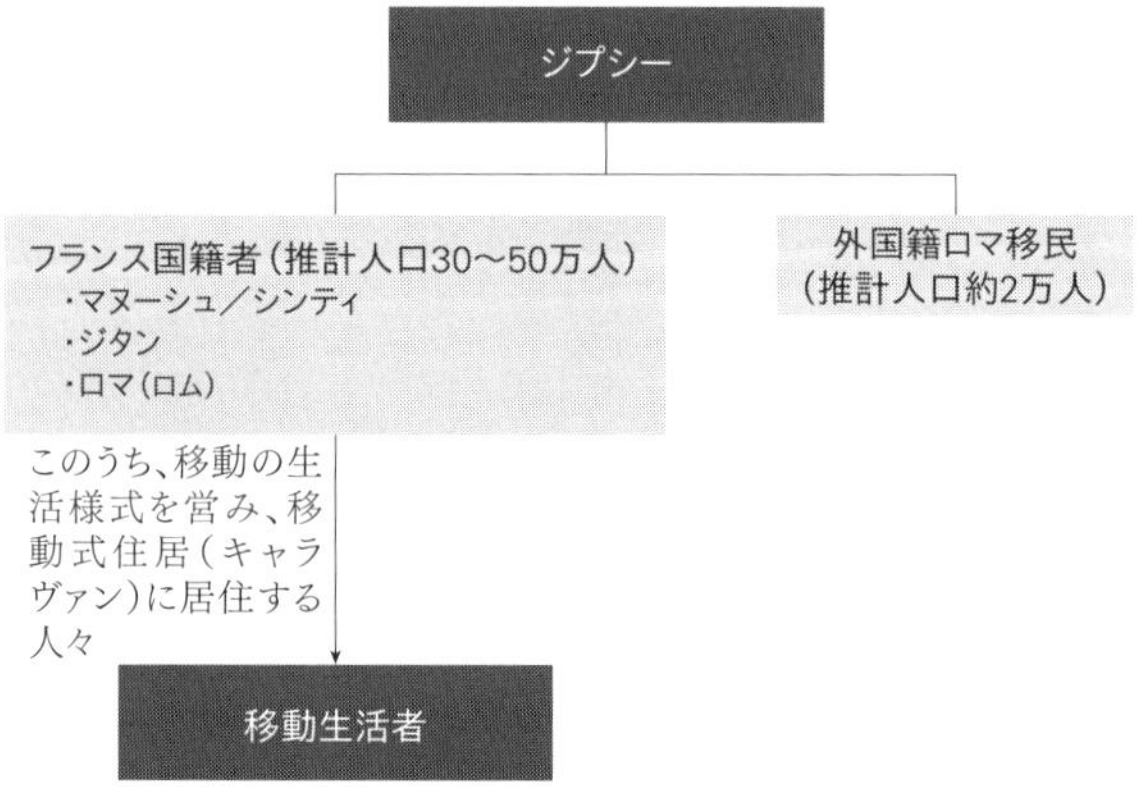

図０－２　フランスのジプシーと移動生活者をめぐる類別

加え、ジプシー自身によっても総称として使用されている。本書もこれに倣い、「ジプシー」を国籍や集団や時代を問わず、これまでジプシーと呼ばれてきた人々の総称として、「ロマ（ロム）」を中・東欧諸国出自のジプシー下位集団の名称として用いる。

また本書では、「移動生活者」という呼称も登場する。これはフランス語の「ジャン・デュ・ヴォワイヤージュ gens du voyage/Gens du Voyage」を訳したものである。直訳すると、この名称は「旅の人々」となるが、現地のニュアンスにより近い（過度にロマンティックではない）かたちで、本書では「移動生活者」という訳をあてる。

「移動生活者」の名称は、一九六七年の内務大臣通達で初めて登場し、その後、旧来からある「ノマド nomades」に代わり使用されてきた。フランスでは、共和国の単一不可分性と市民の平等という原則に基づき、出自や民族による区別を市民のあいだに設けることが避けられるため、公的な場面ではインド起源の特定の民族を指す「ジプシー」ではなく、民族的なカテゴリー化を避けた名称である「移動生活者」が用いられる。移動生活者は、「伝統的居住形態が移動式住居によって構成される人々[4]」というように、生活様式を基準に定義される名称であり、本来は「イエニッシュ Yéniches[5]」と呼ばれる非インド起源の移動民を含む一方で、キャラヴァンに住まないジプシーには適用されない名称である。基本的には本書もこの定義にしたがい、移動生活者の名称を用いる。ただし、日常生活や政策実践の現場では、キャラヴァンに住まないジプシーも移動生活者と呼ばれ、またそう名乗るなど、この名称はフランス国籍のジプシーの総称として用いられていることも指摘しておきたい。

ジプシー人類学の射程

以上のように、歴史や文化や生活を異にする多様な人々が、これまでインドという起源をもとに「一つの民族」とみなされ、ジプシーと呼ばれてきた。そもそもジプシーをインド起源の単一民族とする説は、一八世紀後半から一九世紀にかけて、ヨーロッパのジプシー諸集団の話す言語であるロマニとインドのサンスクリット語との近似性が指摘されたことに始まる。それ以降、さまざまな言語学者や歴史学者がジプシーの起源をインドとする説を唱えてきたが［cf. 水谷 2006］、そこにはジプシーを「インド起源の流浪民族」として、また「ヨーロッパの他者」として構築する（そして排除しようとする）まなざしが常に介在していた。事実、第二次世界大戦中、ナチス・ドイツがジプシーの迫害を正当化するために用いたのも、こうした「ジプシー」をめぐる本質主義的な指標である。

第二次世界大戦後、中・東欧諸国のロマが中心となって展開した民族運動は、この他者からの一方的な名づけに異議を申し立てた。なかでも、一九七九年に国連の経済社会理事会によって承認された「国際ロマ連盟 International Romani Union」は、世界各国の活動組織をまとめる国際団体となり、総称としての「ロマ」の使用や民族旗を定めるなど、ヨーロッパのマイノリティとしての「ロマ」の地位向上や人権擁護をめぐる国際的な議論を活性化する活動を展開してきた［Barany 2002: 258-263］。ただし、これらの国際ロマ連盟をはじめとする国際的なロマ民族運動でも、インドという単一起源と単一言語ロマニに根拠を求める「一つの民族」像は繰り返し提示されてきた。

このように、近代のヨーロッパ社会の内部でかたちづくられてきた「ジプシー」をめぐる本質主義的な民族像が当事者運動のなかで再生されていくなか、一九七〇年代から進められたジプシーに関する社会学的、人類学的研究は異なる見地から新たな議論を提示してきた。特に、近年の歴史社会学的研究［Lucassen, Willems & Cottaar 1998; マルティネス 2007(1986); Willems 1997］は、ヨーロッパが近代国家形成の過程で「他者」として「ジプシー」を構築していった背景を解明することで、ジプシーの単一民族説や起源や言語に基づく民族的アイデンティティの問題に対して批判的な視座を提供した。ジプシーを西欧近代の鏡像［マルティネス 2007(1986)］とするこれらの主張は、サイード

[1993(1978)] によるオリエンタリズム批判とも共通する重要な問題を提起するものである [cf. Lee 2000]。

その一方で、ジプシーに関する人類学的研究は、本質主義的な民族性に対する懐疑を歴史社会学的研究と共有しつつ、現実世界においてジプシーがどのように自らの社会や文化を構築してきたのかという点に注目してきた。ジプシーに関する研究は、人類学の領域において周縁的な位置 [Okely 1994] におかれ、長期の民族誌的調査を伴う研究は、人類学が遠く離れた異国ではなく自国内部の他者に目を向け始めた一九七〇年代を待って本格的に開始された。中・東欧諸国やアメリカに定住するロマ、西欧諸国で移動生活、あるいは定住生活を営むマヌーシュやロマ、ヒターノやジタンなど、世界各国のジプシー集団が研究対象とされ、多様なテーマが探究されてきた。たとえば、移動生活の形態 [Dollé 1980; Omori 1977]、社会組織の仕組みや婚姻戦略 [Reyniers 1992; Williams 1984]、経済活動 [Formoso 1987; オークリー 1986 (1983); Stewart 1997]、穢れ [オークリー 1986 (1983); Sutherland 1986 (1975)] や死者 [Rao 1975; Williams 1993] をめぐる観念などが議論されてきた。

しかし、このように多彩な研究対象を通してジプシーと呼ばれる人々が生きる現実の多様性を描きだす一方で、これらの人類学的研究は常に共通した問題を問うてきた。それは、各テーマにもあらわれているように、ジプシー集団内外の関係性を規定し、民族境界の維持に関わる社会経済的システムや観念の問題である。なぜ、こうした問題がジプシー人類学において重視されたのか。それを理解するためには、人類学的研究の対象としてのジプシーの「位置」、つまりジプシーが、これまで主流の人類学が対象としてきた「遠く離れた非西欧の他者」ではないという点に目を向ける必要がある。ジプシーは、しばしばヨーロッパ主流社会の人々と同じ言葉を話し、同じ宗教を信仰し、同じような住まいに暮らす。すなわち、彼らは「ヨーロッパ内部の異国的な他者」[Lee 2000: 132]、もしくは「我が家の未開人」[Piasere 1994: 21] と位置づけられる人々で、人類学的研究の対象とするには地理的にも文化的にも「あまりに近すぎ」た [Okely 1994: 39] のである。

多くが欧米出身の非ジプシーである研究者たちは、こうした「我々のなかの他者」の世界に入りこむことを通して、ジプシー人類学に固有の問題意識を育んでいったと考えられる。彼らは、独自の領土も政治組織ももたず常に同化の圧力にさらされてきたこのマイノリティが、いかにして自集団の独自性を維持し存続させてきたのかを問題とした。そして彼らの多くは、ジプシーが「彼ら固有のもの」と呼べるような属性を通して自己完結し閉じたシステムを打ちたてるのではなく、非ジプシーという多数派社会の内部でその社会文化的資源に依存し、それらを流用しながら、自らの社会と文化をつくってきたことに注目することになった。すなわち、自己充足的で孤立した民族集団でないジプシーが、「他者の只中」で独自の社会的、文化的体系を編みだしながら、自らの「居場所」を構築するプロセスを解き明かそうとしてきた。

以上のようにジプシー人類学が培ってきた問題意識を、本書は現代のマヌーシュの事例のもとで再考し、さらに深化させることを試みる。とりわけ本書では、キャラヴァンに住まうマヌーシュの居住の実践と共同性を切り口にして、ジプシーの居場所構築の問題に新たな光をあてたい。そこで次項では、住まいと共同性に関する先行研究を概観しながら、本書の課題とアプローチを検討していく。

2-2　旅の道具としてのキャラヴァンと社会変化

第一の課題（第I部）では、キャラヴァンを旅の道具として用いてきたマヌーシュの居住実践が、定住化の過程でどのように変化しているのかという問題を検討する。そこでまず、ジプシーのノマディズムと定住化に関する先行研究の議論を整理したい。

ジプシーのノマディズムに関する議論

ノマディズムは、実態に基づかない表象としてジプシーと呼ばれる人々に適用されることで、彼らに対する差別や排除を助長してきた。したがって、ジプシーと移動の生活様式とを単純に結びつけて論じることはできない[6]。実際、ジプシーのなかには中・東欧諸国のロマやスペインのヒターノのように、歴史的に早い時期から各地域社会で定住生活を開始した人々がいて、今日ヨーロッパ全域に居住するジプシーの約八割が定住しているという報告もある［Conseil de l'Europe 2012: 6］。しかし、本書が対象とするマヌーシュについて語るうえで、ノマディズムはやはり必要不可欠である。また先行研究でも、ジプシーの居住の実践は移動生活との関連を通して論じられ、その社会経済的、文化的背景が指摘されてきた。

まず、ジプシーの移動生活と生業システムとの関係を探る研究がある。手作りの蔓製品や木製品、その他日用小物の販売、金属加工、家具や生活品修理などの職人仕事、音楽やサーカスなどの巡回興行、農作業などの季節労働といったように、ジプシーの伝統的な経済活動は多様性に富むが、共通した特徴をもつ。いずれも移動しながら定住民相手にさまざまな商品やサービスを提供するもので、自営業や自己雇用で、少ない資本と技術だけで展開し、複数の仕事と兼用することもできるという特徴を備えるのだ［Formoso 1987; オークリー 1986(1983); Rao 1985］。こうしたジプシーの移動式の生業形態は、ニッチ経済とも呼べる。ジプシーは定住民社会の社会経済的環境の隙間にある資源を利用しながら、常に変化するニーズに対応する独自の生業システムを編みだしてきた。土地や環境資源を所有したり独占したりするのではなく、自らが一つの場所から次の場所へと移動することで、定住民社会のなかで彼らに残された資源や仕事、すなわち「より大きな経済のなかに彼らだけの特別の活動の場所」［オークリー 1986(1983): 98］を見つけてきたのである。

このように先行研究は、ジプシーが「移動のなかに住まう」という生存戦略［Rao 1985: 101］を通して固有の社会経済的環境を生きてきた様子を明らかにしてきたが、その一方で、移動生活はジプシーの生活の経済的側面のみならず、宗教活動や親族との交流といった社会文化的な側面に関わることも指摘されてきた。ジプシーは、移動生活を通してキリスト教の聖地巡礼や信者集会といった宗教活動を活発におこない［岩谷 2000; Glize 1986］、また、成員が離合集散する旅の共同体を形成してきた［Dollé 1980; Reyniers 1992］。

以上のように、移動生活はジプシーの生業や社会文化的な生活と相互に関わり維持されてきたのであり、人々は移動の実践を通して変動する環境を生きぬき、彼ら固有の「生活空間」をつくりあげてきた。「生活の多角形 polygone de vie」とも呼ばれるように、その特徴は、一年を通した移動と複数の宿営地の結びつきからなる多角形的な広がりにある。ジプシーは、多様な目的でさまざまな地域を移動しながら、「場所の総体」としての生活空間をかたちづくるのである［Humeau 1995: 254–258］。

しかし、移動生活に基づくジプシーの生活は、今日大きな変化にさらされている。ジプシーの定住化は、地域ごとに異なる背景をもつ。社会主義政権下の中・東欧諸国では、強制的な定住同化政策がとられた。西欧諸国でも、事情は国ごとに異なるが[7]、二〇世紀後半にジプシーの定住化が急速に進行した。フランスでは第二次世界大戦後の都市化と産業化の影響を受け、ジプシーの定住化が始まった。

定住化の時代におけるキャラヴァン居住をめぐる問い

こうしたジプシーの定住化現象はどのように議論されてきたのだろうか。一九五五年から続く『ジプシー研究誌 *Revue Etudes tsiganes*』は、現在ではフランス全土のジプシー／移動生活者支援団体を統括する組織である「フナサ Fnasat」[8]により発行され、ジプシー／移動生活者の定住化現象を幾度も特集してきた。この研究誌では、学者のみならず地域で支援活動に従事する人々も多く寄稿し、キャラヴァン居住をめぐるフランスの法政策の不備や各地で頻発するジプシー／移動生活者の居住問題を丹念に報告してきた。またこれ以外にも、フランスでは、社会学者や地理学者がジプシーの定住化に伴う各種問題を活発に議論してきた［Humeau 1995; Robert 2007］。

これらの議論は現代のフランス社会に暮らすジプシーが直面するさまざまな困難を浮き彫りにするものであるが、本書の課題との関連でいうと、社会的、経済的な観点に特化してキャラヴァン居住の実態を理解しようとする傾向がある。たとえば、キャラヴァン居住をとりまく法政策の問題点や社会経済的な周縁化状況などが詳らかにされる一方で、キャラヴァン居住が選択される文化的な背景は、移動生活の「伝統」やキャラヴァンへの「愛着」という言葉で触れられるにとどまる。

一方で、文化を対象とする人類学的研究においても、ジプシーがキャラヴァン居住を通して意味づける生のありようやそれに対する定住化の影響といった問題は十分に考察されてこなかった。ただし、一九七〇年代にアルザス地方に暮らすマヌーシュを調査したドレは、重要な記述を残している。そこでは、動かないキャラヴァンやバラックに住むようになった「定住ジプシー」が、移動生活のなかで維持してきた社会的、経済的な仕組みを破綻させる一方で、移動生活の時代と同様の方法で開放的な居住空間をつくりあげていたり、移動して暮らす仲間の集まりの場として彼らの住処を提供したりしていることが指摘されている［Dollé 1980: 73-86］。ドレは、最終的にはジプシーの定住化を同化と結びつけて論じるが（第3章参照）、「定住民のように住まうこと」という意味では両義的な観察結果を示しているのだ。

このようにジプシーが独自の方法で生きる定住化の複雑な諸相を垣間みることができるが、本書ではこの問題を現代のマヌーシュが営むキャラヴァン居住を通して発展的に検証したい。本書が対象とするマヌーシュは、一九六〇年代から定住化を進行させ、ドレが指摘したように、移動生活に基づき編成されていた共同体と経済の仕組みを変化させている。しかしその一方で、現在マヌーシュがつくりあげている生活空間に目を向けると、そこには独自の「定着性」と結びついた新たな共同体形成や旅の実践もみられ、定住化が定住民社会への同化や移動生活の放棄を単純に意味していないことがわかる。このように、現代のマヌーシュが定住化の時代を「移動から定住へ」と向かう単線的かつ不可逆的な変化としてではなく、移動生活の持続と再編を伴う動態的な過程として生きている状況を追究することで、移動のなかに住まうことで変化する環境を生きぬいてきた人々の暮らしのダイナミズムを照らしだすことができるのではないか。こうした問題意識のもと第一の課題では、マヌーシュの暮らしのなかに生じている変容と同時に共同体と移動生活の再編の局面を検証し、「定住化の時代におけるキャラヴァン居住」を人々が社会変化のなかで自らの居場所を再構築していく創造的な行為として描きだすことを目指す。

2-3　居住の道具としてのキャラヴァンと身体

第二の課題（第II部）では、居住の道具としてのキャラヴァンと身体との関係に焦点をあて、マヌーシュの居住空間のなかにたちあらわれる他者や環境との関係や個と共同性のあり方を探る。人とモノの微細で多層的な相互作用を解き明かしながら、マヌーシュがキャラヴァンを用いて彼ら固有の住まいと生をかたちづくるさまを照らしだしたい。

住まいにあらわれる他者や環境との関係

ジプシーは、古くは徒歩に始まり、のちに牛や馬といった家畜を利用した荷車やそれに付随する天幕を用いて移動し、一九世紀後半には家具馬車、第二次世界大戦後には自動車で牽引するキャンピング・トレーラーへとその移動手段を変化させてきた。これらの移動手段や住居はジプシーが自ら発明、製作したものではなく、移動の先々で出会う定住民から調達してきたものである。

現在、マヌーシュが使用するキャラヴァンは、同じメーカーのものが日本でも販売されているように国際的に広く流通する商品であり、それ自体ではマヌーシュ文化を表現する特別な価値をもたない。所有者の注文に応じて構造や配色に違いを施すことができた家具馬車に対し[9]、キャラヴァンは製造から販売までが定住民に委ねられ、設備や装飾が画一化されている商品である。しかし、キャラヴァンは、マヌーシュに売り渡され、彼らの日常生活のなかに埋めこまれていくとき、固有の性質を得ていくことになる。マヌーシュがキャラヴァンを使用する方法は、同じキャラヴァンを使用する定住民とは明確に異なり、むしろルーロットに暮らすマヌーシュたちの方法と近い。ここからは、

「使用」という段階を経ることによりキャラヴァンが独自の意味づけや価値を与えられた「モノ」[10]となり、マヌーシュとのあいだに固有の結びつきを創出する状況がみえてくる。先に挙げた、マヌーシュがキャラヴァンのなかで「眠ること」を重視するのはなぜかという問いも、ここから検討することができる。そこで、本書の第二の検討課題では、こうした使用の過程において、キャラヴァンとマヌーシュのあいだで織りなされる固有の関係に注目する。

このキャラヴァンとマヌーシュとの関係を探究するにあたり、フランスのマヌーシュがルーロットやキャラヴァンを用いて構築する居住空間を分析した研究［Dollé 1980; 大森 1984, 1998］は、住まいの空間構造と人々の行動様式の関係、特に他者との相互行為との関係に着目した点で、重要な指針となる。詳細は第4章で取りあげるが、そこでは、ルーロットやキャラヴァンという狭く障壁も欠いた住居のなかでマヌーシュが家族の親密性やプライヴァシーを保護する方法や、住居外部の野外環境を生活領域とするマヌーシュが周囲を行き交う定住民と相互行為をおこなう様子が考察され、マヌーシュの住まいの空間的特徴から彼ら独自の他者との関係構築のあり方が照らしだされる。

本書は、このような先行研究の知見を踏まえ、マヌーシュの居住空間のなかにたちあらわれる他者や環境との関係や個と共同性のありようを探り、人の生の様式が住まいのなかで紡がれる過程を考察する。ただし本書では、この問題を検討するにあたり、居住空間の構造のみならず、キャラヴァンという移動式住居の特性やそうした住居との相互作用のなかで特定の仕方で働く身体という、居住空間のよりミクロなコンテクストを掘り下げていく必要があると考える。そこで以下では、本書がとる新たな視座を具体的に検討する前に、住まいのなかに表現される生の様式を議論してきた人類学の象徴論的住居研究の問題に触れ、なぜこのような方法が重要となるのかを説明したい。

象徴論的分析手法の問題

人類学の住居研究は、住まいの空間に社会の集合表象や象徴体系が刻みこまれる側面を解明する象徴論的分析を発展させ[11]、人の生や世界の認識が物質文化のなかに豊かに表現される様子を浮き彫りにしてきた。このような視点は今なお有効だと思われるが、問題点も抱えている。そこでは、住居が、意味が刻みこまれる受動的な容器であることを超えて、住み手の身体とそれをとりまく環境との関係をつくりだし、その連関に作用する側面、また、住居と象徴的に結びつく身体ではなく、動き行為する身体が住居と連動して空間構築や意味生成に関わる側面が看過されてきたのである。

同様の象徴論的分析をおこなってきたジプシー人類学でも、類似する問題をみてとることができる。オークリー［1986（1983）］とサザーランド［Sutherland 1986（1975）］は、イングランドとアメリカのジプシーをそれぞれの対象にして、「清浄と不浄の秩序体系」という視点からジプシーの住まいを分析した（詳細は第5章）。両者の研究では、ジプシーの清浄と不浄の観念は、内と外、上と下という境界をもつ身体を発生基盤とし、ジプシー社会内部のヒエラルキーに始まり、最終的には「清浄である我々」と「不浄である彼ら」というジプシーと非ジプシーとのあいだの民族境界を維持強化するものとされる。この象徴体系は、住まいの構成にも関わり、ジプシーが居住空間を特定の方法で分節化し、特定の領域を単に「清潔」ではなく「清浄」に保つことに執着するのは、それが、不浄で危険な非ジプシーに対して清浄であるジプシーの民族境界を守ることに結びつくためとされる。

このように、ジプシーの居住空間のなかにみられる身体観や象徴的価値を生存戦略としての穢れの観念に結びつけた議論は、住まいの空間が人の身体性やイデオロギー形成と不可分に結びついて構築される過程を描きだすものである。この点において、それは、住居と身体の関係や空間の意味作用に関わる重要な問題を提示する一方で、次のような問題も抱えることになっている。

これらの議論は、ジプシーの日常生活の多岐の文脈にみられる一連の行為を清浄と不浄の観念として体系化し、そこにジプシー社会を構成する一貫した論理をみいだした。だがその一方、こうした議論では、人々をとりまく現実の社会変化や、個別の文脈で生じる人と住居との多様で微細な相互作用の問題が捨象され(12)、日常生活における人の身体経験やそこでつくりあげられる空間を、「全体化され脱身体化された表象」という意味の体系［田中 2006a: 6–7］に還元してしまう危険性も浮上する。すなわち、所与のシステムとしての象徴体系を強調することで、社会の集合表象や象徴が書きこまれる媒体として身体や空間が一面的に解釈される可能性が生じてしまうのだ。

本書では、こうした象徴論的解釈の問題を乗り越えるため、居住空間のミクロなコンテクストに立ち戻り、日常生活の具体的な文脈において繰り返しあらわれる人とその身体や住居、環境や他者との関係、それらをとりまく秩序の感覚を探っていく。特に、次に挙げるような、キャラヴァンのモノとしての特性やそれと作用しあう身体の働きに着目することで、新たな視点からモノと身体とが紡ぎあげる住まいと生を描くことを試みる。

一般的に人の住居は周囲の環境から身体を保護する役割をもつが、大地に根ざして建てられる家屋と比較して、マヌーシュのキャラヴァンのような移動を前提とする住居では、身体と連動し相互浸透的に結びつく第二の皮膚のような物質性が際立つ。キャラヴァンは物理的構造からいって小さく最小限の設備しかもたないので、マヌーシュはキャラヴァン外部に広がる野外環境を取りこみ居住空間の全体をかたちづくる。しかし、その全体を画定する境界は不明瞭なものにとどまるため、マヌーシュは、自らの身体と協働するキャラヴァンを介して、周囲の環境や他者とそのつど交渉を重ねていくことになる。そしてその一方で、身体を包みこむキャラヴァンの内部空間とその外部との境界は明確で、これら二種の領域では異なる他者や環境との関係がたちあげられてもいる。つまり、マヌーシュの居住空間は、異なる身体と他者や環境との関係が現出する異なる空間領域により重層的に組織され、キャラヴァンはそれらの関係を媒介する必要不可欠な役割を担う。

このマヌーシュとキャラヴァンとの関係には、人がモノに対して作用する側面ばかりでなく、人がモノに媒介され、それによって方向づけられ制御される側面がみてとれる。またこのようなモノとの双方向的な交わりや協働を通して、身体が周囲の環境や他者に働きかけていく側面も浮上する。すなわち、マヌーシュが住まいのなかで環境や他者と交わり、独自の個と共同性を育むとき、そこでは象徴的な意味作用に収まらない身体とキャラヴァンとの多義的で多層的な関係が織りなされているのだ。

以上のようなキャラヴァンと身体との関係に注目し、本書では、マヌーシュの住まいと生が日常の具体性と動態性のなかでかたちづくられる過程を検討していく。その際に重要となる視座を提供するのが、次に挙げる現代人類学の身体とモノをめぐる議論である。

身体とモノの相互作用をめぐる理論的視座

これまで人類学的研究の身体論において、マルセル・モースの身体技法［1976(1936)］やメアリ・ダグラスの象徴的身体［1983(1970)］など、社会や文化がどのように身体を形成していくか、つまり「自然＝身体」に対する「文化＝精神」の作用を論じる研究が重要な位置を占めてきた。こうした外部の社会的なるものを吸収し伝達していく身体という視点は、今なお看過することができない。しかし、住まう身体が住居や環境と結ぶ関係を問うとき、身体が、社会的規範や文化的意味を刻みこんでいく側面のみならず、日常の経験を通して周囲のモノや環境と相互交渉しながら意味を獲得し、なおかつ意味を新たに生成していく側面も捉える必要がある。

この点において、近年新たな視点から展開されている身体論がきわめて示唆的である。そこでは、ブルデュのハビトゥス概念［Bourdieu 1977］、メルロ＝ポンティの「生きられた身体」［1967–1974(1945)］に代表される現象学やそれを継承した「身体化された心」の理論［Lakoff & Johnson 1999］、さらには生態心理学のアフォーダンス概念［ギブソン 1985(1979)］といった、心身二元論や表象主義からの脱却を導く人類学内外のさまざまな議論を援用しながら、身体の経験的なリアリティとそこにたちあがる身体の重層性が探究されている。ここで目指されるのは、表象や意味が刻みこまれる身体を否定することではない。社会的、文化的に多様な作用を受けながら紡ぎあげられていく身体とともに、動き感覚する生身の身体の働きを検証することで、その相互の絡みあいや緊張関係を解明することが要請されている［菅原 2007; Turner 1995］。こうした観点から、表象化や客体化に先立つ身体経験の根源性［Csordas 1994; Jackson 1989, 1995; 菅原 2004］、環境と相互作用する身体の心的かつ物理的特性［Ingold 2000］、また個別固有でありながら複数の身体の「あいだ」の関係として生きられる間身体性［松田 2007; Turner 1994］といった身体の潜在的可能性が明るみにだされる。身体は、単に客体化される対象として象徴や集合表象を受動的に内在化し、意味を書きこまれるのではなく、そこから逸れてしまう知覚や感覚、情動、肉体としての物質性や偶発性［Frank 1991］をもつがゆえに、周囲の環境や社会、モノや他者の身体との相互作用のなかで自らをつくりだし、その経験を通して意味を生成し受容していく。

本書では、こうした社会的な意味を刻みこむと同時に意味生成の基盤として環境と相互に作用しあう身体が、住居というモノと交わる側面に着目し、マヌーシュの居住空間を考察していく。身体がモノと一体化しながら環境のなかにあらわれる状況は、これまでも指摘されてきた［e.g. ギブソン 1985(1979); ルロワ=グーラン 1973(1964-65); メルロ=ポンティ 1967-1974(1945)］。車を運転する人の身体や筆で絵を描く人の身体は、身体の境界をモノの境界にまで伸張し、モノとの相互浸透的関係のなかで環境に働きかける。

今日の人類学的議論は、このようなモノと身体との相互作用に着目して新たな地平を切り開いている。特に本書で着目したいのは、次のインゴルドの議論である。インゴルドは、モノは人の身体的実践との相互作用関係のなかで「かたち=形態 form」をなすと指摘し、身体、モノ、精神の関係を再考する。たとえば、籠職人は籠のデザインをあらかじめ頭のなかに描いているが、その「青写真」を単に生の素材にはりつけることで籠を編みあげているのではない。実際に籠がかたちをなし、その形態に規則性が生じるのは、籠の素材や物理的構造と職人の目的や知識、そして技術化されリズミカルに反復される身体動作の相互作用からなる「形態創出プロセス form-generating process」の結果なのだ［Ingold 2000: 341-342］。頭のなかのイメージは外からモノにかぶせられるのではなく、身体とモノとの相互浸透性の内部で修正され、実現される。職人は自らの手の動きや感覚を通して素材（モノの物質性）に働きかけるが、同時に素材の硬さや弾力性からの反発（働きかけ）を受け、頭のなかのデザインと身体運動に変更を加えながら籠のかたちを「編みあげていく weaving」のである。こうしたインゴルドの議論は、さらに「居住パースペクティヴ」というマヌーシュの空間構築の過程を理解するうえで必要不可欠な視座へとつながっていく（第4章参照）。ここで強調されるのもまた、身体がその運動性や感覚を通して周囲のモノや環境と絡みあい、物質世界との絶え間ない対話を通して生活世界をつくりあげていく「形態創出プロセス」である。

インゴルドの議論は、人類学がこれまで依拠してきた言語中心的な認識論的枠組みから脱却するために提起されたもので、同様の流れのもと、「モノを通して考える」方法論［Henare, Holbraad & Wastell 2007］も提唱されている。この方法論は、意味や概念が人の精神の働きによって一方向的にモノに付与されるのではなく、モノと人との絡みあいのなかで産出され、モノに浸透することを強調する点で、居住空間におけるモノ、身体、意味のもつれあう関係性を探る本書にとって重要な視座となる。そこでは、モノを見ること、すなわちモノとの出会いが「概念的な創出行為」［*ibid*.: 15］なのであり、物質的なものと精神的なものの相互浸透的な交わりが人の生活世界を支え構築していると主張される。つまりここでも、生活世界構築の問題を人の精神の働きや言語の世界に一方向的、一義的に回収する見方が批判され、さまざまな文脈や環境において多様な方法で結びつくモノと身体、さらには意味が人の実践や生をかたちづくる過程に、光があてられるのだ。

ここまで第二の検討課題と結びつく議論として、身体とモノ、そして意味の相互浸透性や協働に着目する研究をみてきた。第Ⅱ部では、これらの議論を援用し、マヌーシュの居住空間において多様なかたちであらわれるキャラヴァンと身体との関係を考察する。ここでは、キャラヴァンと身体との関係を基点として、マヌーシュが彼ら固有のありかたで他者や環境と関係を織りなし、個と共同性に彩られた住まいを紡ぎあげる様態を照らしだす。つまり、マヌーシュの生の様式が、身体が周囲のモノや他者、環境と作用しあう「住まう」という日々の営みのなかで編みあげられていくさまを描きだすことがその目的となる。

2-4 共同性をめぐる問い

以上のように、本書は、旅と居住の道具というキャラヴァンの特徴に着目して、マヌーシュが構築する二種の空間を検討する。これら二つの検討課題は、第Ⅰ部と第Ⅱ部に分かれて集中的に議論されるが、全体では一つの問いが異なる文脈で繰り返し考察される。それは、キャラヴァンに住まうことを通して、どのようにマヌーシュがさまざまな他者とのあいだで結びつきをつくりあげているのかという問題である。住まうという実践から、日常性に根ざした人々の共同性を検討することは、本質主義的な共同体像を批判してきたジプシー研究と今日の人類学的研究全体にとって重要な課題である。

すでに述べたように、ジプシー人類学は、ジプシーが「ヨーロッパ内部の他者」として独自の方法で構築する「居場所」に常に関心をもっていたが、ジプシー共同体の境界を外側から枠づけていく非ジプシーとのあいだの「民族境界」［バルト 1996(1969)］を強調してきた傾向がある［e. g. Gay y Blasco 1999; オークリー 1986(1983); Stewart 1997］。しかし、こうした非ジプシーとの象徴的な境界を強調する議論とは別に、集団編成の特徴［Dollé 1980; Reyniers 1992］や死者をめぐる慣習［Williams 1993］に着目して、ジプシー共同体内部の社会関係やそれを支える規範や実践を明らかにする研究もなされてきた。

本書がジプシーの共同性を論じる視点は、後者の議論に近い。象徴的な方法で「我々」から区別された非ジプシーという絶対的な他者ではなく、マヌーシュがキャラヴァン居住を営むなかで出会い相互行為をおこなう他者——非ジプシーの定住民や移動生活者、マヌーシュ仲間や家族という親密な他者——との具体的で多層的な関係性に着目する。マヌーシュがどのように共同体的なまとまりをつくりだし、非ジプシーや見知らぬ他者を含めたさまざまな人々とつながり、共同性を育むのかという問いを、キャラヴァン居住の実践を通して紡ぎあげられる人々の社会関係（第Ⅰ部）や他者との相互行為のありよう（第Ⅱ部）に照らしあわせながら考察し、住まうことと共同性の絡みあう視点からジプシーの居場所構築の問題を探る。

特に本書では、こうした議論を進めていくうえで、マヌーシュの住まいにおける共同性が個と結ぶ多様な関係性に注目する。これまでの研究では、ジプシー社会における家族中心主義的、集団主義的な価値観や行動規範の重要性が繰り返し指摘される一方で、個は親族や共同体のなかに深く埋めこまれた存在として描かれ、[13] ジプシーの共同体も西欧の近代的な個人主義の裏返しとして語られるにとどまっていた［e. g. Liégeois 1976］。また、個を看過し一面的かつ静態的に共同性を描く傾向は、人類学的研究全体においても同様にみられてきた。そこでも、西欧の個人主義と対立させて、非西欧社会を全体論的ないしは社会中心的な社会として描き、「個人」や「個別性」といった概念の適応可能性を否定する傾向［Ingold 1994: 745］が認められ、非西欧と西欧という二分法に基づいた「集団への埋没」と「個の自律性」という対抗図式を問い直すような考察は少なかったといえる。

人類学における「個」ないしは「人」をめぐる議論は、モースの人格論［1995(1938)］を端緒とし、その後、アフリカやメラネシア地域の個を対象とした一連の研究を通して発展してきた。[14] その過程で非西欧社会の個をめぐる数々の事例が提示され、「分けることのできない in-dividual」個として西欧近代社会が理念化し価値づけてきた「個人主義的個人」を相対化し、異なる社会文化的制度の枠組みのなかで育まれる個の多様性を浮き彫りにする作業がなされてきた。しかしその一方で、多くの研究によって繰り返し指摘されてきたのは、社会関係の網の目から切り離され、明確に他者から区別されて自立し、自律的に自己決定しうる「西欧近代的人格」に対置される、社会中心的で相互依存的かつ未分化な「非西欧的自己」という、ある意味で静態的な二項対立図式であった。そこで近年、特に一九八〇年代以降の構造主義批判や民族誌批判の潮流を受けて、西欧的個人概念の裏返しとして非西欧社会の個を捉えることの限界が指摘され［Ingold 1994; 松田 2006; Poole 1994］、非西欧社会の個とその共同性との関係を新たな角度から再考する議論が提示されている。

各章で詳しくみていくことになるが、個と共同性をめぐる近年の人類学的研究の議論は多角化している。そこでは、

「生活の場における実践の論理」に基づく「非同一的な共同体」［小田 2004］や「変異する共同体」［松田 2004］に着目して、同一で均質的なアイデンティティを保証された他者ではなく、個としての特異性をもち差異ある他者との共同性を人々がつくりあげている状況を描きだそうとする研究がある。また、歴史的、社会的に条件づけられたイデオロギー的態度である「個人主義 individualism」とは異なり、経験的リアリティとしてあらわれ、諸社会に遍在する「個別性 individuality」［Cohen 1994; Poole 1994; 松田 2006］を手がかりに、西欧近代的な個人主義にもそれに対置される集団主義にもあてはまらない個と共同性の動態や絡みあいを照らしだす研究もある［Ingold 1986, 1994; LiPuma 1998; Marie 1997］。さらには、個人やその身体から広がる複数的かつ多層的な個と共同性の様態に光をあてながら、個と共同性の双方向的、相互交渉的な関係を明らかにする研究もある［Corin 1998; 田中 2006a, 2006b; 常田 2006］。

以上のように、現代の人類学的研究では多様な観点が提起されているが、それは、日常の生活世界のなかで人が個と共同性を育むプロセスがそもそも多層的かつ多元的であるがゆえである。この点を十分に認識したうえで、マヌーシュのキャラヴァン居住のなかで育まれる共同性について考察することが重要になる。本書の特徴は、住まいとその居住の実践を異なる空間的レベルにおいて検討することである。この方法をとることにより、多層的な生活世界のなかでさまざまなかたちであらわれる個と共同性が明るみになるだろう。たとえば、「個」といっても、それが「個人」を指すのか、あるいは「個別家族（一組の夫婦と未婚の子を中心とした家族）」や「個々の家族集団（血縁により結びつく数世代の夫婦からなる拡大家族集団）」を指すのかは、マヌーシュのキャラヴァン居住のどの文脈でどのような他者や集団的まとまりとの関係で「個」を論じるのかによって異なる。このように本書では、マヌーシュが多層的な個的存在として多様な方法で共同性を紡ぎあげる状況を、キャラヴァンに住まうという社会的、身体的実践に焦点をあてて考察し、マヌーシュが〈私たちのところ〉と表現する居場所をつくりだしていく方法を明らかにしていく。

3　本書の構成

以上みてきたように、本書では、マヌーシュがキャラヴァンを用いてかたちづくる住まいと共同性に着目して、ジプシーの居場所構築の方法について考察する。各章で論じる内容は次のとおりである。

第Ⅰ部　旅の道具としてのキャラヴァン――定住化の時代における共同体と移動生活

第Ⅰ部は、旅の道具としてのキャラヴァンを用いてマヌーシュがつくりあげる生活空間に焦点をあて、定住化がマヌーシュの暮らしにどのような変容をもたらしているのか、そして、そうした社会変化のなかでマヌーシュがどのように共同体と移動生活の再編を試みているのかという問題を検討する。

第1章では、本書が記述の対象とするマヌーシュが、具体的にどのような人々を指すのかを示すとともに、これらの人々が定住化の過程で構築した共同体の特徴を論じる。マヌーシュが移動の生活様式と結びついた集団編成の仕組みに基づきながら、新たな生活条件のもとでキャラヴァン居住の方法を変化させ、「地縁共同体」を生みだしていった過程を明らかにし、定住化の時代における人々の社会関係と生活再編の様子を描く。

第2章では、定住民社会との関係をめぐる変化に焦点を移し、定住化と主流社会の社会経済的変化のなかでマヌーシュの移動生活が制限され、生活の諸種の側面にひずみが生じていることを指摘する。

第3章では、家族用地やアパルトマンなど、集合宿営地以外のさまざまな土地に暮らすマヌーシュのキャラヴァン居住に着目し、人々が定住化の時代において新たに編みだす旅と居住の実践について検討する。ここでは、マヌーシュが私有地や住宅を保持して定住化を促進させるのではなく、むしろ移動と定着の相補的な関係性に基づいてキャラヴァンでの移動生活を活性化している状況が明らかになる。

第II部　居住の道具としてのキャラヴァン——身体、他者、環境との関係

第II部では、キャラヴァンという住居を用いてマヌーシュがつくりあげる居住空間に焦点をあて、そこにたちあらわれる他者や環境との関係を考察する。社会や共同体ではなく「共同性の空間」、個人ではなく「個別性の領域」という、他者との相互行為をめぐる身体的実践や社会的行為を通して織りなされる関係性の空間について論じながら、マヌーシュが身体とキャラヴァンとの関係をもとにして、彼ら独自の個と共同性を刻みこみながら住まいを紡ぎだす様子を描く。

第4章では、キャラヴァン外部に広がる野外環境を活用して創出されるマヌーシュの居住空間の特徴を探りながら、住まいにおける身体の働きを考察する。マヌーシュの障壁を欠いた開放的な野外の生活領域では、動き行為する身体がキャラヴァンと協働して空間をつくりあげていく。特にここでは、マヌーシュ固有の「身構え」に注目して、人々が自らの身体を用いて他者との相互行為や共在状況に方向＝意味を与え、空間を拡張し境界づける様子を論じる。

第5章では、キャラヴァン内部の空間へと視点を移し、マヌーシュの住まいにおいて絡みあう個と共同性の関係を検討する。「身体を包み、位置づける」というキャラヴァンの働きに注目することで、キャラヴァンが人生過程のなかで変化する人の身体性や社会関係を通して個別化される一方で、人の身体の物質的で偶発的な側面に働きかけ、身体の単体性に閉じられることのない共同的な身体空間をたちあげる過程を示す。

第6章では、「キャラヴァンが与えられる結婚」と「キャラヴァンが放棄される死」というマヌーシュの人生儀礼に着目し、所有者の身体と一体化することで共同性の空間の秩序再編に関与するキャラヴァンについて論じる。ここでは、結婚と死をめぐってあらわれる「沈黙の敬意」がマヌーシュにおける個と共同性の関係を架橋する社会的行為として浮かびあがると同時に、沈黙され不可視化されたままの個の出来事を可視化することで人々の生きる社会的現実を支えるキャラヴァンの働きが明らかになる。

4　調査対象とフィールドワーク

4-1　フランスにおけるジプシー

本書のもととなったフィールドワークは、フランス南西部ポー地域[15]に暮らすマヌーシュを対象におこなった。特に記載しない限り、二〇〇七年九月から二〇〇九年七月までの期間にポー地域にて収集した民族誌的資料を用いる。ただし補足的に、次の調査によって得た資料も活用する。まず、本調査に先立つ二〇〇六年の七月から八月にかけて、パリ都市圏、ブルターニュ地方（ブレスト周辺）、ポー地域のジプシーや移動生活者を対象におこなった調査、さらに本調査の期間に、ポー地域から車で片道一時間ほどの距離にあるバスク地方（バイヨンヌ周辺）にてマヌーシュを対象に実施した調査、そして、二〇一四年六月と七月、二〇一五年五月に、ポー地域とバスク地方に加え、イヴリー、ボルドー、クレルモン=フェラン、カマルグ地方（アルル周辺）にておこなった移動生活者のキャラヴァン居住の現状を追う調査である。

本書が記述の対象とするポー地域のマヌーシュに関しては、第1章で具体的に説明するので、以下ではフランスのジプシー全般に関わる情報を挙げながら、その概況を述べておく。

人口と統計調査

出自や民族や宗教などの差異を捨象した「市民の平等」を国家理念とするフランスでは、国勢調査などの公的統計において人々の民族的出自に関するデータは収集されない。フランスのジプシー／移動生活者の一部に関連する統計調査は存在するが[16]、彼らの人口を正確に把握するためのデータとはなりえない。したがって、さまざまな報告書など

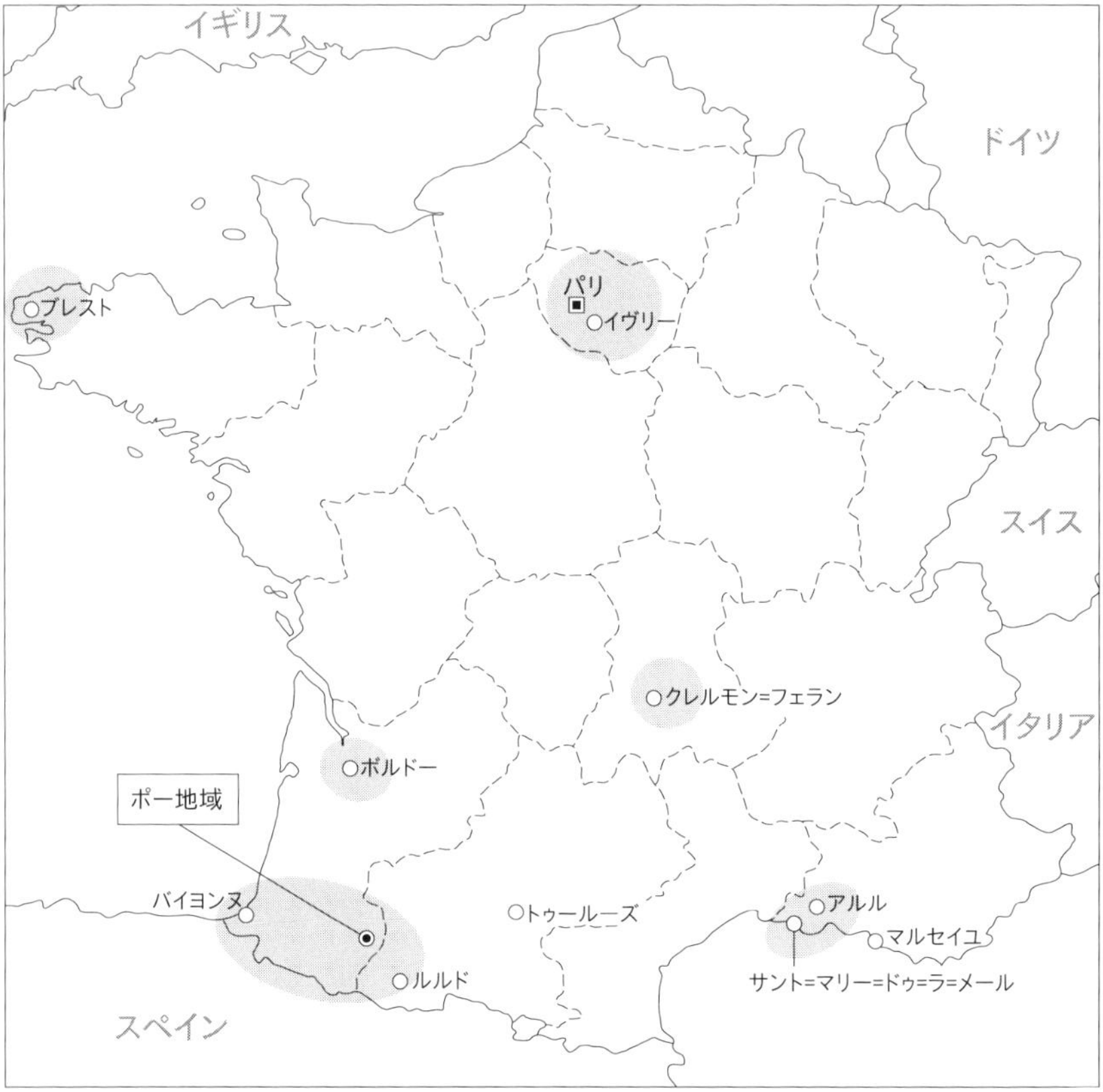

地図0－1　調査地

で提示される推計値の幅は大きいが、フランスには約二四万人から五〇万人のジプシー／移動生活者が暮らしているとされる［Conseil de l'Europe 2012; Robert 2007］。ポー地域においても、マヌーシュ、あるいは移動生活者を対象とした人口統計調査はこれまでおこなわれていないが、「キャラヴァンに住まう移動生活者」の人口はおよそ一三〇〇人と推計され、その圧倒的多数がマヌーシュと自称する人々とされる。これは日常的に彼らと接する地元の移動生活者支援団体の調査に基づくので、実態に近い推計とみなすことができる。(17)

定住化の過程と移動生活の現状

本書が対象とするマヌーシュは、定住化を進行させながらもキャラヴァンに住み、移動生活を続けている人々であるが、ジプシーの定住化と移動生活の現状を把握するにあたり、次のような問題に突きあたる。第一に、人口同様、定住化の度あいを示すデータが存在しないことである。フランス政府が「移動民あるいはノマド出自の人々」を対象に一九六一年に実施した統計調査では、調査対象者の約三割の人々が移動生活を続け、約三割の人々が定住していたと示されたが[18]、それ以降、同様の統計調査はおこなわれていない。また第二に、定住化の程度を測る基準に関して根本的な問題がある。そもそも、何をもってジプシー家族の生活形態を、「移動」、「半移動」ないしは「半定住」、「定住」と区別するのかという問題が生じるのだ。たとえば、家屋を所有しながら移動生活を続ける家族は移動生活者なのか、それとも定住者なのだろうか。また、ある年は一年中定着して過ごし、別の年には活発に移動生活をおこなう家族のケースも、こうした分類のなかにうまく収まらない。

このように移動生活と定住化の実態を把握することは、フランス全土を対象にすると難しくなるが、ポー地域に限るとより具体的な状況を示すことができる。私の聞き取り調査では、今日この地域でキャラヴァン居住をおこなうマヌーシュ家族のなかには、第二次世界大戦前から地域に定着していた家族はいないということ、彼らは一九六〇年代以降にポー地域にやって来た家族であるということが確認された。それ以前、これらの家族はフランス国内外を移動して暮らし、現在のように数世代にわたり一地域に定着することはなかったという。「栄光の三〇年」と称される一九四五年から一九七五年まで、フランスはその経済史上最大の高度成長を経験し、急速な都市化を進行させた。マヌーシュたちがポー地域に到着し始めた一九六〇年代から七〇年代は、この時期に重なる。ある八〇歳代のマヌーシュ女性は当時の様子を次のように語る。「ポーに到着しても、しばらくのあいだは地域内外を移動していた。……中略……しかし、旅を続けることが難しくなり、（一つの場所に）とどまることが多くなった。なぜなら、いたるところに大きな家が建てられ、キャラヴァンをとめる土地がなくなったからだ」。

定住化の初期、これらの家族はなお長期間の移動生活をおこない、ポー地域にとどまるのは冬季だけであったが、一九八〇年代後半から、移動生活は春から秋にかけての一時期に縮小されていったのだという。こうして現在、マ

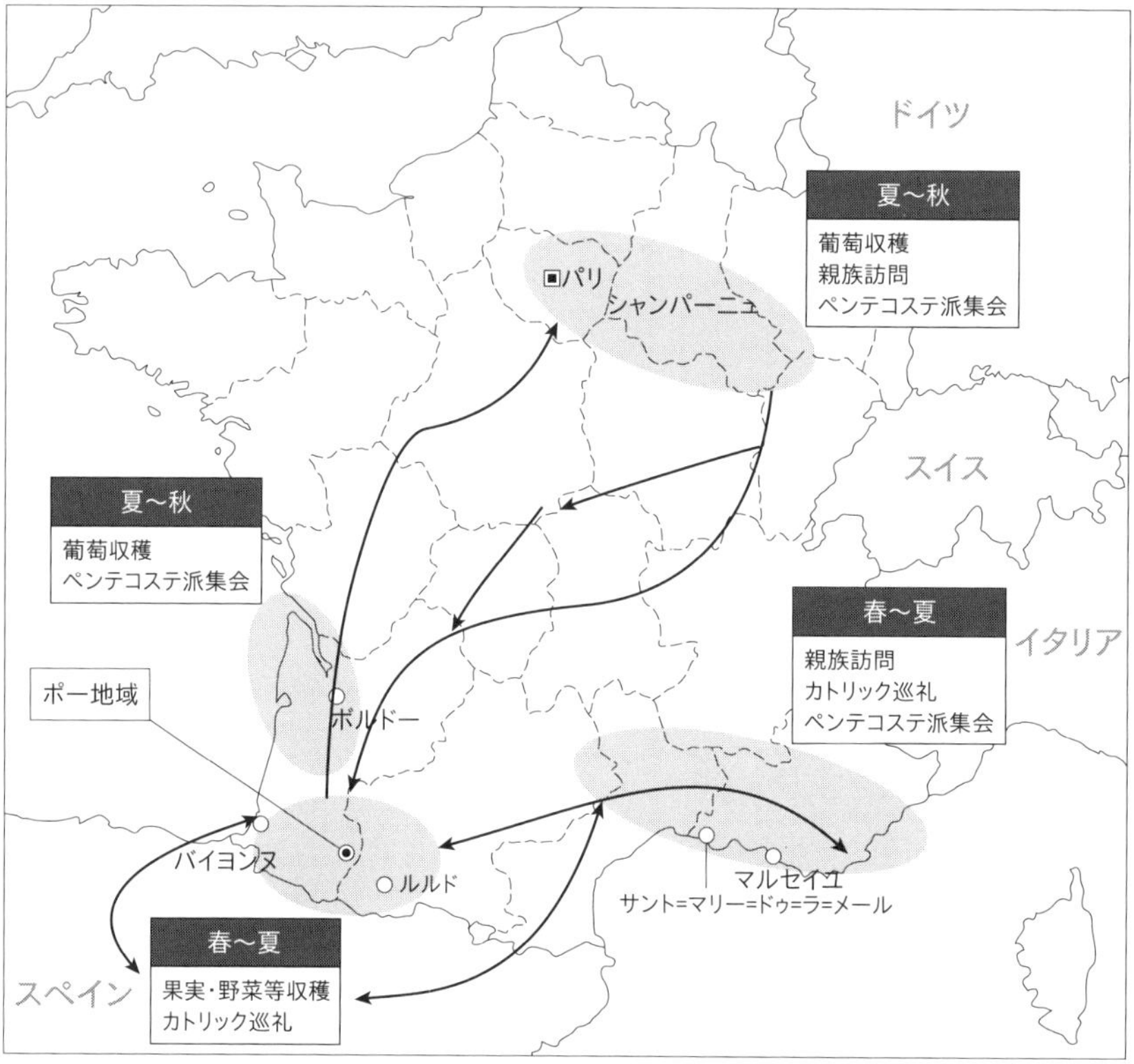

地図０－２　ポー地域のマヌーシュ家族の現在の移動生活状況

ヌーシュは一年の大半を同じ土地にキャラヴァンをとめて暮らしている。彼らが暮らす居住地にはいくつか種類があり、まずポー地域の各自治体によって建設された四つの公営集合宿営地、そしてマヌーシュ家族が賃貸、所有する私有地（以下「家族用地」と呼ぶ）、そしてそれ以外の空き地（宿営が正式に許可されていない土地であるため、一般的に「不法占拠地」と呼ばれるが、本書では「空き地」や「野営地」と呼ぶ）がある。

地図0-2は、ポー地域のマヌーシュが、今日の移動生活で訪れる主要な地域とその目的を示したものである。春は、ポー地域近郊の村やフランス南西部一帯で果物や野菜収穫の季節労働をおこなう。夏は、宗教活動が活発化する時期で、カトリック教徒は南仏のサント=マリー=ドゥ=ラ=メールやポー地域近郊のルルドなどの聖地へと巡礼に出かけ、キリスト教ペンテコステ派（後述）の信者はフランス各地で開催される信仰集会に参加する。このような移動の合間に、単発的な農作業および市商売や家屋や庭のメンテナンスなどの御用聞きの仕事や、遠方に暮らす親族との再会がおこなわれる。そして秋になると、多くの家族がシャンパーニュ地方やボルドー地方へと向かい、ワイン用葡萄の収穫作業に従事する。

以上挙げた移動が実際にどれほど実行されているのかという点は、ポー地域のマヌーシュの家族のあいだでも大きく異なる。三月から一〇月までの約半年間を、経済活動や宗教活動をおこないながら移動して過ごす家族もいれば、夏から秋にかけての一、二カ月のあいだ、経済活動や宗教活動を主要な目的とした移動生活を送る家族、さらには夏の二週間ほど、巡礼地や親族を訪れるために出かける家族もいる。また同じ家族でも、毎年、移動生活の内容はさまざまな事情に左右され異なってくる。しかし、これらのマヌーシュ家族に共通しているのは、ポーという一つの地域が、一時的な停留地や冬営地ではなく、数世代にわたり家族が根づいて暮らす定着の地として重要な生活拠点となっていることである。

以上のように、本書が対象とする人々は、移動生活が難しくなっていく一九六〇年代から調査地に定着し始め、現在もそこで暮らすマヌーシュ家族である。

以下、議論を進めるうえで説明の必要があるマヌーシュの言語と信仰について述べる。

マヌーシュ語とフランス語――二つの日常言語

調査地のマヌーシュは、一般のフランス人や非ジプシーを、「定住民 sédentaires」や「農民 paysans」といったフランス語で、また「ガジェ *gadjé*」というマヌーシュ独自の言葉で呼ぶ。「ガジェ」は、男性単数「ガジョ *gadjo*」、女性単数「ガジ *gadji*」と語尾変化する。

調査地のマヌーシュが日常的に話す言語は、マヌーシュ語とフランス語である。マヌーシュたちが「ロマネス *Romanes*」、あるいは単純に「マヌーシュ Manouche」と呼ぶマヌーシュ語は、ジプシー諸集団が話す言語であるロマニと文法も語彙も近似し、サンスクリット語やギリシア語の影響が認められる。マヌーシュたちも、ロマの話す言葉がある程度理解できるという。[19] だが、マヌーシュ語の単語のなかには、ロマの言語にはないドイツ語やフランス語から派生したと思われる単語も数多く含まれる。マヌーシュ語会話のなかにそのままフランス語の単語が入り混じることも常で、彼らのなかにはかつてスペインで暮らした人もいるので、スペイン語の単語も同じように登場する。

フランス中南部オーヴェルニュ地方在住のヴァレ神父が、（一九七〇年代ごろに）地元のマヌーシュから収集したマヌーシュ語［Valet 2007］と比較すると、調査地ではフランス語やスペイン語に置き換えられ、失われた言葉が多いことがわかる。マヌーシュの子が最初に覚える言葉はマヌーシュ語である。しかし、マヌーシュの年配者たちは、親が話していたマヌーシュ語を数多く忘れてしまい、親の世代とはもはや同じようにマヌーシュ語を使うことができないと言う。[20] 彼らにしてみれば、現代の子どもたちはさらにマヌーシュ語能力を失っていることになる。

このように、マヌーシュたちは時代を経るにつれて母語を徐々に失いつつあるといえる。この背景には、マヌーシュ語は文字をもたないため世代間で伝承していくことが難しかったこと、さらにフランス語が日常的な使用言語として存在感を増したことがある。マヌーシュの学校教育への参入は今なお途上であり、識字率も低いが、[21] 子どもたちはテレビなどのメディアや周囲の大人たちとの会話を通してフランス語を習得する。また、マヌーシュたちの居住地には、定住民社会出身者が暮らす。結婚によりマヌーシュ共同体に入ったこれらの人々のマヌーシュ語能力には差があるが、マヌーシュはマヌーシュ語を十分に理解しない人に対して、それが定住民であれ、マヌーシュ語が得意でない子どもや若者といったマヌーシュであれ、フランス語で話しかける。

しかし、マヌーシュ語で普段から会話をおこなう家族間でも、マヌーシュ語の会話のなかにフランス語のフレーズを突如挿入し、そのままフランス語で会話を続けていく様子がみられる。また、マヌーシュ語とフランス語のフレーズを交互に交えながら発言をすることもあれば、一方の話者がマヌーシュ語で発言した内容に対して他方の話者がフランス語で返答する場面もある。つまり、マヌーシュたちの日常生活において、マヌーシュ語が母語でフランス語が定住民社会との接触のための言語というように二分されているのではなく、二つの言語が相補的に用いられている。

カトリックとペンテコステ派——二つのキリスト教信仰

ジプシーは従来特定の宗教をもたず、彼らをとりまく多数派社会の人々が信仰する宗教を柔軟に選びとってきたとされる。フランスのジプシーの場合も同様で、第二次世界大戦後にペンテコステ派キリスト教が普及する以前、ほとんどがカトリック教徒であったとされる。

調査地のマヌーシュも、カトリック教徒が人口の三分の二を占める。ポー地域のマヌーシュは独自のカトリック教会組織をもたず、地域住民のカトリック教会に通う習慣もない。彼らが重要視する信仰実践は、聖地巡礼である。巡礼は、移動の生活様式と密接に結びついた宗教活動であり、行商や芸能の仕事やマヌーシュ仲間や親族の集結の機会ともなる。調査地は「奇蹟の泉」で知られる聖地ルルドから自動車で片道四〇分ほどの距離にあることもあって、毎年八月中旬から後半にかけてほぼすべてのカトリック教徒が巡礼へと出かける（写真0-4）。一方で、毎年五月末に「ジプシー巡礼祭」が開催されるサント＝マリー＝ドゥ＝ラ＝メール（写真0-5、ポーから自動車で片道六時間弱の距離にあるカマルグ地方の町）への巡礼など、遠方の巡礼地への旅は、家族の経済や生活状況に大きく左右される。

以上のようなカトリック信仰に対して、調査地ではマヌーシュ家族のおよそ三分の一が「エヴァンジェリスト évangeliste」と自称するキリスト教ペンテコステ派信者であり、彼らは地域で定例集会や日曜ミサを自主運営している。とりわけ彼らのあいだでは、春から夏にかけてフランス各地で開催される大規模な信仰集会に参加することが重要な信仰実践の一つで、移動生活の主要な目的となっている。

プロテスタント教会の一派であるペンテコステ派の運動(22)は、フランスをはじめヨーロッパ各国のジプシー集団のあいだで急速に広まった。その背景には、改宗を通した民族的アイデンティティの再構築があるとされる［岩谷 2000; Glize 1986; Williams 1987, 1993］。戦後の都市化と産業化の波にさらされ、周縁化の進むジプシー社会において、魂の

写真０-４　ルルドにて演奏するジプシー（1980年代ごろ、AGV 64提供）

写真０-５　サント=マリー=ドゥ=ラ=メールの巡礼祭における「ジプシーの守護聖人サラ」の行進（2015年）

救済を掲げ、新たなより所を与えてくれるペンテコステ派の信仰は、差別や貧困といった困難な現実を「神に選ばれし民」が辿ってきた受難の歴史と重ねあわせ、肯定的な価値へと変換したという。

先行研究では、ペンテコステ派信仰が広まり、宗教的な連帯が強まることで、旧来のマヌーシュ共同体内部の連帯が弱まる可能性が指摘されている［Williams 1987, 1993］。ポー地域でもこうした可能性は否定できない。同一の血縁集団が、二つの教派に分かれている場合があり、カトリック教徒がペンテコステ派信者を、「(古くからカトリック教徒であった) マヌーシュの伝統を否定するもの」と捉え、ペンテコステ派信者がカトリック教徒を「いまだに本当の神を知らない」、「古い慣習や迷信にとらわれた」人々とみなす傾向もある。しかし現状では、この二つの教派のあいだには大きな断絶はみられず、表立って諍いが生じることもない。親族の連帯は依然として教派の違いを超えて強い。実際に異なる教派の家族のあいだで結婚が生じることもあり、そこでの信仰の違いは、あいまいな態度や互いの信仰に関する配慮や無関心の表明によって穏やかに対処されている。

4-2　フィールドワーク

ジプシー人類学の研究者は、被差別民として強い警戒心をもつ人々の社会に入りこみ、調査をおこなうことの難しさを頻繁に語るが、とりわけ調査の方法として、質疑応答形式が不適切であること、さらにアンケート調査や悉皆調査による量的データの収集にこだわることによって、逆に間違った情報をジプシーたちから与えられたり、ジプシーたちの不信感を煽ったりする危険が生じると指摘してきた［e. g. Okely 1994］。私が調査のあいだ、たびたびお世話になった地元の移動生活者支援団体 Association Gadjé-Voyageurs 64（AGV64[23]）の関係者も、次のように助言していた。「あなたはどのようにして、マヌーシュたちが本当のことを言っているかどうかを判断するの？　……中略……マヌーシュたちに質問をしてはだめよ。彼らはよく知っているのよ、どう答えたらガジェが喜ぶかね」。私自身もまた、マヌーシュとのやりとりから、この指摘が正しいことを実感した。したがって私の調査では、マヌーシュの人々のデータを網羅的に収集する方法はとらず、参与観察と日常的な会話を通して情報を集めることに努めた。

性別や年齢に関係なくあらゆるマヌーシュに接触することを試みたが、私は調査のあいだ、自分のジェンダーを強く自覚することが求められ、その結果、日々の話し相手の多くは一〇代から八〇代の幅広い年齢層の未婚ならびに既婚のマヌーシュ「女性」たちとなった。人類学においては、調査者が特権的な立場を与えられ、当該社会のジェンダー規範から自由になる例もある。だがジプシー社会に入った女性人類学者が強調しているように［e. g. Hasdeu 2007; Okely 1994］、ジプシー社会においてそれは調査者の足を逆に引っ張り、時に調査の継続を危うくすることにもなる。実際に私は、マヌーシュの既婚男性とたまたま二人きりになって話をしていたとき、マヌーシュ女性に「マヌーシュの女はやきもち焼きだから、二人で話してはいけないよ」とそっと注意されたことがある。基本的にマヌーシュ女性は、夫や近親以外の男性と二人きりになることはないが、非マヌーシュであっても彼らのもとにいるのならば、自らのジェンダーに無自覚であってはならないのだ。したがって私も、マヌーシュ女性の付き添いなしでマヌーシュ男性と行動することを避けた。その結果、私の調査では、居住地の外でマヌーシュ男性が繰り広げている社会生活や男性のみでおこなわれる行商やスクラップ収集などの経済活動に関する参与観察が限られ、情報は人々の説明に頼るものとなった。しかし、それと引き換えに得たものも大きかった。私は自らをマヌーシュの女性と同様にジェンダー化された行動の空間におくことで、女性たちの生活の細部に触れながら過ごすことを許された。そこでは、女性たちの日常的所作の観察や身体的コミュニケーションへの参与も可能であったし、彼女たちが日々の会話のなかで不意に語りだす思いや悩みを受けとることもできた。これらは、本書がこれから各章で取りくむ論考の重要な指針となったといえるだろう。

第Ⅰ部

旅の道具としてのキャラヴァン

――定住化の時代における共同体と移動生活

第二次世界大戦後、フランスで伝統的に移動生活をおこなってきたマヌーシュは、定住化の道を歩み始め、その生活様式を大きく変化させた。今日、宿営地をはじめとする都市周縁のさまざまな土地でマヌーシュはキャラヴァンに住み続けているが、彼らがキャラヴァンを旅の道具として用いる機会は減少している。こうした現代を生きるマヌーシュの暮らしの実態を探る第Ⅰ部では、社会変容の諸相を解明するのみならず、マヌーシュがキャラヴァンに住まうという実践を通して、定住化の時代に対応した共同体と移動生活を新たにつくりあげる様子を描いていく。

第1章

変動するマヌーシュ共同体

かつて、マヌーシュはルーロットやキャラヴァンに暮らしながらさまざまな地域を行き来し、移動のたびに離合集散する親族共同体を形成していた。しかし、一九六〇年代以降に調査地ポーのマヌーシュが辿っていった定住化の過程では、生活空間は固定化され、共同体のかたちも変化していった。今日では、マヌーシュが「ポーのマヌーシュ Manouches palois」、もしくはフランス語の「共同体《コミュノテ》」という言葉を用いて「私たちの共同体 notre communauté」と表現する新たな社会的結びつきがみられる。

本書が記述の対象とする「ポーのマヌーシュ」とは、この共同体に属す人々を指す。ただし、「ポーのマヌーシュ共同体」は、マヌーシュというジプシー下位集団に属す人々を中心としつつ、同時にマヌーシュやジプシーではない多様な人々をも内包するという特徴をもつ。こうした地域独自の集団範疇は、彼らがポー地域にて定着を開始し、その後キャラヴァン居住を通してさまざまな出自の人々と出会い、共に過ごすなかでつくりあげられていったものである。以下では、このように、人々が定住化の過程で血縁に代わる新たな関係として地縁を発展させることで築いた共同体を、「地縁共同体」と呼ぶ。

先行研究では、移動の生活様式と結びついたマヌーシュ共同体の特徴が指摘されてきたが、それに対する定住化の影響については十分に検討されてこなかった。そこで本章では、マヌーシュが移動から定住へと変化する生活のなかで、共同体の境界や内部の社会関係を維持、変化させ、新たな共同体を形成していった過程を探る。特に、移動生活の時代に人々が慣れ親しんでいた柔軟な集団編成のあり方が、定住化をめぐる新たな生活条件にどのように対応したのかという問題を検討する。以下では、まず、マヌーシュの集団編成のあり方を先行研究と調査地の事例から提示し、日常の生活条件に応じて集団の枠組みを変化させる「柔軟性の原理」と呼べる特徴を抽出する。次にこれを踏まえて、マヌーシュの「駆け落ち婚」に着目し、定着地におけるキャラヴァン居住という新たな社会的環境のもとで、マヌーシュが多様な出自の人々と地域的な共同性を育んでいった過程を説明する。そして最後に、人々の現在の生活状況に触れながら、マヌーシュの地縁共同体が今日も進行する社会変化のなかで緊張や葛藤を孕み、絶えずその境界や内外の社会関係を更新する特徴をもつことを論じる。

1　マヌーシュ共同体の特徴

1-1　旅する人々の共同体

現在、調査地に定着するマヌーシュに、彼らや彼らの親族が活発な移動生活を続けていた二〇世紀前半に暮らしていた地域について質問すると、実にさまざまな地名が挙がる。フランス南東部から南西部へ、そしてスペインへと移動して暮らしていた家族、マッシフ・サントラル（フランス中央部の山岳地帯）を経由しフランス南部を移動していた家族、さらにはフランス本土全体を巡回していた家族などがいる。

このような旅の生活のなかでつくりあげられる共同体とは、どのようなものだったのだろうか。ここではまず、『マヌーシュよ、どこへ行くの?』［Doerr 1982］という自伝を執筆したクゥクゥ（ジョセフ）・ドエール（一九〇二〜一九八?）とその一族が、一九世紀後半から第二次世界大戦後までおこなっていた移動生活を事例に、その特徴をみていきたい。なお、クゥクゥ・ドエールは本書で主な対象とするポー地域に暮らすマヌーシュの親族であるため、彼の歴史は「ポーのマヌーシュ共同体」の歴史の一部でもある。

フランス社会が二度にわたる世界大戦により大混乱に陥り、そしてのちに高度経済成長へと突き進む激動の時代に、クゥクゥ・ドエールの一族は旅の生活を営んでいた。クゥクゥ・ドエールは、一九〇二年にフランス東部のスイス国境に近い町で出生している。自伝には、彼の一族が一八七〇年に勃発した普仏戦争の混乱のなか、それまで彼らの移動生活の主要な拠点であったアルザス=ロレーヌ地方を出立し、一九〇〇年代以降、フランス南部を中心に移動して暮らしていたことが記されている（地図1-1参照）。当時の移動手段は馬にルーロットをひかせるというもので、一日の移動距離は限られていたが、旅は活発で国境も頻繁に越えた。ドエール家の人々は、二〇世紀前半に、フランス南東部から南西部へ、イタリアやアルゼンチンへ、ピレネー山脈地方やスペインへと移動しているが、こうしたフランス国内外にまたがる大規模な移動は、二度の世界大戦に挟まれた時代の混乱時や経済活動の場を新たに開拓する必要に迫られた際におこなわれていた。

このようにフランス国内外の広域を活発に移動していた時代、人々が形成していた共同体は、親族関係に基づくものの、定住する農耕民の社会のように恒久的で明確なメンバーシップの境界をもたなかった。自伝の記述からは、当時、クゥクゥ・ドエールが属していた移動集団が、彼の祖父母や曾祖父母の時代から血縁や姻戚関係で結びついた成員から構成されていたこと、その規模をルーロット二台から六台、成人成員数一〇人から四〇人といったように、随時変化させていたことがみてとれる。移動に伴い、それまで旅を共にしていた成員の一部が抜けたり、普段は別の経路を移動して暮らす親族と再会し、新たにその一部が集団に加わったりと、集団編成は頻繁に変化していた。

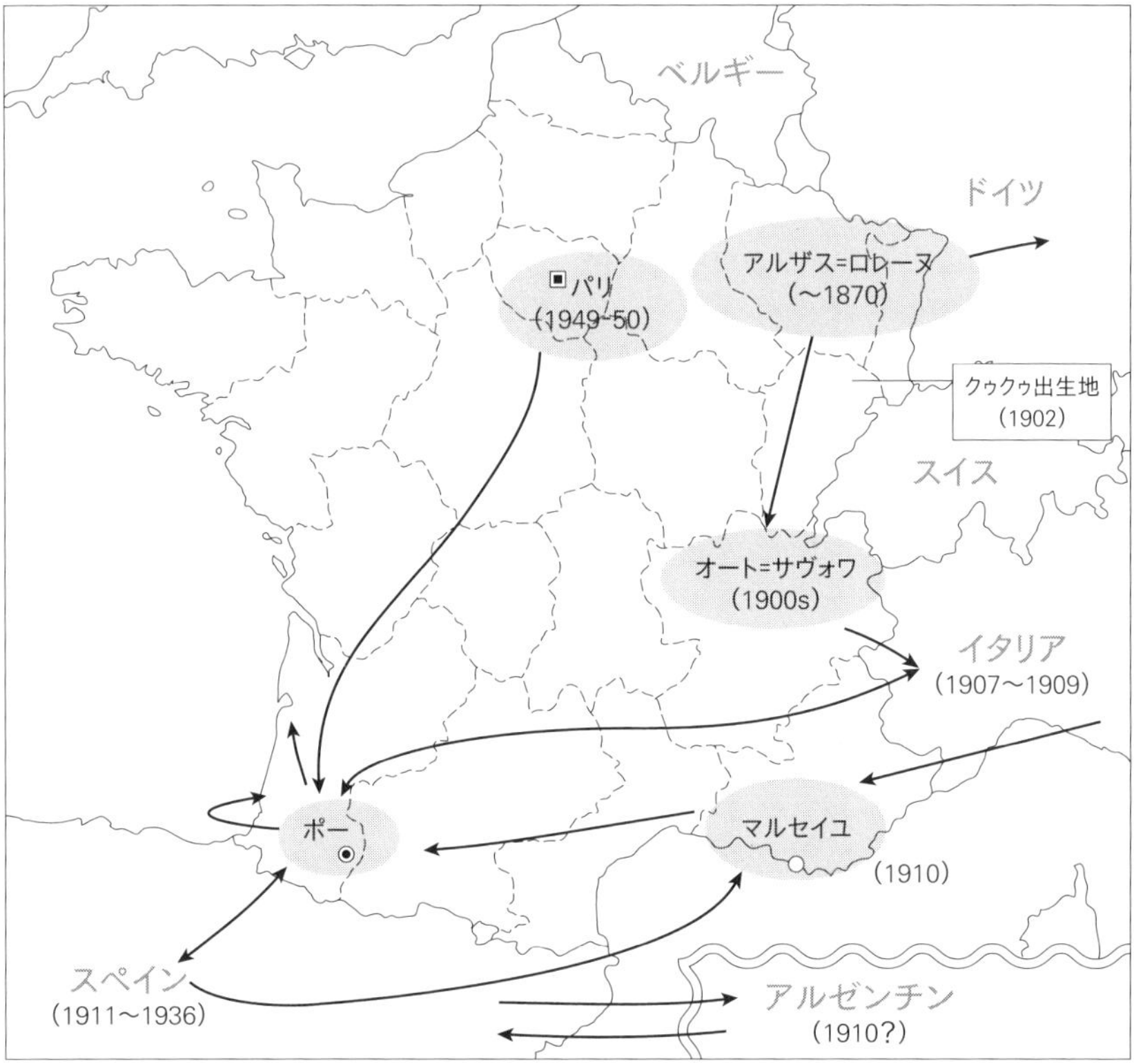

地図１－１　ドエール家の移動生活の行程（1870-1975）

Doerr［1982］をもとに作成

集団形成における「柔軟性の原理」

こうした離合集散型の共同体については、これまでも指摘されてきた［Dollé 1980; Reyniers 1992］。それによると、マヌーシュの集団編成の特徴は、一組の夫婦を中心に、その子夫婦や孫たちといった血縁により結びつく数世代の夫婦からなる「拡大家族集団」を集団編成の基礎的単位とし、そこに血縁や姻戚関係で結びつく複数の拡大家族集団が融合することで、移動や居住の単位となる共同体的なまとまりを形成することである。ただし、この拡大家族集団の集合体としての共同体は、流動的でメンバーシップの範囲が捉えがたいものでもある。

そもそもマヌーシュは、フランス語の「共同体」に合致する独自の言葉をもっていない。類似する言語を使用するロマが、移動や居住を共にする複数の家族集団から構成される共同体を「クンパニア

kumpania」と呼び表すのに対し［Williams 1984］、マヌーシュ語にはこの集団形態を指し示す用語がないのである。たとえば、ベルギーのマヌーシュは、夫婦とその子たちからなる基礎的な単位を「ファミリア familia」、同じ祖先をもつ複数の夫婦の集合を「マンス mensě」、血縁関係が実際に辿れなくとも、顔見知りであり接触のある集団の総体を「ルゥト leute」と呼ぶが、「〈共同体〉の概念は完全なかたちではあらわれない」［Reyniers 1992: 241］とされる。また、フランスのマヌーシュに関しても、共同体は親族関係によって結びつく複数の拡大家族集団（ファミリア familia）の集合体として捉えられるが、その外縁は明確ではないと指摘される［Dollé 1980: 99-100］。

このようなマヌーシュの集団編成の特徴は、彼らが営む移動生活とその「テリトリー」のあり方に深く関わっている［Reyniers 1992］。マヌーシュのテリトリーは、定住民社会におけるそれとは異なり持続的なものでも制度化されたものでもないが、だからといって無秩序なものでもない。それは、親族の家やキャラヴァン、あるいは墓があったり、経済活動の取引相手である定住民の顧客や、行政手続きに際して支援してくれる定住民がいたりするという理由で、マヌーシュ家族の社会経済的基盤となり、集団編成の基盤となる一定の地理的空間を指す。しかし同時に、彼らのテリトリーは新たな移動経路の開拓に伴い変更されるため、旅を共にする集団もそのたびに構成を変化させることになる。このようにテリトリーの可変性により、マヌーシュの共同体は親族的紐帯を基盤としながらも集団の枠組みを固定化することがなかったのだ。

この集団編成の特徴を、マヌーシュの出自体系にみてとることもできる。先行研究では、マヌーシュの社会組織における父系リネージ（出自が具体的に辿れる親族集団）の重要性が指摘される一方で［Dollé 1980; Omori 1977］、マヌーシュが実際の居住形態としては母方居住を選択する傾向が強いことも報告されてきた［Reyniers 1992: 347-349］。つまり、マヌーシュ共同体においては、父系の重視が集団への加入と排除に関する原則を厳密に規定しているとはいえず、同質集団の再生産を保証するのでもないということだ[1]。それがゆえに「親族の領域はリネージの足し算というかたちでは理解」できず［Reyniers 1998: 119-120］、その集団的枠組みは抽象的にしか把握できない。

マヌーシュは、成員の権利義務を規定して集団編成を固定化するのではなく、むしろ移動生活のなかで絶え間なく生じる融合と分離によってそれに柔軟性をもたせてきたということができる。こうしたマヌーシュ共同体を特徴づける集団編成のあり方を「柔軟性の原理」(2)と呼び、次のようにまとめておく。移動生活の時代におけるマヌーシュの共同体は、親族関係をもととするが、系譜や義務関係を通して固定化された成員によって形成維持されていたのではない。その共同体的なまとまりでは、移動に伴う離合集散により成員の流動性が高く、メンバーシップの範囲も不明瞭で随時変化する。共同体や個々の家族をとりまく社会経済状況の変化とそれに伴う地理的な移動によって、基礎的単位となる拡大家族集団は従来の共同体から一時的ないしは決定的に分離したり、別の家族集団と融合したりしていた。

1-2　ポーのマヌーシュの家族単位と共同体

以上のように、マヌーシュは移動の生活様式との密接な関わりのなかで柔軟な集団編成を維持していた。同様の特徴は、定住化を進行させた調査地のマヌーシュ共同体にもみてとることができる。

「ファミリア」と状況適応的な集団選択

調査地のマヌーシュが話すマヌーシュ語の「ファミリア *familia*」は、「家族」と訳すことができるものである。この言葉は父方母方双方の曾祖父母、祖父母の周りに集まる血縁集団を指す一方で、実際の系譜関係は明確ではないが、自分の血縁者や配偶者と親族関係にある人や、多かれ少なかれ古くからの顔見知りであり接触のある人を含む広義の社会関係の総体を指すこともある。注目すべきは、ポーのマヌーシュ共同体においては、先行研究が挙げたような、ファミリアよりも大きな集団形態を指す言葉が存在せず、彼らの言うファミリアは、文脈ごとに、核家族も拡大家族集団も、さらには共同体をも表す点だ。たとえば、ポーのマヌーシュはしばしば「私たちポーに住むマヌーシュはみなファミリアだ」と言うが、この場合のファミリアは、同一地域に長年共住し、遠近さまざまな親族関係や社会関係で結びついた人々のまとまりを指す。

現実の日常生活におけるさまざまな活動を通してもっとも綿密な結びつきをもつ集団の単位は、「拡大家族集団」である。一組の夫婦と未婚の子が中心となる「個別家族」[3]は、単独で日常の居住空間を構成することも、長期の移動をおこなうこともない。子は結婚し、自らの子を幾人ももったあとも、親の家族集団のもとにとどまり、共に移動生活に出かける。子夫婦が親の家族集団から独立することになるのは、彼らの子の複数が結婚し、新たな居住空間を必要とするまでに自らの家族集団を拡大させた場合である。

このように、ポーのマヌーシュは拡大家族集団を移動と居住の基本単位とするが、それは父系や母系の原理で固定化されない。私の調査では、結婚後にどちらの親のもとで暮らすかといった選択に決まりはなく、またそもそも二者択一的に帰属集団を選択しないという傾向がみられた[4]。母方と父方の親族のどちらか一方を特別視することもなければ、直系と傍系を区別する親族名称もない。子の性別や出生順位に基づいて、親の扶養や相続の仕方を区別することもない。

マヌーシュの夫婦がどの家族集団のもとに編入されるのかという問題は、居住をめぐるさまざまな条件に左右される。たとえば、一方の親が住む居住地には広いスペースや充実した居住設備があるとか、より緊密な関係にある近親がいるとか、その時々に変化する条件に応じて夫婦は居住集団を選択する。マヌーシュの母親たちに話を聞くと、「理想」は半年や数カ月単位で夫婦が双方の家族集団を行き来することだという意見が多く聞かれた。実際に、結婚後の夫婦は、どちらかの両親のキャラヴァンの近くに自分たちのキャラヴァンをとめ、一方の両親を中心とした家族集団に合流するが、この選択は永続的なものでもなければ、夫婦の一方がもともとの親族のつながりを絶つわけでもない。普段、一方の親の居住地に暮らしている夫婦でも、夏のあいだに移動生活に出かける際や親族の誰かが新たな居住地を見つけた際など、状況にあわせてもう一方の親と合流し、共住したり旅をしたりすることはよくある。

拡大家族集団内部における個別家族の自律性

このように調査地では、マヌーシュの個人が、状況適応的かつ双方的に親族ネットワークを拡大していく傾向がみられる。子からみると、父方母方の一方の家族集団のなかで恒常的に暮らしていたとしても、潜在的には父と母の二つの親族集団への帰属可能性をもつのだ。また、集団帰属の二重性という特徴からは、マヌーシュの拡大家族集団における既婚の子とその個別家族が高い自律性をもつという特徴も浮かびあがる。個別家族は二つの拡大家族集団に帰属しながら、生活条件に応じて居住集団を選択し、なおかつその選択には一年を通して流動性がみられる。

この点については、政治的なリーダーやヒエラルキーの問題も関わってくる。調査を開始したばかりのころ、私は初めて訪れる公営の集合宿営地やその他の土地で、その地に暮らす拡大家族集団や共同体を代表する権威者やリーダー的な役割を担う人物がいないか、何度か尋ねたが、マヌーシュからは、それぞれの夫がそれぞれのファミリアの「家長 chef」だ、という返事しか返ってこなかった。つまり、拡大家族や共同体のまとまりがみられても、その内部にはそれぞれに自律的な決定権をもった家長である、結婚し子をもつ成人男子が存在するのみで、個別家族の単位を超えて拡大家族や居住地住民の全成員を統率する特定の人物は不在なのである。

また、ポーのマヌーシュ共同体では、政治的なリーダーの不在に加え、父親の権威も限定的である。父親や長兄はもっとも敬うべき人とされ、意見を尊重されるが、絶対的な権威をもつわけではない[5]。父親の権威は、子の結婚後、さらに限定的なものとなる。子夫婦が同居する家族集団と共に巡礼や季節労働に参加するために移動するのか、定着地に残るのかといった選択は、子夫婦に委ねられる。経済活動に関しても同様に、既婚の子には主体的な選択が認められ、息子は父親の仕事を手伝うことはあっても協働は義務ではない。生計に関しても、各世帯はそれぞれの収入を個別に管理し、親子間での相互扶助は日常的であるものの、それはあくまで状況的なもので持続的な関係として義務づけられてはいない。

このように、マヌーシュの拡大家族集団においては、世代の異なる複数の家族が日々の相互扶助や協働を繰り広げ、個別家族の生活を支える一方で、そこに何らかの強制力があるのではない。むしろマヌーシュは、彼らが生きる不安定な社会経済状況のなかで（第2章参照）、個別家族ごとに自律的に行動し、集団編成を常に流動的な状態に保つことで、個々の家族の暮らしの安定化をはかる。そして拡大家族集団は、こうした個別家族の生活を日常的なやりとりや非常時の扶助などを通して支えるセーフティネットのような役割を果たすのだ。

拡大家族間の関係と定住化によるその変化

このように、ポーのマヌーシュは親子の関係を軸とした複数の世代からなる拡大家族集団を基盤に生活を営みながらも、日常の生活条件に対応して集団の枠組みを柔軟に変化させている。定住化の時代を生きる人々の暮らしのなかにも、移動生活の時代と同様の「柔軟性の原理」をみてとることができるのだ。しかしその一方で、今日のマヌーシュの生活には、移動生活の時代から持続する側面ばかりではなく変化の側面もみられ、それは拡大家族集団を超えた社会的結びつきにあらわれている。

前述したように、拡大家族集団は、さらに複数の拡大家族集団と結びついて共同体的まとまりを構成する。クゥクゥ・ドエールの一族が活発な移動生活を送っていた時代には、近隣か遠方かを問わず、移動の先々で合流し分散する親族集団が共同体の基盤となっていた。調査地のマヌーシュも、今日、季節限定的なものとはいえ移動生活をおこない、離れて暮らす親族との結びつきを維持している。バスク地方やミディ＝ピレネーの諸地域など、近隣に住む親族とは成員の誕生や洗礼、病気や事故に際した見舞い、結婚式や葬儀、祝日や墓参りなどの機会に行き来する。パリ圏やフランス南東部一帯に住む遠方の親族との再会はこれほど頻繁ではないが、春から秋にかけての移動の時期におこなわれる。通常、マヌーシュの長距離の移動は、経済活動や宗教活動を主要な目的とするが、それは同時に、結婚や葬儀の行事を除くと普段接触することのない遠方の親族と再会する重要な機会でもある。

このように、調査地のマヌーシュは、再会の機会を減少させたものの、近隣遠方を問わず、旧来の親族の結びつきを維持している。しかし、これまで述べてきたように、マヌーシュの親族組織は、夫婦を中心に双方的に広がるネットワークを特徴とし、多様な人々を状況適応的に集団内部に受け入れる柔軟性をもっている。そのような仕組みのうえでは、集団の枠組みは自然と拡大し、メンバーシップの境界もあいまいになる。加えて、マヌーシュの社会組織には、集団の凝集性や連続性を保証するような制度も不在であった。現在でも遠方の親族との連帯は意識されているが、日々の暮らしのなかで地理的に散在している集団の成員全体を縛る強い統制は存在しない。

こうした「柔軟性の原理」に基づくゆるやかな親族のまとまりを維持しながら、マヌーシュは、定住化の時代において「地縁」という新たな共同性を育んでいった。移動の機会が減り、一年の大半を定着地で過ごすようになるにつれ、彼らは、それまで離合集散を繰り返しながらも親密な社会関係を保ってきたフランス各地にいる親族との接触の機会を減少させ、その一方で、時期を同じくしてポー地域に定着し始めた非親族のマヌーシュや非マヌーシュとの社会関係を発展させていったのである。

2　定着地における地縁の創出

今日、ポー地域のマヌーシュは、他の地域に暮らすマヌーシュやロマやジタンと区別して、自らを「ポーのマヌーシュ」と言い、そして「この土地のマヌーシュ」は「みなが知りあい」、「私たちはファミリア」、「私たちは共同体」と表現して、地域的な共同性に言及する。このような地縁に基づくマヌーシュ共同体には、先取りしていえば、彼らの定着時期と定着先であるポーの地域的特徴が関わっている。ただし、時代と地域による外的条件だけが共同体構築の決定的要因なのではなく、マヌーシュの地縁が紡ぎあげられていく過程には、彼らが移動生活の時代から保持していた柔軟な特徴をもつ集団編成の原理が大きく影響している。本節では、ポー地域のマヌーシュの定住化初期の共住経験とそこで生じた駆け落ち婚に着目し、マヌーシュが日常の生活の場で育まれる社会関係に基づいて、「ポーのマヌーシュ」という集団範疇を意味づけてきたことを示していく。

2-1 共住と駆け落ち婚

マヌーシュと彼らのもとで活動する移動生活者支援団体関係者が私に与えてくれた説明を総合すると、ポー地域におけるマヌーシュの地縁関係の発展過程は、一九六〇年代にまで遡る。都市化が進み移動生活が難しくなっていくこの時代、一九六七年にポー市郊外にキャラヴァン居住者のための公営宿営地「SC集合宿営地」が建設されると、そこは当時ポー地域一帯を移動していたマヌーシュ家族の重要な生活拠点となった。また、これらの家族を頼って、移民の急増と都市化により居住環境が悪化していたマルセイユ地域から親族も移住してきた。さらに彼らとは別に、SC集合宿営地やその周辺の野営地には、フランス全土にわたる広範囲の地域を巡回していたマヌーシュ家族や、南仏やスペインから移住してきたジタンやヒターノも集まるようになった。こうして同時代にポー地域で定着し始めた家族の多くは、当初はSC集合宿営地を冬営地として、そして次第に一年を通した定着のための土地として用いるようになった。

このように定住化が進むなかで、SC集合宿営地は今日ポーに存在する地縁共同体の出発点となった。人口過密と荒廃に見舞われてSC集合宿営地が一九九六年に閉鎖されて以降、ポー地域のマヌーシュたちは、新たに建設された四つの公営集合宿営地、その他の野営地や私有地に分散して暮らす。私は、これら地域内のさまざまな土地に暮らすマヌーシュ家族に聞き取り調査をおこなったが、ほとんどの家族がSC集合宿営地に長期的もしくは一時的に居住していたと述べ、この宿営地で子どもたちが生まれ、結婚していったことも確認できた。

「私たちは今でこそ別々の場所に住んでいる。けれど、みんなファミリアだよ。だってもともとはみんな同じところに住んでいて、そこで子どもたちが結婚して、それで別々の土地に行ったんだもの。会えば挨拶もするし、何か困ったことがあれば助けてやる。だから私たちは共同体《コミュノテ》って言うんだよ」。五〇代のマヌーシュ女性がこう振り返るように、SC集合宿営地での共住は、マヌーシュがそれまでの移動生活において一時的に接触することはあっても長期的な関係を結ぶことのなかった人々との社会関係を新たに開拓する機会となり、地縁共同体の形成に欠かせない経験だったのである。

地縁は、定住化に直面するマヌーシュが新たな生活の場をつくりあげていくうえで必要不可欠な社会的基盤として、日々の暮らしのなかで育まれ意味づけられていったものである。マヌーシュは、半ば偶然に同じ定着地で共住することになった人々と、定住化が進行するなかで生じてきた居住をめぐるさまざまな困難に対して、相互に連帯することで対処してきた。SC集合宿営地は、設置当初は市の管理下にあったが、一九八〇年代にはすでに管理を「放棄」されている。その背景には、市と宿営地住民との関係の悪化があったという。宿営地は、十分な居住設備もスペースも欠いていたため、キャラヴァンの慢性的な過密状態や設備の損壊、衛生状態の悪化に見舞われ、それに不満を抱く住民が次第に運営者である市当局と対立するようになった。そして、住民が宿営区画の使用に関わる取り決めを無視したり、光熱費の支払いを拒否したりするようになると、市は管理人の派遣を停止し、宿営地の運営を放棄することを決定した。その結果、SC集合宿営地は、市からの社会的、物的なサポートが絶たれた「放棄された土地 terrain abandonné」となったが、このような状況下で、住民は宿営地を「自治」の場とし、そこで生じる問題に対して協働して対応しようとした。例を挙げると、すでに共住する住民は互いに宿営地の共同利用を認めあい、独自のルールを共有する一方で、新たに地域外から訪れる見知らぬ人々のキャラヴァン宿営を拒否し閉めだしたという。そうして彼らは、自らの居住の場を確保して定着地での暮らしを安定させると同時に、同じ土地を共有して住まう隣人との関係を密にしていった。

マヌーシュの駆け落ち婚

このように、ポーのマヌーシュは、定着地での共住を通して地縁を重要なものとして意味づけていった。先に触れたように、この地縁で結びつく家族集団もまたファミリアだといわれる。この場合のファミリアは、厳密な意味での親族を指すのではなく、定着地ポーでのキャラヴァン居住という特定の経験を長年共有してきた人々同士の社会的紐帯を指す。ここには地縁に基づく新たな関係の生成が認められる。従来、親族関係を超えた共同体的まとまりを形成することがないとされてきた人々が、定住化の過程で旧来の親族ネットワークの外部にいる他者との社会関係を新たに結び、地縁共同体を構築したのだ。

注目したいのは、集団を構成する成員の出入りに関わる事象である結婚が、調査地のマヌーシュのあいだでは「駆け落ち」という方法をとることで、彼らの社会関係を地域的な広がりのなかで拡大していく要因となった点である。ロマやジタンが、当事者だけでなく家族集団の意志が強く働く結婚を重視し、周囲の賛同を得られない場合の最終手段として、駆け落ち婚を例外的、否定的に捉えるのに対し［Gay y Blasco 1999; Williams 1984］、マヌーシュは当事者の自由意志による駆け落ち婚をもっとも好ましい結婚の方法としてきた［Dollé 1980; Omori 1977; Reyniers 1992］。

マヌーシュの駆け落ち婚は、次のように展開する。若い男女は周囲に悟られぬよう愛を深め、ある日、共に家族や親族のいる居住地を離れる。そのままカップルは一夜、もしくは数週間から数カ月のあいだマヌーシュ共同体から離れて二人だけで過ごし、そののちに家族のもとへ戻ってくる。親は、駆け落ち後に子どもたちの関係と結婚の意志を知ることになるが、二人が戻ってくると結婚の祝宴を開き、彼らにキャラヴァンを与える。そうして新たな世帯が、共同体に誕生することになる。

マヌーシュの親が子の結婚の意志を知るのは、駆け落ちという出来事が起こったあとであり、親は子の結婚を事後的に承認する。つまり、事前の報告や承認がないまま結婚の手続きが進行するのだが、結婚に際して親の反対が生じることは稀だとマヌーシュは言う。駆け落ち婚において重要なのは、結婚の意志や婚前の交際の事実を隠すこと、すなわち「沈黙」であり、それは両親に対する「敬意」のしるしとして解釈される。マヌーシュにおける敬意と沈黙の問題については第6章で論じるが、駆け落ち婚は、マヌーシュの慣習に沿った方法で結婚の過程が踏まれたことを意味するので、親の名誉に結びつく。マヌーシュの親が、子の駆け落ちの相手をめぐって落胆し怒ることもあるが、結婚は承認される。マヌーシュの娘は婚前（正確には駆け落ちの前）に性交渉をもつことが厳しく禁じられているため、処女喪失の経験とみなされる駆け落ちは結婚の承認を余儀なくさせるのだ。

配偶者選択に関する変化

調査地では、昔も今も駆け落ちという結婚の方法は変わらないが、配偶者選択に関しては変化がみられる。五〇代のマヌーシュ女性プッパは、彼女の夫との結婚の経緯について「マヌーシュの結婚は自由だよ。親が強制するものではない」と強調したうえで、彼女の場合は、親がイトコ同士の関係にある夫と幼いころから移動生活や冬季の定着地を共にしていたため、「自然と」結婚に至ったのだと説明する。

このプッパ夫妻のような親族内婚は、マヌーシュ社会においてもっとも一般的なものだ［Dollé 1980; Reyniers 1992］。移動生活の時代においては、駆け落ちをする相手は、共に旅をする親族集団の内部や、巡礼や家族行事に際して年に数回集結する親族のなかから選ばれていた。実際に、調査地に現在暮らす四〇代以上の年齢層のマヌーシュの婚姻関係をみてみると、古くから互いに親族関係で結びつく一定数の家族集団内部でそれぞれの配偶者が選ばれている場合が多く、イトコ同士の結婚も少なくない。クゥクゥ・ドエールの著書でも、調査地の家族と同じ姓をもつ家族集団が折に触れて言及されているが、一定数の家族集団が、彼よりも先の世代から姻戚関係を結び、移動を共にしたり、旅先での再会を繰り返してきたりした。

このように従来、ポー地域のマヌーシュ家族のあいだでは、祖父母や曾祖父母を共通にもつ近親のあいだでの結婚や、すでに姻戚関係が結ばれていて頻繁な接触を保ってきた家族間の結婚が多く生じていた。移動生活の時代においては、親族関係にある家族集団と一年の大半を離れて暮らしながらも、一年に数度集結し、その機会に若者同士の駆け落ち婚が生じていったのである。この場合、すでにつきあいのある親族と定期的に再会することで、若者同士の配偶者選びの範囲が決定づけられているので、結婚相手の選択に両親の意向が挟まれなくとも、おのずと結婚は親族集団内での関係の強化に結びついていたといえる。

これに対して、一九六〇年代以降に定着地で繰り返された駆け落ち婚においては、親族であろうがなかろうが、マヌーシュであろうがなかろうが、同じ居住地に住む若い男女が親に知られずに結婚を決め、駆け落ちをしていった。配偶者が居住地内で共に育った幼馴染や親族のなかから選ばれることは今日も一般的だが[6]、配偶者選択の内容には変化もみられる。たとえば、プッパには二〇代と三〇代の三人の娘と三人の息子がいるが、プッパ夫妻と親族関係にある家族集団のなかで配偶者を選んだのは、長女と三女だけである。二女は、ポー地域の宿営地で共住するまでプッパの家族集団と面識のなかったマヌーシュ家族の男性と結婚し、息子一人も同様に親族外のマヌーシュ女性を妻としている。そして残る息子二人は、それぞれポー地域で知りあった定住民女性と結婚している。

こうした配偶者選択の多様化には、定住化の影響がみてとれる。ここまで述べてきたように、マヌーシュはもとより親族内婚を強いる固定的かつ排他的な婚姻規制をもたないので、定住化という環境の変化の影響を強く受ける。その結果、それまでの移動生活における親族内婚とは異なった結婚が生じていった。スペインへ渡り、マルセイユや南仏を拠点に長らく暮らしていたマヌーシュ家族の子が、ポー地域で共住するまでは面識のなかったマヌーシュ家族やジタン家族の子と駆け落ちをするなど、親族か非親族か、マヌーシュか非マヌーシュかを問わず、地域内婚が増加していったのだ。

2-2 「ポーのマヌーシュ」とは誰を指すのか

ポー地域に定着したマヌーシュ家族は、定住化という新たな生活条件のもとで駆け落ち婚をおこなうことで社会関係を地域内で拡張し、地縁共同体の枠組みをつくりあげていった。ただし親族集団外部の他者との結びつきは、定住化特有の現象ともいえない。親族のまとまりで移動するマヌーシュは、メンバーシップが排他的で閉じられた集団を形成していると思われがちであるが、実際にはさまざまな非マヌーシュを受容してきた。調査地のマヌーシュは、昔からマヌーシュのあいだではさまざまに外見の異なる子どもが生まれることが珍しくないのだ、とも述べる。共に黒髪で褐色の肌をもつ両親のあいだに生まれた子どもたちが、白い肌と金髪の混じった明るい色の髪をしていることがしばしばあるが、マヌーシュたちにとって、それは「私たちは混ざりあっている」から、何の不思議もないことなのである。どの家族も遡れば非ジプシー、もしくは非マヌーシュの祖先がいるという。「私たちマヌーシュは、長い間こうして混淆してきたんだ」と、定住民社会出身の祖母をもつある男性は述べる。

このような非マヌーシュとの混淆の歴史に、より多様な出自の人々との出会いと共住が重ねあわせられていくことで、「ポーのマヌーシュ」という集団範疇が形成されたといえる。そこで次に、この集団範疇に具体的に、どのような非マヌーシュが含まれるのかを説明しておく。

ガジェとの結婚

まず、マヌーシュたちが「ガジエ」と呼ぶ非ジプシーの定住民を挙げることができる。ガジェとの結婚は男女問わず、現代においてその数が増加している。貞操が求められるマヌーシュ女性と非ジプシー男性との結婚よりも、日常行動や交友関係に制限を受けず、居住地外に足を運ぶ機会の多いマヌーシュ男性と非ジプシー女性との結婚が若者世代で多い。私は、マヌーシュのキャラヴァン居住者を対象に調査をおこなったため、結婚によりマヌーシュ家族のもとを離れ、定住民社会で暮らすマヌーシュの数を把握することはできなかった。したがって、偏りはあるが、調査地では少なく見積もっても、五組のうち一組が非ジプシーとの結婚であるといってよい。

マヌーシュとの結婚を機にキャラヴァンでの生活を営むようになったガジェの出自は、さまざまである。フランス人やスペイン人、マグレブ系イスラーム教徒もいれば、アジアやフランス海外県をルーツとする人もいる。マヌーシュたちは、「私たちは人種差別主義者ではない」、つまりどの出自の人間であっても仲間の一人として受け入れるのだと言う。彼らの言葉どおり、非ジプシーの配偶者やその子がマヌーシュ共同体において差別されることはない。彼らは、マヌーシュの生きる環境に溶けこんでいる。マヌーシュ語能力には個人差があるが、非ジプシーの夫（ガジョ）は、定住民社会で雇用の職につくのではなく、マヌーシュの親族と同じくスクラップ収集や季節労働などの経済活動をおこなう。一方、非ジプシーの妻（ガジ）の場合、マヌーシュの義母と義理の姉妹の協力を受けながら子を育てる。彼らはマヌーシュと結婚し、マヌーシュ配偶者の親族のもとでキャラヴァンに住まうなかで、次第にマヌーシュ語を理解するようになり、マヌーシュの子の親となる。

しかし他方で、「昔、マヌーシュの女は、ガジョと結婚することは許されなかった」と年配者が語るように、ガジェとの結婚には一定の規制があったことを指摘しておかなければならない。先行研究もまた、同様の婚姻規制、とりわけ非ジプシー男性とジプシー女性の結婚を禁止する慣習に注目し、それをジプシー社会の穢れのタブーと結びつけて論じてきた［オークリー 1986(1983); Sutherland 1986(1975)］。序章で説明したように、穢れの観念は、身体を清浄と不浄に二分するだけでなく、ジプシー社会を男と女に、世界をジプシーと非ジプシーに二分し、前者を後者に対して優位におく民族境界の概念に打ちたてるものである。ジプシー社会では、ガジェは男も女も穢れており、特に非ジプシー男性は、集団の清浄性を守るジプシー女性に対して性的汚染を及ぼす存在として、民族全体にとって危険な対象とみなされるという。

マヌーシュ研究では、穢れは主要なテーマとして論じられてはこなかったが[7]、私の調査でも、タブーの存在を示すような具体例をみいだすことはできなかった（詳細は第5章参照）。非ジプシーとの結婚を、穢れという観点から否定する語りや態度に会うこともなかった。一般にマヌーシュ女性と非ジプシーとの結婚を否定的に捉える傾向は残っているが、実際に各家族の事例を詳しくみると、どの家系にもガジェの祖先が含まれており、マヌーシュ女性もマヌーシュ男性と同様にガジェと結婚し子をなしている。調査地には、イタリア出身の定住民男性と今から五〇年以上も前に結婚した七〇代のマヌーシュ女性がいる。その女性の姪はこの結婚について次のように語った。「彼（叔父）は農民（定住民）なんだよ。けれども、私たちは彼を受け入れた。マヌーシュと定住民の結婚はかつては禁止されていたが、私たちは進歩したんだよ。他の人間たちと同じようにね」。

現在、親たちが自分の子が非ジプシーと結婚するときに気にかけるのは、結婚後の夫婦の居住地選択や親族同士のつきあいがどうなるのか、そしてマヌーシュ共同体にうまく定住民社会出身の配偶者が溶けこめるか、また反対に、自分の子が定住民社会で受け入れられるのかといった問題についてである。つまり、調査地のマヌーシュ共同体において、非ジプシーとの結婚を避け、マヌーシュ同士の結婚を好む傾向は、清浄と不浄の儀礼的な境界の概念に起因するというよりは、マヌーシュと非ジプシーのあいだの社会関係や文化的差異に対する不安から導かれている。実際に、非ジプシーとの結婚を契機にキャラヴァン居住から離れていったマヌーシュ女性が、マヌーシュ共同体とのつながりを維持することができなくなる（もしくは回避する）といった話を、私はしばしば耳にした。非ジプシーの夫がキャラヴァンではなく一般住宅に暮らすことを希望し、定住民社会のなかで社会関係を築く場合、マヌーシュの妻がキャラヴァン居住をおこなう彼女の家族集団のもとを頻繁に訪れ、家族行事に参加することは難しくなるである。

非マヌーシュのジプシー／移動生活者との結婚

また、定住民社会出身者以外の非マヌーシュのジプシーや移動生活者も、結婚を通して「ポーのマヌーシュ」の集団範疇に含まれてきた。フランスに暮らす、マヌーシュ、ロマ（ロム）、ジタンに区別されるジプシー下位集団は、歴史的背景だけでなく生活様式、慣習、言語に至るまでそれぞれに異なり、こうした異なる下位集団間の結婚を、マヌーシュが避ける傾向にあり、実際の婚姻数も少ないという報告がある［Dollé 1980: 25］。ポー地域のマヌーシュの場合も、親は自分たちの子をできればマヌーシュと結婚させたいと語る。しかし、現実に生じている結婚の事例をみてみると、非ジプシー同様、少なからずの非マヌーシュ出自のジプシー／移動生活者が結婚を通じて共同体に混入していることがわかる。

特に、マヌーシュと古い時代から関係をもっていたのは、「イエニッシュ」である。イエニッシュは、ドイツ語圏地域に暮らしてきたヨーロッパ土着の移動民である。イエニッシュが今でも多く暮らすスイスやオーストリアなどでは、ジプシー集団との通婚は少ないとされるが、アルザス地方をはじめフランスでは、マヌーシュとイエニッシュの結婚がこれまで繰り返し報告されてきた［Bader 2007; Reyniers 1992］。ポー地域のマヌーシュの場合も、祖先の多くが一九世紀後半までアルザス地方に暮らしていたこともあり、その共住と通婚の歴史は長いと考えられる。ポー地域には、イエニッシュの親をもつ八〇代の姉妹が暮らし、マヌーシュの夫とのあいだで、それぞれ一〇人ほどの子をなしているので、イエニッシュの祖先をもつマヌーシュが多く居住している。

イエニッシュがドイツ語圏地域で遅くとも一九世紀からマヌーシュと交わってきたのに対し、南仏を中心に居住するジタンやスペイン出身のヒターノは、二〇世紀に入ってから調査地のマヌーシュ家族と融合していった。調査地には、クゥクゥ・ドエールの一族と同じく、二度の世界大戦に挟まれた時代の混乱に際してスペインに渡っていた家族がいて、彼らは、第二次世界大戦後スペインからフランスへと戻り、まずマルセイユやアヴィニヨンといった地中海沿岸地域に滞在した。そして、もともとジタンの多く暮らすこの地域でジタン家族出身者と結婚し、ポー地域にやって来たという。さらにポー地域独自の背景として、スペインとの国境に近いこのピレネー山脈沿いのフランス南西部は、二つの大戦を経て国境間の移動が活性化されたあとにスペインから到来したヒターノ家族と、地中海沿岸地域や南仏一帯から来たジタン家族が、同じ時期に地域に定着し始めたマヌーシュ家族と交叉する地帯でもあった。たとえば、調査地に暮らす四五歳のヒターノ女性はスペインで出生しているが、幼いころに両親とフランスに渡り、ポー地域で同時期に定着を始めていたマヌーシュ家族集団の一員である夫と結婚したという。

以上をまとめると、マヌーシュは、移動生活の時代から非マヌーシュ出自の人々と婚姻関係を結び、定住化の過程でさらに多様な人々と融合していったということができる。その結果、今日彼らが形成している地縁共同体には、多くの非マヌーシュが含まれているが、こうしたジプシー下位集団間の融合はフランスの他地域でも同様に認められる傾向ではない。南仏一帯では、ジタンが都市のアパルトマンに住み、「カルティエ・ジタン」と呼ばれるような一つの集住街区を形成しているが、彼らはキャラヴァンに暮らすマヌーシュと日常的に接触することはない［Eberstadt 2007; Olive 2003］。また、ポー地域と地理的に近接するバスク地方バイヨンヌのマヌーシュ共同体についての私の調査でも、ポー地域のような状況はみられなかった(8)。

そしてポー地域では、多様な出自の非マヌーシュが、マヌーシュ共同体のなかに受容されてきた。この点には、地域独自の背景として、ポー地域ではマヌーシュ以外のジプシー／移動生活者人口が圧倒的に少ないという事実が関わっている。南仏の大都市圏とは異なり、調査地では、非マヌーシュを主要な成員として構成されている家族集団や定住ジタンの集住街区がないうえに、新たにこの地を訪れる他のジプシーや移動生活者の数も少ない。わずかばかりのロマがやって来ても、地元のマヌーシュと日常的な接触は生じない。つまり、ポーのマヌーシュは、親族関係のない見ず知らずのロマやジタンと出会い、集団間の差異を意識する機会をあまりもたず、ポー地域のマヌーシュと婚姻により結びつく少数派の非マヌーシュを、「マヌーシュとは異なる人々」として多数派であるマヌーシュから区別する機会も少ないのである。

このような状況から、ポー地域では、非マヌーシュがマヌーシュ共同体内部に取りこまれ、各集団間の言語や慣習上の差異はマヌーシュとの融合状況のなかで消失している。マヌーシュは、ポー地域外のフランス南部一帯に定住するジタンやスペインのヒターノに対しては、結婚にまつわる慣習や言語、そして生活様式が異なる点を強調して「私たちは同じでない」という認識を示すが、同じポー地域に暮らすジタンやヒターノに関しては、そのような差異化をおこなわない。本来、これらジタンやヒターノは、カタルーニャ語や、カスティリア語やカタルーニャ語がロマニ語と混じってできた言葉「カーロ *calo*」を話すとされるが、ポー地域ではマヌーシュ語を話す。また彼らは、マヌーシュの駆け落ち婚に倣って結婚し、マヌーシュの慣習的な方法で死者を弔う。マヌーシュは私のような外部の人間からの出自に関する問いに答えて、マヌーシュの血が流れていない親族について、「ああ、あれはマヌーシュじゃないよ」と言うことがある。非マヌーシュとマヌーシュのあいだに生まれた人が、「純血のマヌーシュではない」と表現されることもある。けれども、生来の言語や生活習慣の違いによっていちおうは差異があると認められていても、ポー地域の非マヌーシュが、日々の暮らしや社会生活において区別されることはない。彼らは「ポーのマヌーシュ」の一員とみなされる。

隠喩としての「血」の原則

以上のような地域的特徴も関係して、マヌーシュという民族範疇のなかに多様な出自の人々が含まれ、「ポーのマヌーシュ」という独自の集団範疇が形成された。ここで注目すべき点は、マヌーシュが、不浄信仰のようなイデオロギー的原則ではなく、日々の生活のなかで結ばれる具体的な社会関係に基づいて、非マヌーシュの他者を「ポーのマヌーシュ」内部に受容、もしくは逆にそこから排除していることである。もちろん、出自は帰属を決定するうえで重要である。ある人間がマヌーシュであるかそうでないかという判定に関して、マヌーシュは「マヌーシュの血」が流れているかどうかにまず注目し、原則として両親のどちらかがマヌーシュであればその子はマヌーシュであるとされる。また、マヌーシュはしばしば、「私たちの種」というようにフランス語の「人種 race」という言葉を口にする。しかし、この血や人種といった純粋で固定的な生物学的基準にみえる概念は、「社会的なカテゴリーをあらわす隠喩」［オークリー　1986（1983）：130-131］だともいえる。

たとえば、非ジプシーと結婚したマヌーシュが、親族とのつきあいを絶って定住民社会で暮らしているならば、そのマヌーシュもその子ももはやマヌーシュではないといわれる。対して、非マヌーシュ出自の人がマヌーシュの配偶者をもち、その家族と共に生活する限り、彼／彼女は、マヌーシュ共同体の一員としてみなされるし、非マヌーシュとのあいだに生まれた子どもはマヌーシュの親族に囲まれて育つことでマヌーシュとして認識される。つまり、マヌーシュの血という概念には、共同体のなかでマヌーシュとして育ち生きることという、振舞い方や生活のあり方すべてを包摂する社会文化的な概念が重ねあわされている。

こうした隠喩としての血の原則が、個別具体的な社会関係に応じて非マヌーシュの他者にメンバーシップを開放し、彼らを「ポーのマヌーシュ」という独自の集団範疇に取りこむことを可能にしている。つまり、この地縁共同体は、「ポーのマヌーシュ」という集団的境界を規定しながらも、排他的な制度やイデオロギー的な原則を通して同質で固定的なアイデンティティを求めるのではなく、新たな生活状況のもとで出会うさまざまな他者と具体的な社会関係を積み重ねることで、非マヌーシュを柔軟に共同体内部に受容してきたといえる。

以上、ポー地域に定着したマヌーシュ家族が、生活のありようを大きく変化させてきた時代に旧来の親族ネットワークの外部にいる人々との共住を経験し、地縁共同体を構築した過程を検討してきた。駆け落ち婚の例にみられるように、マヌーシュは定住化に伴う環境の変化に対応して、民族境界を柔軟に調整しながら「ポーのマヌーシュ」という独自の集団範疇をつくりあげてきた。ここにも、日常の生活条件に応じて集団の枠組みを動態的に編成していく「柔軟性の原理」をみてとることができる。移動の生活様式に対応した集団編成の原理が、定住化をめぐる新たな社会的環境においても維持され、従来の親族関係を超えた地域的な共同性が育まれたのだ。

今日、ポーのマヌーシュ共同体では、個々人を血縁や姻戚関係により厳密に位置づけていく必要性がみられないほどに親族関係が広がっている。居住地が離れていたり遠い親族関係にあったりする人々とは、日常的に顔をあわせることはなくとも、電話や人聞きによって情報交換をし、結婚や葬儀の折に集結する。とりわけ死者に最後の別れをすることは、マヌーシュがもっとも重視する社会的義務であり、通夜は普段会うことのない、異なる居住地に住み異なる親族集団に属す人々が集い、共同体の一員としてその結びつきを表明する機会である。このように彼らは、定住化という新たな社会的環境のもとでキャラヴァン居住を営むことを通して地縁関係を創出し、共に住まい集うという具体的な経験を積み重ねることによって共同性を育んできた。しかしその一方で、日常の生活の場においてかたちづくられてきたこの共同体は、現在もなお変化し続けているということも指摘しておく必要がある。

3　地縁共同体の動態

ここまで本章で地縁共同体と呼んできたマヌーシュの共同体は、成員の固定化をもたらす社会制度やイデオロギー的な原則に基づくのではなく、むしろ集団の枠組みに柔軟性をもたせ、さまざまな他者との融合を可能とする集団編成の原理を特徴としていた。しかし、流動的な結合の可能性は、他方で分散の可能性とも結びつく。マヌーシュの地縁共同体は、生活条件に応じて集団の枠組みを変化させる「柔軟性の原理」によりながら、「住まう」という日常の場からたちあげられていったのであり、それゆえ、キャラヴァン居住をめぐる生活状況が変わりゆく現在も、その境界が固定化されないといえるのだ。

たとえば、共住の経験により密接な社会関係で結ばれていたにもかかわらず、一九九六年にSC集合宿営地が解体されると、新たに建設された地域内の集合宿営地やその他の土地にマヌーシュの家族集団はおのおの分散していった。その結果、現在では居住地の違いによって社会関係の濃淡は大きくなっている。地域内に散在する居住地は地理的にそれほど離れているわけではないが、利用できる交通手段を欠くため、若者同士の日常的な交流は制限される。したがって、親族関係も遠く居住地も異なる若者のあいだで駆け落ち婚が生じることは稀となっている。またさらに注目したいのは、遠い親族関係にあり、なおかつ居住地を別にする人々との関係性が希薄化する一方で、社会関係の変化は同じ居住地に住む家族のあいだや近親集団内部でも生じている点である。住民間や親族間でも、居住地の使用方法や日々の暮らしぶりにまつわる対立や不和が恒常的にみられるのだ。

マヌーシュの地縁共同体は、定住化の過程で地域的な共同性を育んできたが、その一方で、移動が制限されることにより、社会生活には軋みが生じている。つまり、定着地との結びつきを強めるほどに、マヌーシュは窮屈な社会関係に耐えなければいけなくなった。本章で述べてきたように、マヌーシュの移動生活は彼らの共同性のあり方に密接に関わっていた。共同体内部の争いを調停する政治的組織をもたないマヌーシュ社会において、移動は家族間対立の解消手段としてもっとも一般的な方法とされていた。「マヌーシュは諍いの勃発を避ける。つまりこの場合（諍いから）逃げる手段をとる。マヌーシュはキャラヴァンを出発させ、別の場所に移っていくのである」[Dollé 1980: 71]。こう述べられるように、ある二つの家族集団間に不和が生じると、どちらか一方の家族集団が移動を再開し、物理的な分離をはかる。そうすることによって、諍いの発展が未然に防止されていた。このような社会関係の悪化に対する敏感な対応策、現実的な衝突を未然に防ぐ行動規範として実行されていた移動が難しくなっているのだ。

現在、集合宿営地や野営地では、複数の拡大家族からなる大人数が恒常的な人口過密状態のなかで混住し、集団の規模を大きく、かつ固定化させている。集合宿営地における共住集団は、同じ地域に同じ時代に定着していった複数の家族が、他に行くあてもないまま一つの土地にとどまり、長年の混住を好むと好まないとにかかわらず経験することで自然発生的に創出されたものである。つまり、マヌーシュの暮らしは、定住化により、親族が離合集散を繰り返す生活から、非親族や親族関係はあっても時に緊張を孕む人々と一定の土地を恒常的に共有しなければならない生活へと大きく変化したのであり、そのことがマヌーシュに忍耐や緊張といったストレスをもたらしている。たとえば、それぞれの家族の専有区画の位置取りや親族の呼び寄せといった宿営地の利用法をめぐる対立、狭い居住地のなかで日常的に生活の細部を共有することから生じる人間関係のもつれなど、多くの問題が次々とたちあらわれている。

個別家族の自律性を支えるゆるやかな共同性

こうした状況下、調査地のマヌーシュのあいだでは、大集団で共住する集合宿営地ではなく、個々の家族集団単位で専有することのできる私有地を望む声が高まっている。長年にわたり一つの居住地に住み、そこで複数の共住する家族と関係を深めてきた人々が、「(集合宿営地ではなく)私たちだけの土地がほしい」と語る様子に、私は幾度も遭遇した。私有地の獲得をはじめとして、今日多様化するキャラヴァン居住の実践については第3章で詳述するが、ここで注目したいのは、マヌーシュが「私たちはみなファミリア」と述べ、「ポーのマヌーシュ」という共同体を強調する一方で、「私たちはみな同じではない」、「私たちはいつもひっつきあっているのではない」と言って、個々の家族や家族集団の個別性や自律性を重視する点である。

実際には私有地への移住は、土地や資金の確保が難しいことからたやすく実現しないが、一年のうち数週間から数カ月のあいだ、別の土地で生活を営むマヌーシュ家族は少なくない。これらの家族は、いつでも戻ってくることができるように、集合宿営地に家族専有の宿営区画を残したまま移動生活に出かけ、ポー地域内の空き地を転々と移動しながら暮らす親族や仲間、さらにはポー地域外に定着している親族のもとへと合流し、一時的に彼らと共住し行動を共にする。第1節で述べたように、移動生活の時代においては、テリトリーの可変性がマヌーシュの流動的な集団編成を導く一つの要因となっていた。これに対し現代では、マヌーシュは、定着地との結びつきを保ったまま移動生活をおこない、そうすることで、集合宿営地での集住状況において窮屈になりがちな社会関係を一時的であれ緩和するのだといえる。さらにこうした移動は、マヌーシュに普段別々の土地や地域で暮らす親族や仲間との連帯を維持し、複数的で重層的な社会関係を育む機会を与えてもいる。それを示す一つの事例をみてみよう。

事例1-1　地縁共同体内外の諸関係を行き来する家族

RN家の五〇代のマヌーシュ夫妻は、ボルドー地方での秋の葡萄収穫業を終えたあとの二〇〇七年冬季、彼らの既婚の息子夫婦三組と未婚の子二人と共に、夫の両親と姉妹の家族が住むポー地域のＬＣ集合宿営地（四つの公営集合宿営地の一つ）でキャラヴァンを並べて暮らしていた。一家は熱心なペンテコステ派信者で、父親は牧師である。ＬＣ集合宿営地の住民は、ＲＮ家を除き、夫方の親族を含む全員がカトリック信者であるが、彼らは教派の違いにかかわらず良好な関係を保っている。ＲＮ家の三人の既婚の息子たちはみな、ポー地域で共住するまで面識のなかったカトリックのマヌーシュ家族の娘たちと結婚しており、ＬＣ集合宿営地にはこれら義理の娘の親族も暮らしている。

ＲＮ家夫妻とその家族は、こうして一〇年近くＬＣ集合宿営地で暮らすが、彼らの社会関係は、集合宿営地における血縁や姻戚関係に限定されてはいない。二〇〇八年の春になると、ＲＮ家夫妻は未婚の子のみを連れてＬＣ集合宿営地を出て行き、ポー地域内の空き地で一年を通して野営を続ける妻の両親と兄弟姉妹が属す家族集団に合流した。この妻の両親が率いる家族集団の成員の多くは、ペンテコステ派を信仰している。ＲＮ家夫妻と未婚の子は、夏のあいだもこの家族集団と共に行動し、夫と妻双方の親族が暮らすマルセイユを中心に南仏地域を巡回しながら、各地で催されるペンテコステ派の信仰集会に参加した。そして同年秋には、彼らは妻の親族集団から離れて一度ポー地域へ戻ったあと、葡萄収穫をおこなうボルドーへと再出発し、その後は前年と同様に、冬季をＬＣ集合宿営地で過ごした。しかし、翌年春になると再び、ＲＮ家夫妻と未婚の子は、ポー地域内を巡回する妻の家族集団に合流し、以後、集合宿営地と野営地を往来する生活を送った（二〇〇七年九月から二〇〇九年七月までの調査記録）。

このＲＮ家の事例からは、夫婦と未婚の子からなる個別家族が生活のさまざまな必要性に応じて移動生活へと出かけ、その過程で帰属する集団を変化させている様子をみてとることができる。ここでは、個別家族の自律性を認めるマヌーシュの拡大家族集団のゆるやかな連帯、そして集団帰属の流動性と複数性という、これまでみてきたマヌーシュの集団編成の特徴が確認できる。ＲＮ家夫妻は、夫と妻双方の近隣ないしは遠方の親族関係、共住経験と子の結婚を通して発展した定着地における地縁関係という、新旧さまざまで信仰も異なる複数の関係性をそのつどの生活状況に応じて選びとり、重ねあわせながら生活空間をつくりあげている。

ポー地域では、RN家のように、長期にわたり活発な移動生活を送る家族の数は減少している。しかし先に述べたように、一年の大半をポー地域に定着して過ごす家族でも、近隣遠方を問わず旧来の親族関係を維持し、短期間でも再会のための移動をおこなう。つまり、マヌーシュ家族にとって地縁共同体は、その内部で社会関係が固定される唯一の帰属先とはなっていないのだ。

マヌーシュは、定住化をめぐる社会変化のなかで、旧来の親族関係を超えた地域的な共同性を育んできたが、それは、「ポーのマヌーシュ」という単一の帰属への傾倒や固定化へと結びつかない。彼らが「私たちの共同体」と表現する地縁共同体は、共同体の境界に関する一致した見解や、共同体内部の関係性を安定化、強化する規範や制度をもっているわけではない。むしろ、集団編成の柔軟性と動態性を特徴とするこの共同体は、その内部に血縁や地縁、あるいは信仰に基づく連帯といった、それぞれに固有の広がりをもつ複数的な共同性を抱えこみ、境界を常に問い直されているのである。

非同一的で変異する共同体

以上みてきたマヌーシュの地縁共同体についてまとめるにあたり、ここで、日常の生活実践という視点から共同体概念を再考する近年の人類学的研究を参照したい。小田亮［2004］は、現代人類学では、全体性や単一性ではなく、内部に異質な諸関係や差異を抱えた「非同一的な共同性」に基づく共同体が、日常的でローカルな生活世界においてどのように創出され維持されているのかを明らかにすることが重要となるという。「非同一的な共同性」とは、「そこから生活の都合に応じてさまざまな境界をもつ共同体がそのつど強調され、選択されるような場」［*ibid.*: 245］であり、小田は、そうした共同性に支えられた共同体を、「生活の場に再領土化され」、日常生活のなかの絶え間ないコード変換によって「場の意味を変えながら同時に、その空間を閉じたり他の空間とつなげたりしている」、「閉じていながら開かれている共同体」として再定位する［*ibid*.: 241-243］。

ここで注視されているのは、日常生活の具体性と動態性のなかで人と人がつながり、均質的なアイデンティティを保証された他者ではなく、差異ある他者との共同性を多様な方法で紡ぐ状況である。同じ視点にたち、松田素二は、ケニアの首都ナイロビの民族共同体の人々が、共同体の境界を保持し成員に連帯を呼びかけながらも、生活の必要性に応じて社会関係を拡張し、異民族の人間を取りこむ様子を報告している。そしてその分析から、松田はこの種の共同体の「変異」のプロセスを探究する要点を次のように挙げる。第一に、共同体は自然で固定的なものではなく、歴史的条件のもとで生成され更新される動態的な特徴をもつこと、第二に、共同体は単なる言説的な構築物でも、その場限りの創発性の産物でもなく、明確な境界とアイデンティティを成員に要請するリアルな存在であること、第三に、共同体は明確な境界とアイデンティティを再生産する一方で、変異と流動性をつくりだし続けるということである［松田　2004: 262-264］。

本章がこれまで論じてきたマヌーシュの地縁共同体の事例は、この「非同一的な共同性」に支えられた「変異する共同体」の概念と重なる。マヌーシュは、「ポーのマヌーシュ」という共同体の境界を、定着地での生活再編のために必要不可欠な社会的基盤として意味づけつつも、それを単一のアイデンティティによって固定化しなかった。そこでは、「生活の場における実践の論理」［小田　2004］と具体的な社会関係に基づいて、キャラヴァン居住という生活条件を同じくする多様な出自の人々が受容され、「閉じていながら開かれている」共同性が育まれてきた。この点から、地縁共同体は、「明確な境界（外延）をもち構成員に呼びかけを発しつづけるリアルな存在」［松田　2004: 263］として社会変化の只中にある人々の暮らしを支えてきたのだということができるだろう。

そして、こうした共同体の特質をもつがゆえに、マヌーシュの地縁共同体では、今日も絶えず内部の社会関係の緊張や分散の可能性が生じるのだ。かつてマヌーシュは、拡大家族集団やその一時的な集合体を超えた永続的な共同体を構成することがなかった。「柔軟性の原理」として調査地の事例でも確認したように、その集団編成においては外的状況から自律的に働く社会組織の基礎条件やイデオロギー的な規範や拘束というものがなく、個々の家族が状況適応的に帰属を変えていくため、共同体的まとまりは常に流動的であいまいなかたちしかとらない。そして、こうしたゆるやかな個と共同性の結びつきを特徴とする集団編成では、共同体の境界をめぐって絶えず緊張と葛藤が生じる。つまり、移動のなかで生活や社会をつくってきた人々が依拠する集団編成の原理が、変化する生活条件に敏感に対応するものであるがゆえに、地縁共同体は形成され、また固定化されないのである。マヌーシュは、定住化の時代におけるキャラヴァン居住という経験の共有を通して地域的な共同性を育み、それを生活再編のために必要不可欠な社会的紐帯として意味づけていった。しかし、こうした「住まう」という日々の経験の積み重ねのなかで紡がれる人々の共同性は、生活の変化に伴い新たに生じる関係性と差異、そして変容の可能性を抱えこみながら、常に揺れ動き続けるのである。

4 社会変化のなかの共同体構築――第1章まとめ

第二次世界大戦後に始まる定住化の過程において、マヌーシュをはじめとするジプシーをとりまく社会的状況は大きく変化した。「動かない」キャラヴァンに住まい、社会的排除や貧困の問題に直面している人々の現状は、フランス各地で報告されてきた。しかし、本章でみてきたように、マヌーシュは定住化を単純に移動生活の衰退に伴う一方向的な変化として生きているのではない。彼らは、定住化の過程で新たな共同体を創出し、自らの生活空間を構築してきた。

本章ではまず、移動の生活様式と結びついた独自の集団編成の仕組みが、定住化を進行させた現代のマヌーシュ共同体のなかでも維持されていることを指摘した。マヌーシュの集団編成は、メンバーシップの枠組みを固定するような特定の婚姻規制も排他的な集団加入の条件ももたず、日々更新される具体的な社会関係に柔軟に対応する特徴を備えていた。そして、こうした状況適応的な集団編成を導く「柔軟性の原理」によりながら、マヌーシュは、定住化がもたらした新たな生活条件とそこで結ばれた社会関係に基づいて民族境界を調整しながら、「ポーのマヌーシュ」という新たな共同体をつくりあげていった。

さらに本章では、マヌーシュの地縁共同体が「住まう」という日常生活の具体性と動態性のなかで構築、維持されるものであるがゆえに今日も安定することなく、揺れ動き続けていることを指摘した。個と共同性のゆるやかな結びつきを特徴とする「柔軟性の原理」は、現実の社会的条件に基づいてさまざまな近隣集団との融合をうながす一方で、流動性や分散をもたやすく導く。このようにマヌーシュの集団編成の原理は、共同体の永続性を保証せず、常に変異をもたらすものであるが、そうした特徴が翻って、マヌーシュの個々の家族とそれをとりまく共同体に変化適応力を与え、社会変化のなかで彼らが自らの居場所を再構築していくことを可能にしているともいえるのだ。

以上のように本章では、マヌーシュが、定住化の時代に地縁共同体を構築した過程を検証してきた。ポーのマヌーシュのあいだで今日みられる地域的な共同性は、定住化の進行とともに、次第に「動かなくなっていった」キャラヴァンに人々が住み続けながら、新たに出会う他者と共に住まい社会関係を育むなかで紡がれてきたもので、この点で、彼らは定住化をめぐる社会変化のなかでも独自の方法で自らの居場所を模索してきたといえるだろう。しかし、地縁共同体の事例は、マヌーシュの暮らしの一面を示すものでしかない。マヌーシュは、定住民社会の只中でその社会的、経済的条件と不可分に関わりながら生活空間をつくりあげてきた人々であり、そこには、複数の社会関係が異なる強弱をもちつつ重層的に作用している。したがってさらに、定住民社会という異なる社会的文脈のなかで、定住化がマヌーシュの生活にどのような影響を与えているのかを検討する必要がある。

第2章

行き詰まるキャラヴァン居住

　ヨーロッパの「内なる他者」として、ジプシーは、いつの時代も圧倒的な多数派である定住民社会の只中で、その社会経済的資源を利用することで自集団の生活を成りたたせてきた。このような環境のもと、独自の領土も政治的組織ももたず、常に同化の圧力にさらされてきたジプシーは、どのように集団の自律性を維持してきたのか。ジプシー人類学が絶えず問うてきたのは、まさにこの問題であった。

　マヌーシュもまた、定住民社会のなかに暮らしながらも、移動の生活様式と密接に結びつく社会組織と経済活動を通して、独自の方法で自集団を編成し生活を営んでいた人々とされる。しかし、定住化の時代において、マヌーシュの生活空間は、かつてのように移動と宿営の繰り返しによってその全体が構成されるのではなく、定着地を中心に固定化されるようになった。定住化が進行する現在、マヌーシュの暮らしにはいかなる変化が生じているのか。第1章では、この問題をマヌーシュ共同体の再構築という観点から検討したが、本章では、それを定住民社会との関係に焦点を移して考察し、マヌーシュの暮らしのなかに生じてきたひずみの諸様相を指摘する。移動生活が、どのような社会的条件のもとで制限され、マヌーシュの生活にどのような影響を及ぼしているのかという問題を、人々の日常生活のなかの経験やそこから発せられる声を通して描きだしたい。

以下では、まず、ジプシーをはじめとする移動生活者に対するフランス政府の諸政策を概観したあとに、ポー地域に現存する集合宿営地について取りあげ、近年の移動生活者政策において中心的な役割を果たしてきた集合宿営地の居住条件が、マヌーシュの移動生活を制限していることを論じる。そしてこれを踏まえ、次に、移動式の経済活動が衰退し、国の社会保護制度への依存が高まる今日のマヌーシュの経済状況について説明する。最後は、定住化以降にマヌーシュが経験してきた社会的変容の影響をもっとも強く受けている世代である若者が直面する諸問題を指摘し、マヌーシュが移動生活の時代とは異なるかたちで社会的な周縁化を経験していることを明らかにする。

1　移動生活者政策と集合宿営地

まず、フランスにおける移動生活者政策(1)の推移とポー地域における一九六〇年代以降の宿営地状況を概観していく。

1-1　排斥と監視から「受け入れ」政策へ

フランス国内を移動して暮らす「ノマド nomades」や「ボヘミア人 Bohémiens」と呼ばれる人々に対して、フランスでは彼らの存在が報告されだした一五世紀以降、地域ごとにさまざまな排斥がおこなわれてきた。ジプシーに対する取り締まりや迫害は一六世紀に一般化し、一七世紀には絶対王政のもとでボヘミア人を逮捕し、ガレー船（オールで漕ぐ軍船）での強制労働につかせる措置がとられた。こうした迫害から逃れるために、ジプシーの多くは、当局の規制から逃れやすい山岳地帯や国境地帯に暮らすことを余儀なくされた。ただし、取り締まりはジプシーたちを完全

表2-1　ジプシー／移動生活者を対象としたフランスの法律

1912年	移動式職業の行使とノマドの交通規制に関する1912年7月16日法（1912年法） 固定住所・住居をもたずに国内を移動するノマドに「人体測定手帳」携帯と査証の義務
1969年	移動式活動の行使と固定住所・住居なしにフランスを移動する人々に適用可能な制度に関する1969年1月3日法（1969年法） 固定住所・住居をもたずに国内を移動して暮らすフランス市民に「移動手帳」携帯と査証、及び「定着自治体」登録の義務
1990年	住宅への権利を実現するための1990年5月31日法（第一ベッソン法） 5000人以上の人口を抱える自治体に移動生活者のための「受け入れ地」建設の義務
2000年	移動生活者の受け入れと居住に関する2000年7月5日法（第二ベッソン法） 「受け入れ地」政策の促進

に管轄地域から排斥してしまうほど徹底してはおらず、地元住民も時折村を訪れるジプシーの商品や娯楽を必要としていたので、ジプシーと定住民社会との交流が絶たれることはなかった。

一九一二年法から一九六九年法まで

共和国の法に基づき、フランスでジプシーをはじめとする移動生活者を特定の対象にした初めての法的措置がとられたのは、一九一二年のことである（表2-1）。「一九一二年七月一六日法」[2]は、フランス国内を移動する「ノマド」に対して、「人体測定手帳 carnet anthropométrique」（写真2-1）の保持を義務づけ、彼らの移動と宿営を警察当局が監視することを定めた。人体測定手帳は、一九八〇年代に犯罪者の身元特定のために警視庁が考案した「人体測定法」を採用したもので、氏名や生年月日などの情報とともに、瞳や髪の色、耳の長さや頭囲、そして指紋など身体細部の特徴を記した一種の身分証明書である。「ノマド」は「固定住所も固定住居ももたずに移動し、国籍の有無を問わずノマドとみなされる個人」と定義され、町や村への到着や出発の際にはこの手帳を提示して査証を受けることを義務づけられた。身体のさまざまな部位の計測による個体識別が、近代システムとしての「市民管理技術」［渡辺 2003］に結びついていった時代の渦中に、彼らは他の一般市民とは明確に区別された方法で識別され、特定の方法で管理される対象者となったのである。

事実、第二次世界大戦が勃発すると、ジプシーはスパイや危険集団とみなされ、

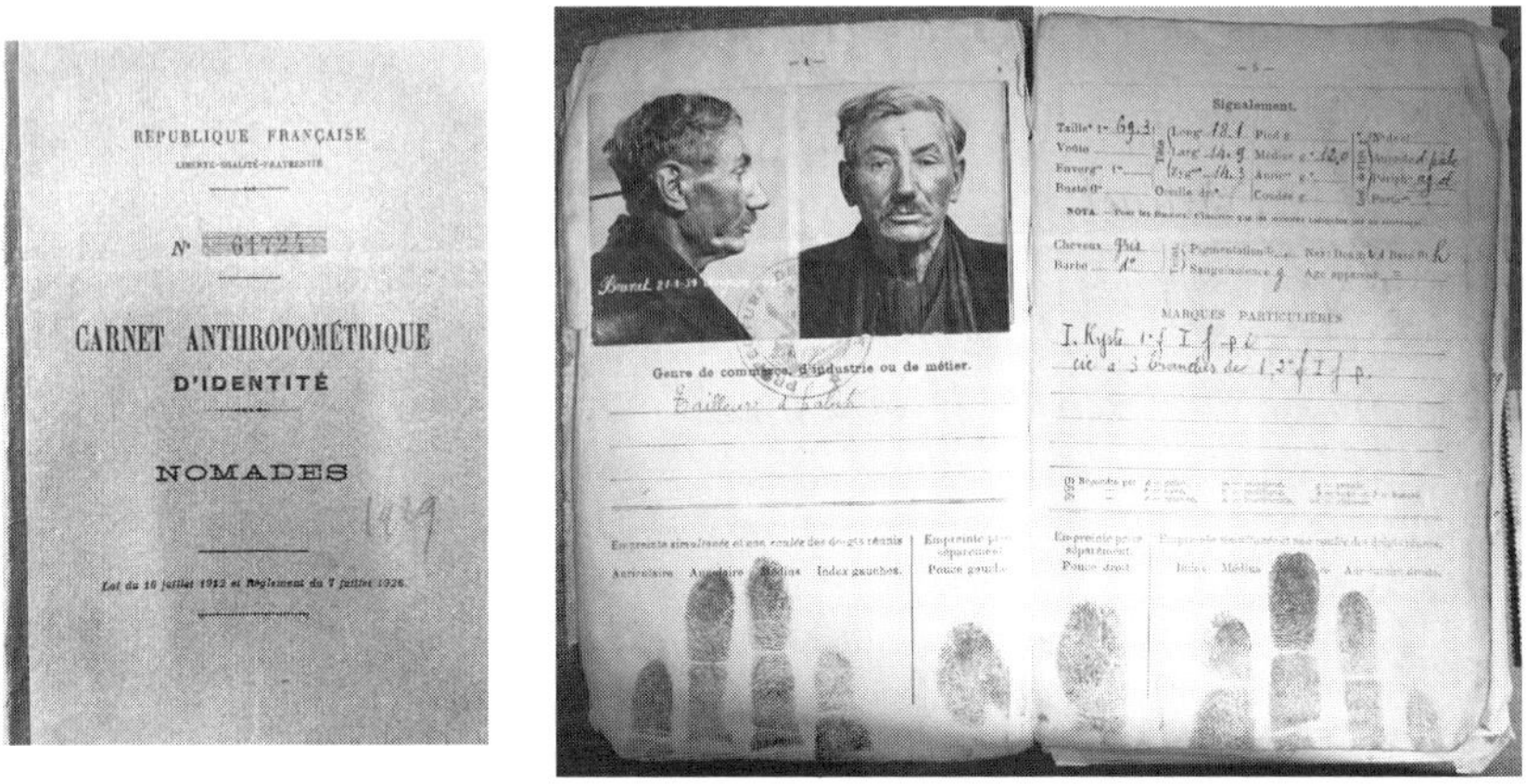

写真2－1　人体測定手帳（Archives Départementales de Vaucluse, 4M53）

移動を禁止された。そしてドイツ占領下、彼らは、フランスの警察組織によりフランス各地に建設された「ノマド収容所」に送られ、慢性的な食料不足に苦しみながら衛生・防寒設備の整わない環境に隔離された。フランス当局は、このような措置の実行手段ないしはその根拠として、一九一二年法の「ノマド」定義と人体測定手帳を用いた。

　戦後の復興期を経てようやく、人体測定手帳制度は、新法「一九六九年一月三日法」[3]をもって撤廃された。しかし、その代わりに、ジプシーは、フランス国内を移動して暮らす人々のための一種の通行証である「移動手帳 carnet/livret de circulation」の携帯を義務づけられる。この時代から、ジプシーのうちフランス国籍保持者が、「移動生活者」という新たな名で呼ばれるようになる。

　一九六九年法は、これまでのように移動生活者を隔離し排除するのではなく、宿営環境の整備や児童の就学支援を通した彼らの主流社会への同化を目指した点で、「一九一二年法と比べてより自由主義的」[Aubin 2001: 32]とされる。だがそれでも彼らが、「移動の自由が移動手帳の保持によって条件づけられる唯一のフランス市民」[*ibid.*]として明確に差別化されていたことに変わりはない。現に、移動手帳は人体測定手帳の機能をそのまま受け継いだ。移動生活者は移動手帳を携帯し、定期的に警察や役所で査証を受けるよう義務づけられ、違反した場合には投獄を含む厳しい罰則を課された。一九六九年法は、これ以外にも、固定住所をもたない移動生活者の管理と収税を目的として、「定着自治体 commune de rattachement」と呼ばれる登録先を彼らがもつことを義務づけた。この定着自治体制度の特徴は、移動生活者が自由に帰属先を選択することができないという点にある。登録が認められるためには、当該自治体の移動生活者人口が全体の三%を下回ること、ならびに当該自治体の首長ないしは県知事の承認を得ることという条件を満たす必要がある。また、選挙資格を得るためには、三年以上継続して定着自治体に居住する必要もある。

これら一九六九年法に基づく諸種の制度は、「市民の平等」という共和国の理念に反する差別的措置を含むため、これまでに多くの批判を受けてきた。その結果、法律の制定から約半世紀を経た二〇一五年六月の国民議会投票で、その撤廃が可決された [Le Monde 10/06/2015]。ただし、国民議会（下院）と元老院（上院）の二院制をとるフランスでは、最終決定には元老院の賛成を得る必要があった。そしてその決議を待つなか、一九六九年法の撤廃は異なる手順で進められることになった。一九六九年法撤廃は、二〇一五年の時点ではロワール=アトランティック県選出議員（D. Raimbourg）による議員提出法案として検討されていたが、政府提出法案である「〈平等と市民権〉に関する政府法案 projet de loi "Égalité et Citoyenneté"」に引き継がれて検討されることになったのだ。この政府提出法案は、上下両院での審議を受けて、二〇一六年一二月二二日の国民議会で、「移動生活者に対する歴史的な差別の終焉」として一九六九年法撤廃を盛りこんだかたちで最終的に可決された[4]。

以上みてきたように、ジプシーとその他の移動生活者と呼ばれた人々は、近代市民管理システムの発展とともに徹底した監視下におかれ、さまざまな差別的地位を押しつけられてきた。こうした法制度の厳格化に加え、第二次世界大戦後に進行した都市化や産業化の波が、ジプシーや移動生活者家族の定住化をうながした。彼らが移動生活の合間にキャラヴァンをとめることのできる土地は減少し、後述するように、産業構造の変化に伴い、それまで彼らが従事していた「移動式」の生業活動もうまくまわらなくなった。そのなかで、これらの人々はスクラップ回収業などの都市的環境に対応した新たな生業を営みながら、都市郊外の空き地に定着し始めていった。一九六九年法は、このようにキャラヴァン居住者の定住化と土地占拠問題が深刻なものとなっていく時期に発布され、そこではすでに移動生活者のための集合宿営地建設が目指されていた。しかし、多くの自治体では集合宿営地建設は緩慢なペースで進められるだけであり、また、建設された宿営地も増え続ける住民の慢性的な過密状態や設備の荒廃などの諸種の問題を抱えていた。

一九九〇年の第一ベッソン法、続く二〇〇〇年の第二ベッソン法からなる集合宿営地「受け入れ地」をめぐる一連の政策は、以上の事態を受けて新たに打ちだされたものである。

ベッソン法

一九九〇年に制定された「住宅への権利を実現するための一九九〇年五月三一日法九〇—四四九号」(5)は、当時の住宅担当大臣の名をとって、「第一ベッソン法 loi Besson I」と呼ばれる。第一ベッソン法は、五〇〇〇人以上の住民人口を抱える自治体に「受け入れ地 aire d'accueil」と呼ばれる移動生活者専用の集合宿営地建設を義務づけ、移動生活者独自の生活様式を尊重しながら彼らの社会的統合を推し進めることを目指した。しかし、現実にはこの法の効力は弱く、二〇〇〇年には、受け入れ地建設促進のための積極的措置を打ちだすことを目的に、「第二ベッソン法」(移動生活者の受け入れと居住に関する二〇〇〇年七月五日法六一四号)(6)が制定された。しかしこれをもっても事態は進展せず、二〇一〇年末の段階でも集合宿営地の数は目標値の約半数にとどまった[Cour des Comptes 2012: 50]。フランス社会全般において経済的不安が高まる今日、移動生活者のための居住政策は政治家や一般市民の関心を集めないのである。

ただし、二〇〇〇年の第二ベッソン法では重要な変化もみられた。この法律もまた従来どおり、受け入れ地(宿営地)建設を促進する方針を主とするが、それに加え、「居住(住宅)」の重視という新たな方向性を提示した。この背景には、定住化が進む現在、宿営地を増設するだけでは移動生活者の居住問題が解決されないという認識や、移動生活者の社会的統合を実現するためには、彼らの生活様式に適した定住型の居住環境が必要だという議論の高まりがあった。こうしたなかで、二〇〇〇年代から徐々に移動生活者に「適合住宅＝適した居住 habitat adapté」を提供する動きが始まった。詳しくは次章で説明することになるが、この適合住宅をめぐる政策は、実現に至るまでにさまざまな困難を抱えているものの、移動生活者がキャラヴァン居住という生活様式に関わる文化的差異を保持したまま、市民としての共通の権利を享受することを可能にする点で、これまでフランスで約一世紀にわたり続いてきたジプシーや移動生活者に対する法政策を大きく前進させるものとなっている。

以上のように、フランスにおける移動生活者政策は変化してきた。まとめると、移動生活者の移動を監視し抑圧していくことから、移動生活者固有の生活と居住のあり方が尊重されるようになったといえるだろう。しかし、政策や理念において変化がみられても、現実的な達成には程遠いというのが現状である。

1-2 調査地における受け入れ地

フランスの移動生活者政策が抱えるさまざまな問題は、調査地の事例から具体的にみてとることができる。ポー地域で最初に移動生活者のための公営宿営地が建設されたのは、一九六七年のことである。第1章でも触れたように、一九六七年から一九九六年までの約三〇年間、調査地に存在していたSC集合宿営地はポー地域に初めて建設された公営の宿営地で、一九六〇年代から現在に至るまで調査地に定着しているマヌーシュ家族の主たる居住の地となった。そこは、当時の調査地において唯一、移動生活者が追いたてられることなく、合法的に暮らすことのできる土地であった。しかしこの時期、ますます多くの移動生活者家族が定着を長期化していくなかで、SC集合宿営地は諸種の問題に直面することになった。

SC集合宿営地が管理運営者である市当局から見離され、「放棄された土地」と呼ばれるようになった過程はすでに述べたとおりである。当時の状況を知る地元の移動生活者支援団体関係者の話によれば、地域のカトリック教会や移動生活者支援団体による生活支援を通して、マヌーシュは地域社会との結びつきを保っていたが、市当局は、SC集合宿営地が自治体の管理を逃れた無法状態であることを常に問題視していたという。こうしたこともあって、一九九〇年の第一ベッソン法制定を受け、SC集合宿営地の状況を改善すべきだという意見が市議会で挙がるようになった。これには、市側の都市拡大開発にまつわる事情も決定的要因として重なり、その結果、移動生活者の宿営地をそれまでよりも市街地から遠く離れた郊外の土地に移設することが決められた。

こうして、SC集合宿営地は一九九六年に閉鎖され、当時宿営地に住んでいた約二〇〇人の家族は、ポー地域のさまざまな土地に移住していった。なかには新規建設された受け入れ地に居住せず、地域内で移動を続ける家族、都市周縁に残された空き地に定着する家族、家屋や土地を購入ないしは賃貸して住む家族もいた（第3章参照）。

現在は、SC集合宿営地に居住していたマヌーシュ家族やその他の地域のマヌーシュ家族の多くが、ポー地域内の各自治体に分散した四つの受け入れ地に暮らしている。うち三つは長期滞在者用の集合宿営地、残る一つは短期滞在者用の集合宿営地とされているが、どの宿営地にも一年を通して同じマヌーシュの家族集団が居住している。「ゲットー」という言葉が常套句として用いられるように、フランスでこれまで建設されてきた移動生活者のための受け入れ地は隔離された場所にあることが多い。調査地に現存する四つの受け入れ地もまた、都市の最周縁部にあり、近隣には工場や農地やごみ収集所などがあるだけで一般市民の住宅はなく、公共の交通機関も届いていないので、マヌーシュ以外の人々が付近に立ち寄ることはない。このように、物理的にも象徴的にも周縁化された場所が、マヌーシュが唯一キャラヴァンをとめて暮らすことを許された土地なのである。

以上のように、受け入れ地の立地は共通した特徴をもつが、生活環境には違いがある。調査地の四つの受け入れ地は、一九九〇年の第一ベッソン法の要請を受けて建設されたものだが、この法律では居住地の構造や設備機能などについての具体的な基準は示されなかったため、地域の各自治体がそれぞれの方針に基づき建設を進めたのである。

現在の集合宿営地の状況――居住の場としての受け入れ地

マヌーシュ、非マヌーシュのあいだを問わず、調査地でもっとも評判が悪いのはSC集合宿営地の代替地として、一九九六年に建設されたNB集合宿営地である。スラムと化したNB宿営地の話題は地元紙にたびたび登場するので、地域の人間ならばその正確な所在を知らなくともその「悪い評判」を耳にしたことはあるという。他方で、NB集合宿営地の居住環境について、そこに住むマヌーシュや他の居住地に暮らすマヌーシュもまた、「もっとも悪い」と言う。NB集合宿営地は、前述のように第一ベッソン法の規定にのっとって建設されたが、一九九〇年代当時にはすでに時代遅れとなっていた、キャラヴァン区画と公共の衛生設備だけを備える旧式の集合宿営地の体裁をそのまま受け継いだ。一五〇人ほどの人々が、四つずつしかないトイレとシャワーを共有しなければならないのだ。このようにSC集合宿営地とよく似た居住環境のなかで、NB集合宿営地はまたたくまにキャラヴァンの過密状態に陥り、荒廃していった。そして住民が光熱費の支払いを拒否するようになると、市は二〇〇〇年に管理人の派遣をとめ、それ以後いっさいの関わりを放棄した。つまり、SC集合宿営地と同様の過程を経て、NB集合宿営地もまた「放棄された土地」となったのである(7)。

NB集合宿営地へと続く小道は、車二台がぎりぎりすれ違うことができるほどの幅で、片側を林で覆われているため薄暗く、道沿いにはキャラヴァンの宿営を防ぐための岩が転々と置かれている。道路は舗装されておらず、ところどころで陥没している。道のそこかしこにごみや廃品が散乱しており、荒廃した印象を与える。NB集合宿営地内部の生活環境も、不衛生で不自由なものである。四つある衛生設備小屋のうちの一つのシャワーとトイレは故障したままである。残っているものも、トイレの汚水がシャワー室に漏れだすなどの不具合が生じている。

このNB集合宿営地と対照的なのが、LC集合宿営地である。ここもまた、市の最周縁部に位置し、脇には高速道路が走り、近隣には公共の交通機関がまったくない不便な場所にある。だがそれにもかかわらず、LC集合宿営地は住民であるマヌーシュにとっても、それ以外の土地に住むマヌーシュにとっても、「住み良い場所」として真っ先に挙げられる宿営地である。理由はその充実した居住設備にある（第4章参照）。LC集合宿営地では、各家族が、キャラヴァンの設置区画に加え、六畳ほどの台所兼食堂用の小屋と衛生設備（シャワー・トイレ）を占有することができる。すなわち、一台から二台のキャラヴァンを所有する一家族が小屋と衛生設備が付随する一区画に住むのだ(8)。二〇〇四年の宿営地改修工事に際して、市当局は単なる宿営の場ではなく、居住性に特化した環境を提供することを重視したという。こうして設置されたのが、調理道具や電化製品を雨風から守り、寒い冬のあいだ家族がくつろぎ食事をするために必要な小屋であり、各家族単位で個別的に利用することのできるシャワーやトイレなどの衛生設備であった。

一年の大半を集合宿営地に定着して過ごすようになったマヌーシュ家族にとって、キャラヴァン以外の居住設備を充実させることは日々の生活を向上させることに結びつく。もちろんマヌーシュは、主流社会の法によって指定され、生活の実情にそぐわないまま「他から押しつけられた土地」［ド・セルトー 1987(1980)：102］であるような受け入れ地において、ただ与えられるのを待つのではなく、自らの手で居住空間をより良いものにするべく努力していた。たとえば、NB集合宿営地でも、住民は不便な居住空間を改善してきた。人々は、各自で手作りの木造小屋を建て、お湯がでない、排水が詰まっているなどの理由でシャワーが使えないとなれば、小屋の横に手作りのシャワー室を建設した。居住空間を住み良いものにするのは、生活に必要最低限の設備だけではない。区画脇の緑地部分に、庭を設けて花を育てたり果樹を植えたりする家族もいた。LC集合宿営地でも、それぞれの家族が思い思いに小屋内部に装飾を施し、区画脇の庭を手入れし、快適な居住空間をつくりあげていた。

受け入れ地への定着

このように、定着性の高まる暮らしのなかで新たに生じてきた必要性に基づいて、マヌーシュは、受け入れ地という住まいの場を「一時的な宿営の場」から、落ちついて家族が日々の暮らしを営むことのできる「安定的な居住の場」へと変化させることを試みていた。だが依然として、調査地に現存する受け入れ地がさまざまな問題を抱えてい

写真２−２　受け入れ地

ることに変わりはない。どの集合宿営地[9]でも、とりわけ住民人口の過密化が深刻な問題となっている。集合宿営地の外ではキャラヴァンによる無許可の占拠が恒常的に生じているが、そもそも、調査地の移動生活者人口に対し受け入れ地に居住可能な人数は、三分の一にも満たないのだ。

ＬＣ集合宿営地でも、私の質問に対して市の担当者が、現在抱えている問題は「住民が動かなくなったこと」だと述べている。すでに述べたように、一九八〇年代までは、マヌーシュ家族の多くは、地域に定着しながらも春から秋にかけて活発な移動生活をおこなっていた。しかし現在では、マヌーシュ家族は宿営地に一年中キャラヴァンをとめおくようになった。こうして住民の動きがないので、新たにやってくる人々を受け入れる余地はなくなる。そして、子が成長して結婚し、世帯が増えることになっても、人々は別の居住地に移り住むこともできず、人口過密状態での集住をますます進行させることになる。

序章で述べたように、ジプシーや移動生活者が構築する生活空間は「生活の多角形」と呼ばれ、一年を通した移動と複数の宿営地の結びつきが、彼らの生活空間の広がりをつくりあげていた[Humeau 1995]。しかし、今日、生活の多角形は実現困難なものとなっている。かつて移動生活のあいだに一時的にとどまる場であった宿営地は、今や一年を通して定着する場へと変化していて、マヌーシュの生活空間は縮小しつつある。

受け入れ地政策は、移動生活者家族に宿営のための場を提供することを目的としていた。しかし、その受け入れ地が現実には、宿営のためではなく「定着」の場として利用されるようになっている。なぜ、受け入れ地に暮らすマヌーシュは、設置者側の意図に反して移動生活を縮小し、定着するようになったのであろうか。この問題を考えるにあたり、宿営に関する法的制限の厳格化やマヌーシュ家族の経済的困窮などのさまざまな要因とともに、受け入れ地の居住条件が移動生活の制限に直接的に影響していることを指摘しておきたい。つまり、宿営のための場を提供するという受け入れ地の目的とその居住条件が、現代におけるマヌーシュの移動生活の条件に対応していないのだ。

移動を制限する受け入れ地の居住条件

「かつてよりも暮らしはきつくなった。昔は洗濯機だって冷蔵庫だってなかった。けれど、もっと暮らしやすかった。昔はもっと自由だったんだ。でももう、私たちがキャラヴァンをとめられる場所なんてない」、「私たちは行き詰まってしまったのよ」、「定住民は私たちを追いたてるんだ。まるで私たちが犬であるかのようにね」。調査地のマヌーシュたちがこう語るように、現代では自由に宿営をおこなうことが難しい。サルコジ政権（二〇〇七～二〇一二）から今日のオランド政権（二〇一二～）まで、キャラヴァン居住者の違法な宿営に対しては、罰金、投獄、運転免許の取り消しなどの措置がとられている。つまり、人々が集合宿営地を離れて移動生活をおこなうことには大きなリスクが伴うのである。マヌーシュは、集合宿営地をその正式名称である受け入れ地ではなく、「指定地 terrain désigné」と呼ぶ。それらは、彼らにとって定住民社会への「受け入れ」を可能にする場というよりは、一方的に居場所を指定され、とどまることを強いられた土地なのである。

そしてこの受け入れ地の居住条件が、さらにマヌーシュの移動生活を抑制している。賃貸契約を結ぶか購入するかして居住者が占有する集合住宅や私有地とは異なり、受け入れ地は、一時的な宿営の場として移動生活者に提供される「公共設備」として位置づけられているので、居住者は長期的な占有権をもたない。各世帯が恒常的に一区画を使用し、既得権的に占有を認められている場合でも、長期の移動生活により不在となれば、再び同じ区画を使用できる保証はない。それは、信頼できる家族や仲間、もしくは宿営地管理人との口約束にかかっている。移動生活に出かけているあいだに自分たちの宿営区画が他人の手に渡る可能性があるので、マヌーシュは、これらの人々に宿営区画を保護してくれるように頼んでから出発するのだ。

しかし、次のような例もある。あるマヌーシュ家族は、春から秋にかけての移動生活のあいだ、親族に自分たちが普段暮らす区画を明け渡し、留守番を頼んでいた。南仏やスペインをまわりながら農産物の収穫の仕事をし、その合間に親族や巡礼地を訪問し、そして秋にはシャンパーニュで葡萄収穫の仕事をおこなう予定であったのだ。だが、急遽家族のメンバーの病によって旅を中断し、ポー地域に戻らなければいけなくなった。けれども、自分たちの宿営区画には秋までという約束で親族が暮らしていたために、この家族は一カ月のあいだ、病人の見舞いを続けながらポー地域の空き地を転々として暮らさざるをえなかったのである。

つまり、受け入れ地の居住条件は「いつでも自由に戻ってくること」、そして「いつでも自由に出発すること」をマヌーシュ家族に認めるものではない。それが彼らに積極的な移動生活の行使をためらわせる原因になっているのは明らかだ。キャラヴァンの宿営をめぐる規制が厳格化される今日、マヌーシュ家族が安心して移動生活へと出かけるためには、いつでも戻ってきて生活を再開することのできる「定着のための土地」が必要不可欠であるが、受け入れ地の居住条件ではそれがかなわないのである。

2　経済的周縁化

移動生活の制限は、マヌーシュの居住のあり方のみならず、経済活動や社会生活にも大きな影響を与えている。まず、経済活動についてみていきたい。

2-1　移動式の経済活動の衰退

ジプシーは、その生業システムの特徴から、狩猟採集民や牧畜民といった他の移動民と区別して、「商業的ノマディズム」をおこなう「巡回コミュニティ」、あるいは「商業移動民」として位置づけられることがある［Iwatani 2002; 岩谷 2009; Rao 1985; Reyniers 1986］。商業移動民とは、狩猟採集民や牧畜民のように自然資源を活用するのではなく、移動先の社会に存在する経済的、人的資源の地域的偏りを利用しながら移動生活を送る人々を指す［Iwatani 2002; 岩谷 2009］。具体的には、ジプシーの経済活動は、移動しながら定住民相手にさまざまな商品やサービスを提供することを主としてきた。独自に利用できる環境資源も特殊な技術ももたない彼らが入りこむ市場は限られていたので、ジプシーは、複数の生業を時代と地域のそのつど変化する需要にしたがって柔軟に組みあわせていた。

こうした特徴は、定住化の進む現代においても、依然としてジプシーの経済活動のなかにみてとることができる。対象とする地域も集団も異なるさまざまな研究において、ジプシーの経済活動が、定住化の過程を経ても、主流社会における賃金労働へと移行しないことが指摘されてきた［Formoso 1987; オークリー 1986 (1983); Sutherland 1986 (1975)］。後述するように、一九六〇年代以降に調査地に定着したマヌーシュたちについても、同様のことがいえる。年間を通して給与所得者として働くマヌーシュは稀で、定住化を経ても移動生活の時代と同じ経済活動のレパート

写真２-３　今ではみられない籠製作の風景（AGV 64提供）

リーがみられるのだ。

だがその一方で、現代では、マヌーシュの経済活動はますますその選択肢を狭め、そこから得られる収益も小さくなっていることを指摘しておく必要がある。調査地のマヌーシュ家族に、親や祖父母の時代にマヌーシュ男性がおこなっていた生業について聞くと、手作りの籠や椅子の訪問販売、椅子などの家具やバイオリンなどの楽器の修理、そして音楽や曲芸や映画などの娯楽の提供など、多種多様な経済活動が答えとして返ってくる。女性は「シーン chine」と呼ばれる訪問販売に出かけ、針や糸、レース編みなどの日用小物を売りながら定住民の家を一軒一軒まわり、食料や現金を手にしていた。しかし、このような今から半世紀前の時代にマヌーシュがおこなっていた経済活動は、現在においては「昔のもの」とされている。幼いころから柳細工の技術を身につけていたマヌーシュの父親が、子にその技術を伝えることはもうない（写真2-3）。バイオリンやギターの演奏を得意とするマヌーシュは、若い世代となるとほとんどみられない。女性が訪問販売に出かけることもない。過去の時代の生業は、もはや今の時代にはそぐわないものとされており、親世代の職業技術が子へと伝達されることがなくなっているのだ。

かつてマヌーシュが巡回していた農村地域では、流通が十分に発展しておらず、商店の数も限られていたため、地域を移動しながらサービスや商品を提供するマヌーシュのような移動生活者は、農村経済において重要な役割を果たしていた。しかし、フランスでは、第二次世界大戦後の高度成長期に、第一次産業から第二次・第三次産業へと産業構造が変化するなか、農村部から都市部への人口流出が進み、マヌーシュの経済活動の顧客である農村人口が劇的に減少した。また農村からの人口流出の一方で、交通網や輸送手段が発展し、農村社会への工業製品の流通を促進した。それまでサービスや商品が十分に行き届かなかった地域にも大型の商店が登場するようになり、マヌーシュの小規模な生業形態は圧迫された。さらに、産業発展に伴う流通市場のグローバル化と構造変化も、マヌーシュの手仕事の存続を困難にしていった。今では一般の消費者は、外国からの輸入品や工場で大量生産されたより安価な品物を選択するようになり、マヌーシュ職人の作る柳細工を買ってはくれない。かつての農村生活において歓迎されていた音楽や踊り、サーカスや映画などの娯楽サービスも、マスメディアの発展によりその需要を大幅に減少させた。

現代における経済活動

こうして戦後のフランスにおける産業構造の変化や都市化の影響を受け、農村の社会経済的生活に密接に関わっていたマヌーシュは、農村から都市へと、経済と生活の場を移すことを余儀なくされた。そこで今日、調査地のマヌーシュが従事する経済活動は、次のようなものとなっている。

①スクラップ回収業　調査地では、働き盛りの男性の大半がスクラップ回収を日常の経済活動としている。スクラップ回収業は、道端や一般住民の家、ごみ捨て場や工場などをトラックでまわり、再利用でき転売できるものならば何でも回収することを基本とする。鉄、非鉄金属、銅、アルミ、ステンレスなどを素材として含む製品を回収し、居住地にもち帰り、手作業でまたは燃焼させて解体した部品や鉄くずを業者に売り渡すのが一連の流れだ。

回収処理業は、第二次世界大戦後、都市の周辺に定着していったマヌーシュをはじめとする移動生活者の経済を支えてきたものである。しかし、金属製品の価格は常時推移するうえ、競争は激化しており、決して楽に稼げる商売ではない。マヌーシュのなかには今の状況では「割にあわない」とスクラップ回収に精を出さなくなる人も増えている。そもそも、ポーのマヌーシュのあいだでスクラップ回収が割にあわない仕事となっていったのは、一九九〇年代以降のことだという。その背景には、「資源ごみ」をめぐる国や自治体の近年の政策の影響がある。かつて、地域で不用品回収をおこなうマヌーシュの商売敵はほとんどいなかったが、今では、「リサイクル」は一般市場においても重要な産業であり、自治体や企業などの集団回収によってその仕組みが確立されているのだ。(10)

スクラップ回収業は、今やマヌーシュたちが独占できる経済領域ではない。彼らは、長年の経験から、業者による回収の手が及ばないところ、つまり少量のスクラップをたまに排出するような郊外や農村地帯の一般家庭や小規模経営の工場、またはがらくたが不法投棄されている空き地をまわり、少しずつ回収していく。しかし、トラックの荷台いっぱいのスクラップを回収するためには何日も動き回らなければならず、一日かけて遠方まで探しに行ったにもかかわらず何も見つけられないこともある。

②サービス業・市商売・短期雇用労働　スクラップ回収業と比較して従事する人の数は減るが、建物のメンテナンスなどのサービス業や市商売をおこなうマヌーシュ男性もいる。メンテナンス業は、一般家屋や企業の建物を対象として大工工事や壁の塗装洗浄、庭の整備などのさまざまなサービスを提供する。調査地では、夏季の移動生活の道程で一般家庭を訪問して椅子の修理や家屋外壁の苔落としなどを単発的におこなうという、昔ながらの方法で働くケースもあるが、個人事業主として登録し、年間を通じてあらゆるメンテナンスの仕事をおこなう専業のケースも増えている。一方で、市商売はポー近郊で複数の定期市に登録して、デッド・ストックの衣服や古着、日用品や雑貨を販売するという内容である。ただし、調査地で話を聞くことのできたマヌーシュ家族の場合、多くが市商売による十分な収入を得ておらず、スクラップ回収や季節的農作業（後述）を兼業する。

これらサービス業や市商売は、半世紀以上も前からマヌーシュが従事していた経済活動である。しかし、経済活動の法制化が進む現在では、個人宅をまわってサービスを提供したり市に店を出したりするためには、個人事業主として職業身分を合法化し、定住民社会の経済市場へ正式に参入することが必要条件である。そして、法的な手続きや顧客とのやりとりを円滑に進めるためにも、読み書きは必須である。小規模経営で、経済的かつ文化的資本力のない調査地のマヌーシュにとって、経済活動をおこなうための条件がますます厳しくなっている。

この他、男性たちは、建設現場や工場での労働などの短期雇用の仕事にも従事するが、これらはいずれも数カ月や半年単位の短期間のもので安定した雇用に結びついてはいない。また、近年、ホテルや公共施設などで清掃婦として働く未婚女性の数が増加しているが、これは独身時代の一時的な仕事とみなされている。

③季節的農作業　スクラップ回収業に次いで、一般的なマヌーシュの仕事とされるのが季節的農作業である。期間や移動先は家族の人数や年齢によって異なり、春に出発してフランス南部一帯、さらにはスペインまで出かけ、さまざまな農作業に従事する家族もいれば、秋の葡萄収穫の際にだけボルドーやシャンパーニュ地方へ向かう家族も多い。

スクラップ回収業が、現代の産業構造のなかで一般の流通経路からはずれたところにある資源を回収することだとすれば、季節的農作業も同じ特徴をもつ。マヌーシュは地元の労働者と対抗するのではなく、一時的に労働力が不足するところに目をつける。たとえば、調査地のマヌーシュ家族の多くがおこなうワイン用葡萄収穫の仕事では、戦後機械化が進んだが、近年葡萄を傷めずに質の良いワインを作ることのできる手摘みを再び取りいれる生産者が増えてきた。機械による収穫では傷がつきやすく商品価値の落ちる果物を生産する農家なども、依然として人手を必要としている。どのマヌーシュ家族も生産者と長年のコネクションがあるため、同じ時期に電話連絡を受けて同じ農場へと向かう。農作業は家族総出でおこなわれ、労働のあいだは雇い主の所有する敷地内や地域で指定されている土地にキャラヴァンをとめて滞在する。(11)

春は早ければ三月から、さくらんぼや桃などの果実の収穫業に従事し、夏にかけては野菜の収穫にも携わる。九月になるとシャンパーニュで、もしくは一〇月にボルドーで、二週間程度の葡萄収穫の仕事をする。季節的農作業は長期間の移動を伴うので、男手を欠いていたり、幼い子どもや病人や老人を抱えていたりする家族などは、夏季も居住地に残る。しかしそれでもポー地域では、多くのマヌーシュ家族が農作業に出かけていく。このポー地域の状況とは異なり、私が短期調査をおこなったブルターニュでは、大半のマヌーシュ家族がスクラップ回収業やメンテナンス業や市商売に従事し、農作業に関しては「肉体的にもきつく、稼ぎが少ない」ためおこなわないと述べていた。この点から臨時の農作業により現金収入を得るポーのマヌーシュは、専業と呼べる経済活動もなく、経済的に不安定で困窮しているといえる。

しかし、ポーのマヌーシュにとって、季節的な農作業は単なる現金収入獲得の機会なのではない。第1章で述べたように、移動生活は、離散して暮らす親族が再会する重要な機会となる。また、このような広範囲で長期間の移動は、定着性の高い暮らしのなかでの旅の生活の一時的な再開となり、子どもたちのみならず大人をも普段の単調な生活から解放するものであるといえよう。秋にポーの居住地に戻ってきた家族は、葡萄摘みで荒れた手を私に見せて「疲れ果てた」とつぶやきながらも、移動の合間に訪れた海や川やテーマパーク、旅先で食べたものや出会った人々の話を語って聞かせた。そして、もうすぐ冬がやってくると言いながら、旅のあいだに汚れたキャラヴァンを洗い、冬の定着の季節を迎える準備をしていた。

以上みてきたマヌーシュの経済活動のレパートリーには、確かに先行研究で指摘されていた従来の移動式の経済活動の特徴をみてとることができる。だが、調査地の現状では、マヌーシュの経済活動の幅は確実に狭まっており、それによる収入が生計に貢献する割合も縮小している。現代では、従来のマヌーシュの手仕事や小規模なサービス業がその片隅の活動領域をみいだすことは困難になった。一九七〇年代にイングランドのジプシーを調査したオークリーは、時代の変化に機敏に対応するジプシーのニッチ経済を高く評価したが［オークリー 1986(1983)：101-102］、今日マヌーシュの移動式の経済活動は、主流社会の社会経済環境を生きぬくための戦略として積極的に選びとられているというよりは、むしろ、彼らに残された経済領域が狭まっている結果を示している。

ただし、先に挙げた経済活動のうち、移動を伴う活動がどれほど実行されているのかを問うと、マヌーシュの経済活動の衰退の要因をフランス主流社会の社会経済的変化という点に還元して説明することもできない。次章では、家族用地という占有権のある私有地に住まう家族が、受け入れ地に暮らす家族よりも活発に移動式の経済活動に従事している様子をみていく。つまり、いつでも出発し戻ってくることのできる「定着のための土地」を確保することで、移動式の経済活動の展開は異なってくるのである。この点において、主体的な管理運営が限られ、それゆえに移動生活への出発を家族にためらわせる受け入れ地の居住条件が、マヌーシュの移動式の経済活動の存続をますます難しくする要因となっていることが明らかだろう。

2-2 社会保護制度への依存

マヌーシュの経済活動と移動生活との関係は、相関的なものである。経済活動の衰退は、移動生活をおこなうための財力を失うことに結びつき、移動の停止に直結していく。そして、移動の停止が、さらなる経済活動の衰退を導く。経済活動によって得られる現金収入が乏しい状況で、マヌーシュ家族の日々の暮らしを支えているのは、国の社会保護制度である。一九八八年に導入された「社会参入最低所得 Revenu minimum d'insertion」は、フランス語で「エレミーRMI」と呼ばれる失業手当で、二〇〇九年六月、「積極的連帯所得（エレッサRSA）」[12]として刷新されたが、今も昔もこの最低所得手当がマヌーシュ家族にとってもっとも重要な生活財源である。一般的にマヌーシュの結婚は婚姻届を役所に提出しない慣習婚なので、通常、子どもの扶養先は単親世帯の母親にある。最低所得手当（調査当時はRMI）による世帯収入に関する私の質問に答えてくれた個別のケースとその他のさまざまな給付を合算して推定した数値をあわせると、子どもの年齢や数によって差はあるが、母親に支給される総額は毎月一〇〇〇～一五〇〇ユーロ（二〇〇七〜二〇〇九年のレートは一ユーロ＝一一〇〜一六〇円）ほどになる。彼女たちは、この収入から夫や子の食事や身の回りの品に必要な支出やキャラヴァンのローン[13]をまかなう。夫の経済活動や季節労働で得た収入、夫自身に支給される最低所得手当は、車やキャラヴァンの購入、家族行事や旅などの臨時の出費にあてられることが多い。

このように、国の社会保護制度に依存し、未申告の経済活動で家計の不足分を補うマヌーシュは、しばしば一般の定住民からの批判対象となる。フランス社会全般において労働市場は厳しいのである。私の非ジプシーの友人のなかにも、毎月の給与が失業手当受給条件の所得上限をわずかに超える人たちがいたが、彼らにしてみれば、定職につき朝から晩まで働いても失業者の収入と大差ない給与しか得られないため、不公平感を覚えるのだ。

調査地のマヌーシュたちは、日々の暮らしのありようが現代において変化した様子を、しばしば「私たちは進歩したんだよ！」と半ば自嘲気味に語る。しかし定住化は、かつて彼らが保持していた定住民社会に対する自律的な生活の可能性を狭めたともいえる。もちろん、マヌーシュが外部社会から孤立した自己充足的な集団を形成したことはない。マヌーシュは定住民社会の領土のなかで、その社会経済的資源を頼りに自集団の生き残りを可能にしてきた。しかし、そのような定住民社会との力関係においても、マヌーシュは地域を巡回しながらサービスや商品を提供することで、定住民の農村経済において重要な役割を果たしてきた。このようにマヌーシュ社会の自律性を可能にしてきた社会経済の仕組みが、今日行き詰まっている。そしてその現状は、次にみるように、矛盾や葛藤を孕む困難として人々の日常の経験のなかに顕著にあらわれている。

3　社会的周縁化

調査地のマヌーシュは、定住化以降、急激にその生活環境を変化させた。マヌーシュ家族の多くが経済的に困窮し、水道や電気などライフラインの確保に困る宿営地に住む家族もいるものの、洗濯機や冷蔵庫などの電化製品はどの家庭にも普及し、生活水準の向上がみられる。物質的な生活条件だけではなく、文化的生活の側面においても変化がある。とりわけ、さまざまな世代のマヌーシュにとって今やもっとも身近な娯楽となっているテレビは、定住民社会の言語や文化をマヌーシュ社会に急速に浸透させていく要因となった。マヌーシュの子どもたちは、一般のフランスの子どもたちと同じように、朝の子ども番組を視聴し、アニメキャラクターの商品を収集し、テレビゲームに夢中になる。マヌーシュの女性たちは、家事の合間にフランスやアメリカのテレビドラマやニュース番組を視聴し、好みの歌手や俳優、国内外の事件や事故などの多種多様な話題について語りあう。

しかしながら、こうしたマヌーシュの日常の暮らしのなかに定住民社会のモノやイメージが急速に浸透していく過程とは対照的に、マヌーシュと主流社会とを隔てる社会的距離が定住化以降に縮まったとはいえない。マヌーシュの定住民社会への参加の機会は依然として限られ、人々は定住化の時代において従来の移動生活の時代とは異なったかたちで社会的周縁化に直面している。

3-1　社会参入の機会を取りこぼす若者たち

フランスをはじめとするその他多くの社会において、青年期とは、思春期の発来に始まり、結婚し子をもつ親となって大人の世界へ正式に参入するまでの期間であり、若者は将来の社会的かつ経済的自立に向けて家庭や学校、地域社会のなかで保護されながら学習する。これに対してマヌーシュ社会では、青年期と大人期との境目は明確に区切られていない。現在でもマヌーシュ社会において、少年少女が中等教育課程に進級する一二歳前後の時期は、徐々に大人の社会へ参入していく時期と重なり、彼らは学校教育とは別の仕方で学び成長していくことが期待されている。思春期以降に性別役割分業と男女の社会的、空間的分離が強化され、マヌーシュの若者は親の仕事を学び補佐することになる。子どもは六歳くらいから葡萄収穫などの季節労働で親と共に働くが、思春期に差しかかるころには、少年は父親や兄とスクラップ回収などの仕事をおこない、少女は母親の食事の支度や掃除を手伝い、彼女の弟妹や甥姪である乳幼児の世話をおこなうまでになる。

就学

このようにマヌーシュの子どもたちは、大人の世界のなかで成長し、物心つくと親の仕事を手伝い始める。それが、マヌーシュ社会における子どもの教育であり社会化の方法である。ただし、そのことにより、マヌーシュは一般社会において若者に与えられている学びの時期を取りこぼしてもいる。現在、調査地のマヌーシュの若者たちのほとんどが、中等教育の段階で学校教育からドロップアウトし、その後、公的な職業訓練を受けることもない。そのため、一〇代から二〇代のマヌーシュたちの多数が、初等教育以上の学歴も職業資格ももたず、失業している状態である。

一九九〇年代から調査地では、マヌーシュの親たちと公立の教育機関のあいだに地元の移動生活者支援団体が仲介者として入り、進学手続きの代行や案内などの支援を進めた。これによってマヌーシュ児童の就学率は上昇してきたが、それも初等教育に限ったレベルである。ある三〇代前半のマヌーシュの母親は、彼女の六歳の息子の就学について次のように語った。「私は読み書きができない。息子に弁護士になってほしいというのではないのよ。ただ読み書きができるようになってほしい。だってそれは日常の生活で役に立つことだから」。現在三〇代以上のマヌーシュの親は初等教育の経験が乏しいため、読み書きがままならない。彼らは、店の看板や道路交通表示、そして社会保護サービスの書類などを理解するために読み書きの必要性を日々痛感しており、子どもたちには身につけさせたいと考えている。したがって、「読み書きを学ぶことのできる学校」に親たちは子どもを通わせる。けれども、マヌーシュの子どもたちの多くが小学校に通う現在でも、その後に続く中等教育に関しては、親は一通り読み書き能力がついたと考えてしまうので、就学は早期に切りあげられることが多い。

「私たちのところでは学校というのは小学校まで。それで終わり」と言って、親自体が中等教育への進学に消極的な姿勢をとる場合もある。理由はさまざまである。調査地のマヌーシュとつきあいのあるソシアルワーカーのなかには、子どもたちが学校教育を長期化させることで定住民社会の影響を強く受けて育ってしまうのではないか、という親の同化に対する不安を指摘する人もいるが、それを否定する人もいる。私が観察した限りでは、調査地のマヌーシュにおいては、そのような同化の圧力に対する不安はみいだされなかった。親は、子どもが定住民のクラスメートの誕生日パーティに招待されれば喜んで送りだすし、地元のマヌーシュ児童を集めた「移動生活者学校」(現在は閉校)よりも、「普通の」公立小学校に子どもを通わせるほうが良いしつけになる、という意見も聞かれた。親が子どもの就学に消極的になる理由は、もっと実際的なことにあるように思われる。たとえば、公共交通機関の届かない町はずれの宿営地から親が毎日子どもを学校まで送り届けなければならないことや、宿営地での不安の多い生活のなかで、子どもの就学を考える精神的な余裕がないことなどである。

マヌーシュの子どもたち自身もまた、学校という場に苦手意識をもっていることが多い。その理由の一つとしては、フランスの学習システムのなかで、マヌーシュの子どもたちが周縁化されやすいという言語的、文化的な状況がある。マヌーシュの子どもは、共同体内部でマヌーシュ語と同時にフランス語を身につけていくが、マヌーシュ同士の日常のコミュニケーションにおいて必要とされるフランス語は、学校教育のなかで要求される水準とは異なる。したがって、調査地の子どもたちの多くが、初等教育の課程で普通学級に併置される準備クラスの教育や補習授業を受けることになる。一つ学年を下げたクラスに編入学したり留年したりすることもあり、勉強に対する苦手意識を克服することなく中等教育へともち越す子どもが多い。

また、マヌーシュの子どもが育つ特有の社会文化的環境も、彼らが学校に馴染めない理由の一つとなる。マヌーシュの親が子に与える環境や教育は、主流社会のそれとは異なる。現代フランスの一般的な家庭では、子どもは、赤ん坊のころから両親の部屋とは別室のベビーベッドに寝かされ、幼いうちから大人と子どもの世界が区別されていること、子は独立し自立すべき存在であることを教えられる。しかし、マヌーシュ社会では、一生のうちに個室と呼べる空間をもつことはない。マヌーシュの子は居住地を自由に動き回り、親族や隣人といったたくさんの保護者からの配慮を受けて育つ。父母のみならず、オジやオバ、イトコや祖父母、大家族の成員が日常のさまざまな場面で子どもを取り囲み、泣けば抱きしめキスをし、おなかがすいたと言えば食べ物を与え、子の日々の要求にすぐさま対応する。(14)このような環境のもとで育つマヌーシュの子どもにとって、教師の権威と統制を重視するフランスの教育現場は非常に窮屈なものとなるのである。

就労

マヌーシュの若者は、就労の際にも定住民社会とのあいだの社会的、文化的差異に直面する。これまでみてきたように、マヌーシュ社会においても従来の経済活動の領域が極端に狭まっている現実があり、彼らは、親世代の職業モデルをそのまま受け継ぐのではなく、一般の労働市場のなかで長期的な雇用機会を探さざるをえない。しかし、マヌーシュの若者が職を得ることは非常に難しい。この理由には、フランス社会でマヌーシュたちが直面する雇用やその他の日常生活における差別がもちろん関わっている。だがそれ以外にも、マヌーシュの若者の職業的参加におけるいくつかの障害を提示することができる。

まず、職を得るために必要とされる読み書き能力の不足が、若者の就労をとりわけ困難なものにしている。マヌーシュの若年層の多くは、初等教育を終えたあと、中等教育までは進学しないか、進学しても中途退学しているため、一般社会での職業生活に必要な言語能力を備えている人は少ない。加えて、今では職業資格や職業経験証明といった資格も必要となる。マヌーシュは、幼いころから家族の仕事を手伝い、農作業以外にも女性は家事や育児、男性はスクラップ収集や自動車などの機械修理、塗装や大工仕事などの経験を積み、知識と技術を身につけているが、これは一般の労働市場において認められる資格や経験とはならない。またこのように、大人たちの活動の様子を直に見て知識を得ていくことに慣れている彼らは、教育機関や職業訓練機関における知識の伝達法に苦手意識をもちやすい。

最後にマヌーシュの居住環境や季節的な移動生活が、長期的に規則正しく出勤する労働条件と両立しないという問題もある。都市周縁の空き地や受け入れ地に住む若者の多くが、公共の交通手段も自分専用の自動車ももたない状況であるので、仕事場へのアクセスが問題となる。また、宗教活動や家族の行事にまつわる移動により居住地域を頻繁に離れるため、一年を通した長期的な雇用が難しくなる。

このようにマヌーシュの若者は、就学と就労という青年期における社会参入の機会を取りこぼしているのが現状である。そしてその帰結として、彼らはマヌーシュ共同体の外へと拡張することのない狭い社会関係しか築けず、次にみるような結婚の困難を抱えてもいる。

3-2　結婚をめぐる矛盾と葛藤

マヌーシュの労働観について、あるソシアルワーカーは、自身の見解を私に次のように語った。「私たちの社会では、少なくとも仕事をするということはお金を稼ぐ以上の何かがある。働くということ自体の価値がね。けれど彼らの場合、仕事とはお金を得るための労働であり、それ以上の価値はない」。フランスや日本のような「私たちの社会」において、労働が個人の自立や尊厳といった価値に結びつくのならば、彼の言うとおりなのだろう。なぜなら、マヌーシュは主流社会での労働を個人の自己拡張や自己評価と結びつけないといえるからである。むしろマヌーシュ社会では、男女共に結婚し子をなし親となることが、一人前の大人としての社会的承認ならびに自己承認を獲得する決定的な契機となる。

ジプシーが早婚であることは、常に指摘されてきたことである。しかし、今日のマヌーシュ社会において、結婚にまつわる経験は多様化している。調査地でも、一四歳から一七歳という早期に結婚し母となる女性が多くいる。ところがその反面、二〇代後半であっても、結婚の予定もなく両親のもとで家事の手伝いをして日々を過ごす女性も増えてきているのだ。

青年期というライフステージは、普遍的に存在したものではなく、近代においてヨーロッパ社会が工業化する歴史的に特定の時代に出現した産物だといわれる［アリエス 1980(1960)］。そうであるならば、従来のマヌーシュ社会にもまた、大人と子どもという二つのカテゴリーの中間に明確に区切られたライフステージとしての青年期は存在しなかったといえる。マヌーシュの子は幼いころから重要な働き手として家族の経済を助け、思春期を迎えるとすぐに結婚し自らの家庭をもった。若者は、常に社会的かつ経済的な役割を与えられていた。これに対し、定住化が進行し、主流社会へのより積極的な参入が迫られる現代のマヌーシュ社会において、若者は経済活動の担い手でもなく、結婚し家庭をもつ一人前の大人でもない、思春期以降の独身時代というかつてないライフステージを経験するようになっている。

価値意識の変化と葛藤

私が調査地で出会った二〇代のマヌーシュ未婚女性たちは、私との雑談のなかでしばしば、結婚し母となることへの憧れや結婚に対する焦りを口にした。マヌーシュの親のなかには、あまりにも若すぎる結婚を良く思わない人もいるが、それでも娘が二〇代になると、未婚の身分を長引かせ外に働きに出るよりも、子をなし母親の役割を果たすことを期待するようになる。娘たち自身も、結婚を未婚であるがゆえに強く課せられる性的規範や日常的な行動の自由の制限からの解放手段として捉えている。婚前の性交渉が禁じられるマヌーシュの女性たちは、慎重につきあう相手を選ばなければならないが、一〇代で仲間の少女が結婚し母となるので焦燥感に駆られるようである。彼女たちは彼女たちの母親や祖母がそうしてきたように、「できるだけ早くに結婚して、たくさんの子どもをもちたい」と言う。

しかし、このような未婚女性たちの願望とは裏腹に、結婚は難しくなっている。「結婚をしたいけれど、相手がいない」という声は多い。ここで、マヌーシュ女性が結婚に際してどのような困難に直面しているのかを考えてみると、個人の個別的状況を超えてマヌーシュの若者、特に女性をとりまく社会的背景とその矛盾点がみえてくる。

第1章で述べたように、従来からマヌーシュ共同体では親族内婚が一般的であったが、今日、マヌーシュの若者は旅のなかで将来の配偶者と出会う機会を減らし、より限定的な配偶者選択の可能性しかもたなくなっている。そこで近年、若者のあいだでは、身内のマヌーシュ以外の人間との結婚を望む声が高まっていて、非ジプシーの定住民と結婚したいと堂々と表明する少女も多い。だが、その一方で、マヌーシュ女性が願望に沿って非ジプシーの配偶者を見つける可能性は現実的には小さい。彼女たちは、ポーという定着地で生まれ育っているものの、就学や就労を通して地域の定住民と接する機会をほとんどもたないためだ。とりわけ、未婚女性は、マヌーシュ共同体の外へと開かれた個別的な自己拡張の機会を制限されている。男性は、未婚、既婚に関係なく、単独で居住地外に出かけ、非ジプシーの同世代の仲間とつきあうこともバーやディスコで女性と知りあうこともできる。しかし、マヌーシュの未婚女性となると、年齢にかかわらず女性単独で外出することは許されない。

これまでも、ジプシー社会では男性優位の原則によって強く日常生活が律せられ、女性は厳しい規範的拘束を受けるといわれてきた。現代のマヌーシュ社会でも、家長である夫は、家族の尊敬の対象であり、男性優位に基づく性規範が存在する。「女がしてはいけないことは山ほどある」、「女は家事に掃除、そしてたくさんの子どもの世話……。時間なんてないわ。男はのんびりテレビを見ていたり、昼寝をしていたり、外に出かけたりするけれどね」。こうした女性たちの不満の言葉は日常的に私の耳に入ってきたが、このように自由に振舞う男性と制約の多い女性の非対称的な関係が、未婚女性の結婚に大きく影響していると考えられる。二〇代後半のある未婚女性が私に対し、次のように述べたことがある。「あなたは日本の家族を離れて一人でフランスへやって来た。私たちのところでは決してそんなことは許されない」。また別の二〇代後半の未婚女性は、「私はずっと前からあなたみたいに大学に行くことが夢だった。大学って素敵なところなのでしょう。そこではいろいろな人と出会うことができるでしょう」と私に語った。この彼女の発言に対して、そばにいた彼女の姉（彼女も未婚である）は、「それは私たちのところでは無理なことよ。私なんて一日しか学校に行ったことがないのだもの」と笑いながら付け加えた。

これらの未婚女性たちは、マヌーシュ社会ではすでに結婚適齢期を過ぎた二〇代後半にありながら両親のもとにとどまり、一家の母親の補佐役として日常の大半を家事に費やす。対して、彼女たちと同世代の仲間のなかには、すでに結婚し子をもち、妻や母としての社会的地位と役割を獲得している女性たちもいる。こちらの既婚女性たちは、親や祖父母世代の価値観や生き方に違和感を示しながらも、周囲から一人前の「マヌーシュの女性」として認められ、そのように自分自身も自らを再定義することができるかもしれない。しかし、もはや少女でもないが一人前の大人ともみなされない未婚女性たちは、このような「マヌーシュ」としての自己肯定の機会も、それに限定されない別の自己肯定の機会ももたない。

現代のマヌーシュの若者は、親や祖父母世代が感じることのなかった新たな葛藤や矛盾を抱えているのだといえる。これら若者たちの親世代であるマヌーシュの年配女性たちは、しばしば私に、現代の若者はかつてよりもはるかに多くの自由と選択肢を与えられているのだと話した。常に集団行動が義務づけられているとはいえ、少女たちが夜間に外出することや化粧品や服飾品に費やすための小遣いをもつことは、彼女たちの時代には考えられないことであったのだ。しかし、定住化の影響を強く受けて育った若年層の経験には、主流社会への参入の問題の根深さと同時に、定住化の過程で急激な社会変化を経験してきたマヌーシュ社会の抱えるひずみがあらわれている。現在一〇代や二〇代の若者はポーという定着地で生まれ育ち、移動生活の経験が少ない世代である。その一方で、圧倒的多数が中等課程でドロップアウトしているものの、少なくとも一定期間の初等教育を経験している。また、彼らはテレビや映画といったメディアを通じて、生まれたときから自分たちのおかれている現状とは違う別の生き方、すなわち主流社会の生き方やものの見方に馴染んでいる。しかし、定住化は、マヌーシュの価値観を多様化し、一般社会との距離を縮める一方で、彼らの生きる社会空間を不均衡なかたちで制限し続けている。マヌーシュが主流社会へと社会関係を拡張することは依然として難しく、むしろ、社会的、経済的な周縁化が進行しているのだ。

定住化とともに進行していった社会変化のなかで、マヌーシュの若者は、「定住する移動生活者」として二つの文化の狭間に生きるがゆえの困難、つまり親世代のように移動生活者としての自己像に満足することも、だからといって定住民社会に参入することもできないという混乱した状況を経験しているといえよう。そしてそうした若者たちの語りには、価値判断の揺らぎや別の選択肢の追求、自己否定的な意味づけを伴う葛藤がしばしばあらわれる。

あるとき、二〇歳のマヌーシュ女性がふと私に次のように問うた。「あなたは日本人であることを恥ずかしいと思ったことはある？　私はマヌーシュであることが恥ずかしい。私はマヌーシュではない誰かになりたいのよ」。この彼女の言葉を横で聞いていた七歳年上の従姉は、「私はマヌーシュであることを誇りに思うわ。みんなそれぞれに文化をもっているのだから」と反論した。だが、彼女もまた、別の日には私に次のように語った。「ガジェは私たちのことをパラサイトのように思っている……中略……私は本当にわからない、どうして、非移動生活者（non-voyageurs ＝定住民）が、警察であろうと普通の人であろうと、私たちをそのように扱うのか。まるでパラサイトみたいに」。

社会的、経済的な周縁化が進む今日の状況は、いやおうなしに、マヌーシュの暮らしのなかに、偏見や差別のまなざしとしてあらわれてくる。調査のあいだ、私は日常生活や職業活動において彼らが受ける差別についてさまざまなマヌーシュから話を聞き、それらを実際に目にもした。地域内のマヌーシュが起こしたとされる窃盗や器物損壊事件、違法な宿営などは、地元の新聞や情報誌で報道される。このような報道がマヌーシュ全体に付与される偏見に満ちたイメージとなることを、彼らの一人ひとりが実体験として感じとっている。たとえば、彼らは次のように訴える。「マヌーシュの一人が誰か問題を起こしたとする。そしたら新聞は、パンにジャムを塗るように、マヌーシュのことを書くんだ」、「栗の一つが腐っていたら、同じ籠のなかの栗がすべて腐っているかのように思われるのよ」。

4　それでもキャラヴァンに住み続けようとする人々——第2章まとめ

本章では、マヌーシュと定住民社会との関係の変化に焦点をあて、キャラヴァン居住の現状を述べてきた。かつて、マヌーシュは、定住民や他の移動生活者とのあいだにトラブルを抱えるようなことがあれば、別の土地を求めて移動を再開すればよかった。しかし現在、マヌーシュの宿営地は旅の合間の一時的な停留地ではなく、一年を通して定着する居住の場となった。移動を問題解決の手段とすることが難しい状況で、マヌーシュは、生活の実情から切り離されたまま、「他者の法」が彼らに指定する土地にとどまって暮らしていかなければならないのである。そして定住化は、居住という側面のみならず、旅のなかに住まうことと密接に結びつきながら展開され、マヌーシュの生活をかたちづくっていた経済的、社会的な仕組みをも揺さぶり、人々にさまざまな矛盾や葛藤の経験をもたらしている。

定住化が進行する現代的状況において、マヌーシュの暮らしにはひずみや矛盾がたちあらわれている。本章は、このことをマヌーシュの困難や葛藤を孕む日常的な経験、そしてそれを語る言葉から描きだすことを試みた。しかし、これまで述べてきたことは、定住化の過程でマヌーシュの生活に生じた変化の一つの様相であり、変化に対する彼らの主体的な働きかけを問うならば、さらに異なる様相もみえてくる。定住化の時代において「動かない」キャラヴァンに住むことは、マヌーシュの生活のさまざまな側面に否定的な影響を及ぼしている。ところが、マヌーシュがこうした状況にどのように対応しようとするのかという側面に着目すると、彼らがキャラヴァンを放棄し定住民社会へと同化するのではなく、それでもなおキャラヴァンに住みながら生活を再編しようとする様子が浮かびあがるのだ。

たとえば、本章では受け入れ地という特有の環境のなかで、マヌーシュが定着性の高い暮らしを営んでいることを指摘した。NB集合宿営地とLC集合宿営地とでは居住環境の面で大きな差があったが、ここで指摘しておきたいのは、マヌーシュが安定した住まいの場を求めながらも、キャラヴァンに住み続けようとしていた点である。NB集合宿営地に住む八〇代の女性は次のように私に語った。「私は何も大きな家がほしいって要求しているのではない。私たちはキャラヴァンをもっているが、冬は寒い。だからあたたかい場所で食事がとれるように、小さな小屋があればいいって言っているんだ。キャラヴァンの横にそれがあればいい」。またLC集合宿営地に住む四〇代の母親は、現在の暮らしに満足していると言いながらも、次のように話した。「理想を言うならば、家がほしいわ。（私：「それはアパルトマンでも構わないっていうこと？」）違う、違う。アパルトマンはいや。そんなところには住めない。キャラヴァンをとめて暮らせるような小さい家でいいのよ」。

調査地で私がおこなった聞き取りでは、この二人の女性と同様の意見が実に頻繁に聞かれた。マヌーシュたちが生活のために必要だと繰り返し述べていたのは、アパルトマンや「本当の家 vraie maison」ではなく、キャラヴァンをとめるための土地であったり、キャラヴァンの脇に置く小屋や各家族が専有できる清潔な衛生設備であったりした。つまり、今日、マヌーシュは大きな困難を抱えていながらもなお、キャラヴァンに住み続けようとする。序章で述べたように、本書では、このように定住化の時代においてもキャラヴァンに住み続けるマヌーシュの居住実践を、伝統的な生活への愛着といった観点から説明するのでは、不十分だと考えている。むしろそこには、キャラヴァンに住まうことが、マヌーシュの過去の生活ではなく、新たに営まれる生活に深く関わっているという重要な問題があるはずだ。次章では、この点を追究していく。

第3章

定住化の時代におけるノマディズムの再編

「定住ジプシーはもはやジプシーではない。彼は共同体から拒絶されて、孤独に生きるしかない。彼は家族と共にガジェのもとで暮らす。〈農民〉になったのだ！」［Dollé 1980: 74］。一九七〇年代にアルザス地方のマヌーシュを調査したドレは、廃棄されたバスや郊外に建てられたバラックに住む「定住ジプシー」についてこう述べた。しかし、それからすでに三〇年以上が経過した現在、ポー地域のマヌーシュが経験している定住化とは、移動生活を放棄して定住民のような住宅に暮らし、定住民社会へと同化していくことに結びついていない。むしろ、彼らは定住民とは異なる方法で定住化の時代を生きようとしている。けれども、それはどのように実現されるのだろうか。

この問題を探るため、本章では、「家族用地」と呼ばれる私有地やアパルトマンに暮らすマヌーシュ家族に注目する。彼らは、一見定住性の高い居住形態を選択しているようにみえるが、実際には「定住」ではなく、移動生活との結びつきを保持しながら独自の方法で「定着」している人々だからだ。以下ではまず、マヌーシュが家族用地をはじめとする「定着のための土地」を求めるその理由を探る。そして次に、家族用地やアパルトマンに暮らすマヌーシュ家族の事例を検討し、彼らが私有地や固定式住居を保持して定住化を促進させるのではなく、むしろキャラヴァンでの移動生活を活性化している状況を示していく。さらに、このような移動性と定着性の並存を特徴とする人々の生活様式に「適した住宅」を提供する政策が開始されていることにも触れる。つまり、本章で描かれるのは、現代を生きるマヌーシュが、「ガジェのもとでガジェのように暮らす」のではなく、独自の方法で定着し、新たなノマディズムをつくりあげる様子である。ここでは、移動と定着を相反する二通りの生活様式として対置させるのではなく、二つの生活相として重ねあわせることで、定住化の時代に対応した新たな生活空間を構築する人々の実践が明らかになる。

1　キャラヴァンと共に定着すること

1-1　家族用地をめぐる背景

「もう、私たちのための場所はない」とマヌーシュは言う。前章で述べたように、定住化に伴いマヌーシュの生活は、社会的にも経済的にも行き詰まっていった。こうした困難に対して、人々はどのように対応していったのだろうか。「他に行くあてもない」ため、キャラヴァンがひしめきあい、衛生設備も欠くような劣悪な環境にある居住地にとどまる家族は多い。けれども調査地全体をみると、マヌーシュ家族はキャラヴァン居住の形態を多様化することで新たな生活の場を模索していったことがわかる。

図3-1は、地元の移動生活者支援団体の情報を参考にして、調査地のマヌーシュ家族が営むキャラヴァン居住の形態を表したものである。ここからもわかるように、集合宿営地以外のさまざまな土地にマヌーシュは暮らす。一部の家族は行くあてのないままに集合宿営地を出て、地域内部を巡回して暮らす生活を選んだ。これらの家族の居住形態は、「エランス・ローカル（地域的流浪 errance locale）」と呼ばれていて、彼らは一〇年や二〇年という長期にわたり、

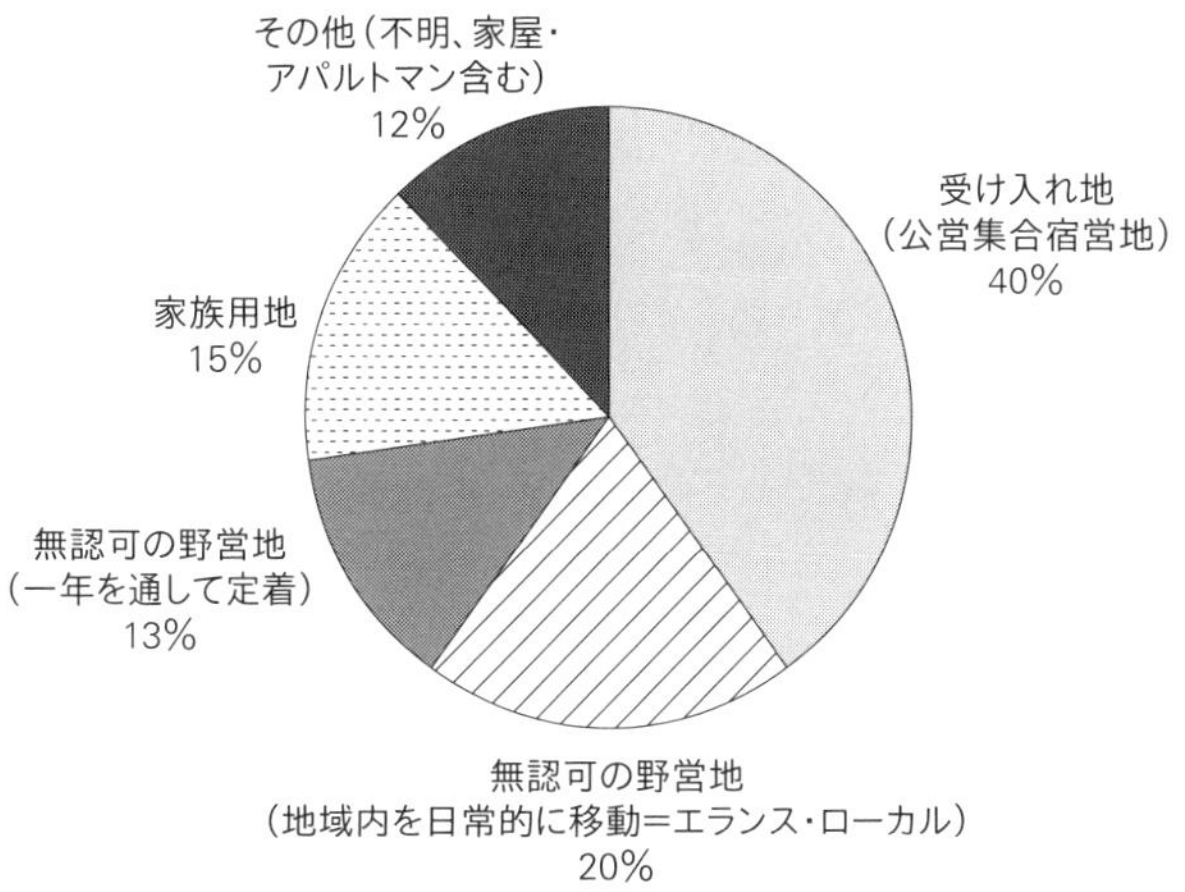

図3－1　ポー地域におけるマヌーシュのキャラヴァン居住の形態（2007年時点）

ポー地域内の空き地を転々としながらキャラヴァンの宿営を続けている。また別の家族は、宿営許可のない空き地や駐車場用地にキャラヴァンをとめて暮らしている。彼らはエランス・ローカルの家族のようには頻繁に移動せず、一年の大半をこの無認可の野営地で過ごし、その生活が一〇年以上も続いている場合もある。

これらの家族以外に、「家族用地 terrain familial」と呼ばれる土地にキャラヴァンをとめて暮らす家族がいる。家族用地は、「私的な用途に向けられた私有もしくは公有の土地」、「移動生活者が賃貸もしくは所有して住む場所」と定義される［Robert 2007: 189］。マヌーシュ家族が独自の資金で土地を購入したケースもあれば、自治体からの財政支援を得て賃貸、購入されたケースもある。移動生活者支援団体関係者の話によると、ポー地域では、全体人口からみると一割から二割程度の約二〇〇人のマヌーシュ家族が家族用地に暮らす。

家族用地の構成

家族用地に居住する成員は一年を通じて変動し、親族が一時的に立ち寄ることもあるが、基本的な居住単位は拡大家族集団である。家族用地には多くの場合、二台から五台のキャラヴァンをとめることができる区画に加え、家屋や小屋などの建造物が設置されている（図3－2参照）。調査地の家族用地のなかには建造物がなくキャラヴァン設置区画だけで

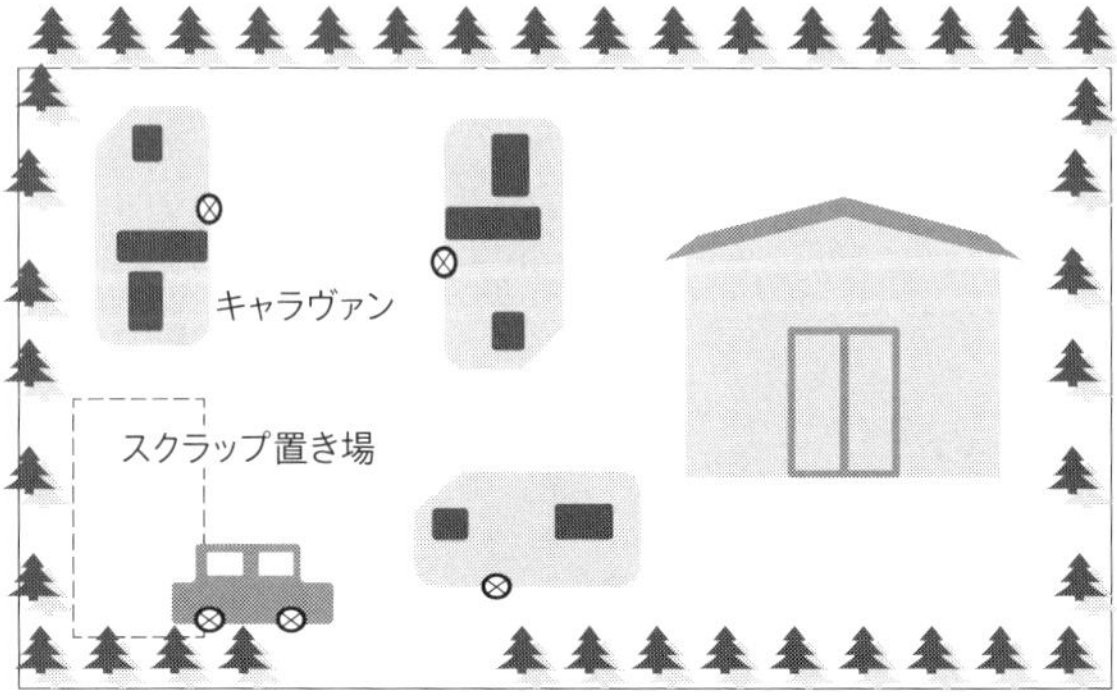

図３−２　家族用地の構造

構成されているものもあるが、このような家族用地に住む家族に話を聞くと、彼らもまた可能ならば家屋か小屋を建設したいと望んでいることが多く、固定式住居とキャラヴァンの混合型が家族用地の構造として主流となりつつある。

しかし、家族用地に暮らすマヌーシュにとっての主要な住居は、あくまでキャラヴァンであり、家屋や小屋はそれを補完するものである。家屋や小屋は、廃棄された材木を集めて建てられた粗末なものから、材料や装飾にまでお金をかけた豪奢なものまで、家族の経済状況や土地の面積に伴い変化する。一つの家族用地に、平屋建ての家屋が一棟、もしくは小規模な小屋が数棟建てられていることもある。だが、家族用地におけるこうした各種建造物の使用法はほとんど同じで、それはまた、集合宿営地においてマヌーシュ家族が小屋や手作りのバラックを利用する方法とも共通している。

詳しい考察は第Ⅱ部でおこなうが、ここでマヌーシュの居住空間について説明しておく。集合宿営地か家族用地かにかかわらず、総じてマヌーシュの居住空間は、キャラヴァン内部とキャラヴァン外部に二分されるという特徴をもつ。キャラヴァンの内部空間は、夫婦と未婚の子を中心とする小規模な家族（個別家族）単位で占有され、未婚の子は思春期を迎えると、息子は父親と、娘は母親とそれぞれに別々のキャラヴァンを専有することになる。キャラヴァンは、睡眠や休息、着替えや身体の手入れといったもっとも親密性の高い身体的活動がおこなわれる場であるがゆえに、年齢や性別に応じてそれぞれに使用者が限定される。これに対して、キャラヴァン外部の空間は、キャラヴァン脇に設けられたテーブルとテントからなる半戸外の空間、小屋や家屋、そして野外の空間からなるが、基本的に家族や家族以外の人間、見ず知らずの訪問者にも開放される空間である。それらは主に調理や食事、家族や仲間との憩いや他者との応接の場として用いられる。

　私が訪れた家族用地には、二部屋以上の広さをもつ家屋もあったが、それでも家屋のなかに寝室を設けている住民は誰一人としていなかった。家族用地の住民は、それぞれの世帯や性別ごとにキャラヴァンを専有し、そこで眠るのであり、キャラヴァンは依然として独自の役割をもっていた。家族用地を購入したが、家族のキャラヴァンをとめるためのスペースが狭いという理由で、土地を売却した家族もいる。反対に、キャラヴァンの設置区画があるだけの家族用地に住む家族もいて、この家族の一人は、「小さくて家もないけれど、ここは自分たちだけの土地。満足だ」と述べる。すなわち、今日家族用地に家屋や小屋が建設されることが主流となっていても、家族用地は何よりもまずキャラヴァンをとめるために必要とされているのだ。

　こうした家族用地における空間利用の特徴から、マヌーシュの定住化が、キャラヴァンでの移動生活から家屋居住や定住生活への単純な移行を意味するのではないことが示唆される。マヌーシュは、キャラヴァンと共に定着するために家族用地に住むのである。

家族用地の取得をめぐる困難

マヌーシュが家族用地に住むということは、定住民社会で一般的な家屋や集合住宅での居住、すなわちキャラヴァンを放棄した「完全な定住化」とは異なる、マヌーシュ独自の居住形態をとることを意味する。そしてそれがゆえに、マヌーシュは家族用地への居住をめぐってさまざまな制限や困難に直面する。

　家族用地の取得には、キャラヴァンを「住宅 logement」として承認しない都市計画法による法的制限に加え[1]、キャラヴァン居住者に対する社会的な排除といった困難がつきまとう。まず、土地を見つけることが難しい。定住民の一般住宅が隣接しているような地区では、キャラヴァンの存在は近隣住民との衝突の原因ともなるので、売主が苦情や地価の低下を危惧してマヌーシュに土地を売るのをためらうことがある。また、購入手続きの過程でもマヌーシュは苦労する。たとえ家族が定期的な収入をもち土地を賃貸、購入する経済力があったとしても、一般的な契約手続きでは現住所や正規申告された収入を正式な手順にのっとって証明する必要があり、そのような証明のできないマヌーシュに対して契約が拒否されることがある。さらに、この十数年間高騰し続けている土地価格も、家族用地の取得を制限する理由となっている。一九九〇年代ごろまで、調査地のマヌーシュはまだ値段の安かった耕作地帯や工業地帯に十分な広さの用地を購入することができた。しかし、今日、彼らが拡大家族集団の規模にかなう土地を購入することは難しいため、家族集団の一部が公営の集合宿営地や空き地に分散して暮らすようになっている。

このように家族用地の取得には、さまざまな困難が伴う。しかしそれにもかかわらず、マヌーシュの家族用地を望む声は頻繁に私の耳に届いてきた。マヌーシュたちに「住むのに理想的な場所はどこか」と問うと、ほとんどの人が、アパルトマンや一般の家屋ではなく、キャラヴァンをとめて住むことのできる「私たちだけの土地がほしい」、「理想は、家族用地だ」と答えるのである。

1-2 キャラヴァンと旅にまつわる語り

家族用地を望むマヌーシュの言葉からは、定住化の時代においてもなお、彼らがキャラヴァンに住み続けようとしていることがわかる。しかし、なぜマヌーシュはキャラヴァンを必要とするのだろうか。

この問いに対する答えとして調査地のマヌーシュは、主に次の二点を私に語ってくれた。第一に、キャラヴァンは「眠るために必要」だというものである。第II部で検討することになるが、キャラヴァンはマヌーシュが自らの身体や他者との関係を紡ぎながら居住空間を構築するために必要不可欠なものである。実際に、調査地のマヌーシュの家族用地におけるキャラヴァンの使用法は、キャラヴァンが家屋によって代替されないことを明確に示している。そして第二に、キャラヴァンは「旅をするために必要」だというものである。本章を含む第I部は、この第二の点で示されているキャラヴァンと旅との関係に焦点をあてている。そこで以下では、具体的事例を検討する次節に進む前に、旅の道具としてのキャラヴァンの重要性を指摘するマヌーシュの語りをみていきたい。

事例3-1　家族用地に暮らすマヌーシュのキャラヴァンをめぐる語り

六〇代のマヌーシュ男性であるジョニは、家族用地に家屋を建て、その周囲に家族のキャラヴァンを並べて暮らしている。ジョニの子夫婦は、春から秋にかけて、巡礼や農作業を目的としてフランス南部一帯やパリやシャンパーニュ地方をまわる移動生活をおこなっている。そのため、子夫婦は冬季のあいだしか家族用地に常駐しないが、ジョニ夫妻は体力的に長期かつ広範囲の移動生活が厳しくなってきたこともあり、この数年は家族用地で一年を過ごしているということであった。ジョニは同居する幼い孫たちの面倒をみたりしながら、時折、骨董品収集をおこなって現金を稼ぐ。

ジョニが所有する五〇平米ほどある平屋建て家屋のなかには、仕切りは一つもなく、小さなキッチンと冷蔵庫などの電化製品、テーブルと二脚の椅子があるだけだ。広々としているが、「がらんどう」という印象も受ける。家屋を中心に構成される定住民の生活において、さまざまな家具や日用品が家屋内部に時に所狭しに置かれるのとは対照的である。唯一の装飾品は、壁にかけられた、籠つくりをするマヌーシュとルーロットで旅するマヌーシュの二枚の写真である。「本当のマヌーシュとはこういうことをいうんだ。自然のなかで寝て、(今の自分のように)こんなふうに家にいたりなんかしない」。ジョニは写真を指差しながらこう私に述べ、彼が家屋をもちながらも「キャラヴァンを保持し続ける理由」を次のように語る。

それぞれの家族がそれぞれのキャラヴァンをもっている。私たちはいつだってキャラヴァンをもっている。それはなぜかというと、私たちはいつも旅へと出発することを考えているから。だからキャラヴァンを保持し続ける。そうでなければ、私だってすでにキャラヴァンを売り払っていただろう。ここには家もあるのだから。私たちにはいつでも「旅へと出発する考え」がある。それは一種の感覚で生き方だ。私たちには常にその思いがある。どこかに行くこと、それが一四日間でも一カ月でも、ほんの少し旅するためであっても。（ルーロットの宿営風景を写した写真を指差して）こんなふうにキャラヴァンで旅をするということが、本当のヴァカンスだ。自然のなかで、道のほとりでキャラヴァンをとめ、食事をして寝るのだ（二〇〇六年八月二一日聞き取り）。

このようにジョニは、かつての宿営風景を写しだした写真を前に、定着性の高い現在の生活との違いに触れながらも、それでも旅をするために彼らはキャラヴァンに住むのだと語った。他のマヌーシュたちも、「なぜマヌーシュはキャラヴァンに住むのか」と問う私に対し、キャラヴァンに住むことの意味を「旅の生活」と「マヌーシュであること」と結びつけて次のように述べた。「ガジェが家に住むように、マヌーシュはキャラヴァンに住む。昔からそう決まっていた」、「ずっと昔から私たちは旅をしてきた、だからそうなの」、「メンタリティがそうさせる（旅へと向かわせる）のよ」。

マヌーシュとしての感覚や生き方として、いつも「旅へと出発する考え」をもっていると語ったジョニや、「マヌーシュはキャラヴァンに住み、旅をする」といった他の人々の言葉は、定住化が進行する現在の生活状況ではノスタルジックな響きをもつかもしれない。だが、キャラヴァンの旅の道具としての側面を追究すると、それらの語りが現代のマヌーシュの日常生活における行為や経験とは一致しない、過去や伝統をめぐる愛着を表すものではないことが明らかになる。ジョニが言うように、キャラヴァンを現実に動かすことがなくとも、少なくともそれを保持することによって、マヌーシュはいつでも旅の可能性をもち続けることができる。そして実際に、長期間の定着生活ののちに移動生活が再開されることが、それほど珍しいことではないのだ。

調査地で私は、数週間くらいの短期間の旅や親族訪問を除いて、長年移動生活をおこなっていなかったマヌーシュ家族が、ある年に葡萄摘みなどの経済活動のために移動生活を再開するというケースにしばしば遭遇した。幼い子どもがいるために移動生活をしばらく制限していた家族が、子の成長とともに広範囲の移動を伴う経済活動に再び従事する例、また、親の病や離別により一〇年近く移動生活を送っていなかったマヌーシュの若者が、結婚と同時に配偶者の家族や仲間と共に移動生活を再開するといった例がある。つまり、長年にわたり旅の生活を停止していても、その要因となる事情に変化があれば、旅は再開されるのである。そもそもマヌーシュは、毎年一定のパターンで移動生活を営むものの、家族集団の成員の病気や事故といった突発的な出来事によって旅の行程は容易に崩れもする。マヌーシュの移動生活は、共に移動する家族に関する事情のほか、先の章で述べたように、定着地での居住条件や経済活動の機会など、さまざまな条件が複合的に重なりあって実現可能となる。

だが、もっとも基本的な条件として、キャラヴァンを保持することが、一年のうちのほんの少しの期間でも旅をすること、そしてさらなる移動生活の可能性を保持することに結びつく。長年、動かないキャラヴァンに住み続けたために、「定住した」ないしは「定住化の過渡にある」とみなされる家族もまた、再び活発に移動生活を展開する可能性をもつのである。つまり、マヌーシュたちの旅やキャラヴァンをめぐる語りは、伝統的な生活へのノスタルジーに終始するものではなく、定住化の時代における生活再編へと向けた進行中の日々の営みのなかで語られている。

2　生活空間の拠点としての家族用地——移動と定着の生活相

家族用地は、恒久的かつ排他的に住まわれ、建造物が建築されるがゆえにきわめて定着性の高い生活を可能にする。したがって、家族用地に住むマヌーシュは、一般的に「定住した移動生活者 gens du voyage sédentarisés」として分類される。しかし、本節で紹介する事例からは逆のことがみてとれる。マヌーシュは、家族用地という「定着のための土地」にキャラヴァンをとめて暮らすことで、生活の経済的、社会的側面に深く結びついた固有の移動性を保持しているのである。

2-1　移動の自由の保障と経済活動の関わり

まず注目したいのは、家族用地に暮らすマヌーシュ家族がおこなう移動式の経済活動の状況である。以下、家族用地に暮らす二家族の事例を主にそれぞれの家族の移動生活と経済活動に着目しながら紹介するが、ここでは、家族用地に暮らすマヌーシュ家族が、受け入れ地や野営地に住む家族よりも活発に長期間の移動生活をおこない、移動と結びついたさまざまな経済活動に従事している様子が浮き彫りになる。

事例3-2　DS家

ポー地域西部の工業地帯の只中に、DS家の家族集団が所有する家族用地がある。近隣には、自動車修理工場や商品在庫置き場、公共のごみ処理場などがあるが、この地域は工業地帯であるため一般のフランス人が住む住宅はほとんどない。DS家の家長である六〇歳のマヌーシュの父親は、一九九〇年代初頭にこの土地を購入した。その当時はまだ現在ほど土地の値段は高くなかったため、「運よく二〇〇〇平米もの土地を購入することができた」と言う。「どうしてこの土地を買って、ここに住もうと決めたのでしょうか」という私の問いに対し、彼は次のように答える。「そう決めたというわけではない。子どもを学校に行かせなければいけないことになったから、そうせざるをえなかった。それに一〇人の子どもを抱えて住めるような指定地がなかった。ここだとみんな一緒に住める。祝日や結婚式、記念日、いつでもここでみんなが集まることができる。宿営地では、キャラヴァンがぎっしりと詰められて、時に衝突が起こる。だからこんなふうに家族用地があるのは良いことだ。……中略……ここにはいろんな可能性がある。仕事だってできる。警察に追いだされることもない。それに静かだ」（二〇〇六年八月二一日聞き取り）。

DS家の家族用地には、彼の妻と一〇人の既婚の子とその家族が住んでいた。しかし、この広大な敷地面積をもつ家族用地が拡大家族集団の成員のキャラヴァンで過密状態になるのは、冬季のあいだだけだ。私が二〇〇六年八月に家族用地を最初に訪問した際には、病のためにキャラヴァンのなかで一日中寝こんでいた母親の面倒をみるために、そして二〇〇七年から二〇〇九年のあいだに定期的に訪れた際は、今度は持病が悪化していた父親のために、子夫婦の二、三世帯が家族用地に常駐していた。しかし、他の娘息子夫婦は複数の経済活動を兼業し、一年の大半を移動して暮らしていた。農作物の収穫業に出発する三月から四月が、移動生活の始まりの時期である。夏季にはフランス各地で開催されるペンテコステ派の信仰集会に参加しながら、一般家庭の住宅を訪れて庭の手入れや家屋外壁の苔落としや塗装などの仕事をする。秋にはシャンパーニュ地方で葡萄収穫をおこなう。そして冬季には、家族集団の成員みなが家族用地に戻り、男性たちはスクラップ回収業で現金を稼ぐ。

事例3-3　LG家

LG家の家族用地はそこに建てられている華麗な家屋をはじめ、門構えや植栽などの外観からもひときわ目を引くものである。家族用地の門をぬけると両脇に家族のキャラヴァンが八台並び、その奥には平屋が一軒建っている。南仏のヴィラのようにオレンジ色の瓦に覆われていて、玄関前に設置された半戸外のベランダで食事をとることができるようになっている。家族用地に居住しているのは、主にLG夫妻と成人した子どもたちの家族、そして夫妻それぞれの兄弟姉妹とその家族である。家族用地の所有者であるLG夫妻は、兄弟姉妹の家族や子どもたちと露店を営み、近隣の市町村や南仏一帯に広がる定期市で衣類や雑貨などを売っている。商品の買い取りや販売をおこなうために一年中頻繁に移動するが、家族用地では、一つの移動から次の移動までのあいだを親族と共に過ごすのだという（二〇〇六年八月七日聞き取り）。

家族用地が保障する移動の自由

ここに挙げた二つの家族用地の事例では、マヌーシュ家族が一年を通して長期的かつ活発に移動生活と経済活動をおこなう様子がみてとれる。家族用地は、彼らが移動生活を展開し、経済的な安定を得るうえで重要な役割を果たしているのだ。

家族用地と移動式の経済活動との相関関係は、集合宿営地「受け入れ地」に暮らすマヌーシュ家族の状況と比較するとより明白なものとなる。第2章で述べたように、現代では、従来のマヌーシュの手仕事や小規模なサービス業の活動領域は狭まっている。これは家族用地に暮らすマヌーシュ家族の場合にも共通しており、実際に、彼らの生計においても、集合宿営地に暮らすマヌーシュと同様に国の社会保護制度の重要性は増している。しかしながらこのような状況においても、家族用地に住むマヌーシュ家族は、集合宿営地に暮らす家族よりも主体的かつ積極的に移動生活を展開している。

先の章での検討を踏まえて、この理由について次のように考えることができる。マヌーシュの移動生活を制限する集合宿営地（指定地）とは対照的に、家族用地は「移動生活へと出発することの自由」を保障しているからだ、と。すなわち、家族用地は、占有権を認められた土地であるために「いつでも自由に戻ってくることのできる」、そしてそれがゆえに「いつでも自由に出発することができる」という移動の自由をマヌーシュに与え、彼らの経済活動の積極的な行使を導くのである。

このことから、家族用地は「移動性 mobilité」に対置される状態としての「定住性 sédentarité」ではなく、移動の生活様式と連鎖し複合するような「定着 fixation」のための場として、マヌーシュに必要とされているのだということができる。これまでのフランスのジプシー研究においても、移動生活における「停泊 ancrage」や「定着」の場の重要性は繰り返し着目されてきたが［Humeau 1995; Robert 2007］、それはジプシーによって伝統的に営まれてきたノマディズムが、絶え間ない移動を意味していたのではなく、季節ごと年ごとに変化する複数の定着地との結びつきを必要不可欠な条件とし、移動と定着の連続性によって構成されていたからである。こうした点からも、自由に出発し戻ってくることを可能にする家族用地は、「定住」ではなく「定着」のための土地として、現代におけるノマディズムを再編するための一つの重要な生活拠点となっていることがわかる。

一見すると逆説的だが、定住民社会の所有制度にのっとって私的に利用できる土地を確保することで、マヌーシュは定住民社会の空間管理システムに縛られない、自らの主体的な判断に基づく移動生活を展開し、独自の方法で生活空間をつくりだすことができる。移動と定着の連続性の総体である「生活の多角形」が縮小する現在、移動の合間にとどまるための一時的な宿営の場ではなく、そこから出発し、そこへと戻ってくることのできる安定的な定着の場が移動生活の必須条件となる。つまり、マヌーシュ家族にとってキャラヴァンをとめるための家族用地を保持することは、現代の定住民社会の制度のなかにありながら、実現可能なノマディズムを展開するための方法なのである。

ここではさらに、家族用地に暮らすマヌーシュ家族の移動生活と経済活動が相互に活性化しあう状況も指摘できる。フランス社会全体において厳しい経済状況にある今日、マヌーシュの経済活動の見通しも楽観視できない。しかし、移動生活をおこなうことにより経済活動の可能性は広がり、経済活動によりその後の旅の資金が得られることになれば、長期的かつ広範囲の移動生活が可能となる。そして、マヌーシュ家族の生活はより安定したものとなっていくと考えることができる。このような移動生活と経済活動の連鎖のなかで重要なものとしてあらわれるのが、家族用地という「定着のための土地」なのである。

2-2　家族用地と社会生活の関わり

家族用地が移動生活との関わりにおいて果たす役割は、経済活動との関連だけでは説明できない。序章で述べたように、ジプシーの移動生活はそもそも多様な社会文化的機能をもっており、ジプシーは、経済活動のみならず、宗教活動や離散する親族との交流を目的として移動生活をおこなっていた。そこで次に、家族用地に住みながら移動生活をおこなうマヌーシュの実践が、彼ら固有の個と共同性の関係を成立させる社会生活の維持と結びついていることを示したい。

集合宿営地や野営地に暮らすマヌーシュ家族は、「家族用地がほしい」と口々に語る。私がその理由を聞くと、まずそれが「私たちのところ *paś mange*」、「自分たちだけのところ un chez soi」だからだという答えが返ってくる。集合宿営地に暮らすマヌーシュは、「家族用地みたいな自分たちだけの土地があればいい。だってここだと目の前に他の家族が住んでいるし、面倒なこともある」と言う。第1章で述べたように、マヌーシュの暮らしは、定住化により、自らの慣れ親しんだ家族と旅を続ける生活から、親族関係を問わない雑多な大集団で一定の土地を共有しなければならない生活へと大きく変化した。複雑な人間関係と困難な生活環境のなかにある集合宿営地での集住状況を考えると、このように「自分たちだけの土地」である家族用地をマヌーシュたちが希求する理由が理解できる。家族用地は、集住によるストレスや人間関係の緊張を回避し、個別の家族集団単位での自律的な生活を可能にするのである。

けれどもここでは、次のような疑問も生じるだろう。家族用地で小規模な家族集団単位で営まれる個別性の高い生活は、マヌーシュの社会関係を夫婦と子どもを中心とした家族関係へと縮小し、ドレが述べたように、マヌーシュや移動生活者の共同体からの分離を導くのだろうか。この問いについて考察するために、次に紹介する事例では、社会生活との関わりに着目し、あるマヌーシュ家族の家族用地での暮らしをみていく。「私たちは自分たちのところにいるんだもの、満足している」と語るマヌーシュの母親であるが、一家は家族用地に住むことでどのような生活を送っているのだろうか。

事例3-4　ADL夫妻の移動生活と社会生活

共に六〇代後半のADL夫妻は、二〇〇七年夏にそれまで約一〇年間住んでいたNB集合宿営地を出て、家族用地に居を構えた。ADL夫妻は、それ以前もSC集合宿営地に長年居住し、そこで子をなし孫も得た。三〇代から四〇代になる五人の娘と一人息子のうち、二人の娘はバイヨンヌで夫の親族と暮らし、残りの娘たちと息子はポー地域の集合宿営地や野営地に暮らしていた。

普段、この家族用地には、ADL夫妻以外に、シングルマザーである三〇代後半の娘とその三人の子どもたち、NB集合宿営地に暮らすもう一人の娘の息子が共住する。夫妻は、草木が伸びて荒れ放題であった土地を自ら整地し、必要とればすぐに返却するという条件で、夫の知人である定住民男性が所有する土地を無料で借りている。この家族用地はポー市の最周縁にあり、目前には高速道路と国道が走るだけで、近隣に一般の住宅はない。しかし、夫妻は落ちついて静かに暮らすことのできる家族用地を気に入っているという。「集合宿営地よりもずっとここの生活のほうが静かで住みやすい」、「ここはなんといっても、私たちのものなのだから」と妻は話す。ADL夫妻の家族用地から十数メートル離れた総合娯楽施設の駐車場は、エランス・ローカルのマヌーシュたちが時折やって来て宿営をする場所である。夫妻の娘家族や親族のなかにも同様の生活を送る人々はいるが、この聞き取り調査がおこなわれた際に彼らの隣に滞在していた集団は、「家族でも知りあいでもない」ので「一度だって会いに行ったことはない。私たちすべてのマヌーシュがひっつきあっているわけではないのよ」と妻は述べる(二〇〇九年二月一五日聞き取り)。

このようにADL夫妻は、「私たちのところ」での穏やかな暮らしを満喫しているようである。家族用地にいれば、多数の家族集団が日常的に綿密な接触をもって暮らす集合宿営地とは違い、一緒に住む家族や自分を訪ねてくれる人などのごく少数の人々以外とはほとんど会うことがなくなる。しかし、ADL夫妻の日々の行動をみてみると、彼らは、同居の娘家族と家族用地で孤立して暮らしているとはいえない。

家族用地に居を移してもなお、ADL夫妻は、集合宿営地や地域の空き地に暮らす親族や仲間のもとに足しげく通い、娘たちと買い物に出かけたり孫の面倒をみたり、立ち寄った先にいる人々と雑談を交わしながら日々の情報を交換しあったりする。夫妻の一日は、家族用地と地域の他のマヌーシュ家族の居住地とのあいだを行き来して費やされているのだ。

そして夏季には、彼らは移動生活に出かけ、巡礼地ルルドではポー地域に暮らす親族と合流し、共にキャラヴァンを並べて二週間ほど過ごす。さらにルルドからは、南仏に暮らす親族のもとへと向かう。また、ADL夫妻と家族用地に住むシングルマザーの娘とその子たちも、夏季はもちろん、冬のあいだでも晴天が続いたり子どもたちの学校が休暇に入っていたりすると、エランス・ローカルをおこなう姉妹やイトコ家族のもとに合流し、キャラヴァンを並べて共に暮らす。

移動生活と社会生活の関係

調査地で私は、マヌーシュ家族の多くが、安心して暮らすことのできる家族用地を理想的な居住の場として語るのを耳にする一方で、ADL家のように、家族用地という「自分たちだけの場所」を保有しながら、キャラヴァンでのエランス（流浪）生活へと一時的に参入するマヌーシュ家族に思いのほか多く出会った。彼らは、「最近あたたかくなったから」とか「気分転換のため」という理由で、家族用地を離れ、地域内の野営地へと出かけていくのである。経済活動や巡礼などの目的で他地域へ行く場合とは違って、彼らは自分たちの家族用地のほど近くで、警察に追いたてられながら移動と宿営をおこなう。なぜ、彼らは落ちついた生活を送ることのできる家族用地を離れ、エランスという心配の多い暮らしを選ぶのであろうか。これについて、次のことが指摘できる。

現代においてマヌーシュ家族がおこなう移動生活は、彼らの経済活動にとっての必要条件である一方で、経済的利益の追求だけを目的としているのではない。エランスという地域内の移動生活は、定着性の高い生活からの旅の生活への回帰を意味し、マヌーシュに恒常的な生活の場を離れ、旅をおこなうこと、それ自体から得られる楽しみや満足感を与える。また、旅は、定住化が進行するにつれ増してくる社会関係の緊張を緩和すると同時に、普段離れて暮らす親族や仲間との再会や新たな家族との出会いをもたらすという社会的機能ももつ。家族用地に住む家族がおこなっている移動生活には、先の事例3-2と3-3にみたマヌーシュ家族のように長期かつ広範囲のものもあれば、地域内を中心とするものもある。だが、期間や距離にかかわらず、これらマヌーシュ家族の移動は、彼らの求める社会関係の維持と深く結びついている。彼らは、居心地の良い家族用地に閉じこもることなく頻繁に移動することで、かつての隣人や地域内外に居住する親族、さらには普段接触することのない他のマヌーシュや移動生活者家族との交流の機会をもつのである。

こうした家族用地に暮らすマヌーシュの居住実践を理解するうえで、モースが極北の狩猟採集民エスキモーを事例に論じた社会形態論［モース 1981(1904-05)］が参考になる。エスキモー社会では、夏のあいだテントで散在して暮らす移動集団の各世帯が、冬になると定着地で相互に近接して建てられた家屋に大集団で共住する。この生活形態についてモースは、「冬の集団生活の長期にわたる大騒ぎのあとでは、エスキモーはより個別的な生活を必要とするし、多くの祭りと宗教的儀式で過ごした長い間の共同生活のあとでは、世俗的な生活を必要とするに違いない」［*ibid*.: 120］と指摘し、二つの対照的な位相が相互に他方を活性化することで、エスキモーの人々の社会生活が維持されること、そして同様の仕組みがさまざまな人間社会にもみられると考えた。モースが描いたエスキモー社会では、個別家族単位による世俗的生活と共同体による宗教生活という二種の生活相が重ねあわされているのに対し、マヌーシュの場合、移動性と定着性にそれぞれ支えられた「共同体の社会生活」と「個別家族の自律的生活」という二つの相がコントラストをなす。つまりここでは、「共同体への積極的な参加を可能にする移動」と「個別家族が自律的な生活を営む定着」という、二つの生活相の接合を通して生活空間がかたちづくられ、人々の社会生活が維持されている状況が指摘できるのだ。

以上みてきたように、家族用地に住む家族は、「自分たちだけの場所」の心地良さを語るものの、彼らの家族用地での暮らしは、旅を制限するものでも他のマヌーシュ家族から切り離されたものでもない。彼らは家族用地という安定的な居住の場をもち、個別の家族集団単位で自律した生活を営みながらも、キャラヴァンでの日常的、季節的な移動をいとわない。そうして他の家族と日々の接触を保ち行動を共にすることで、社会的な孤立からまぬがれている。一年に少しのあいだ、そして短い距離でも旅をすることで、マヌーシュは、普段は別々に暮らす親族や仲間、時には見ず知らずの人々を含む移動生活者共同体へと合流し、社会関係の維持と拡張の機会をもつことになる。すなわち、移動と定着という二つの生活相の接合を通して、マヌーシュが求める個別家族の自律性と共同性との相補的な関係が成立するのであり、家族用地を拠点として広がる生活空間が構築されるのである。

3 多様化する定着のかたち——アパルトマンと適合住宅

家族用地に暮らすマヌーシュの事例からは、キャラヴァンに住み、移動生活との結びつきを保ちながら定着するという居住の実践が浮かびあがってきた。本節では、このような移動と定着の相補的な接合が、家族用地以外の方法で「定着のための土地」を得ようとするマヌーシュの実践にもみられることを示していきたい。

3-1 アパルトマンとキャラヴァンを行き来する人々

ポー地域では、町中のアパルトマンなどの一般住宅に暮らす人々を、非ジプシーの定住民と区別して、移動生活者やマヌーシュとして同定することが難しい。定住の生活様式を選択し、多数派社会のなかに溶けこんで暮らす人々を差別化する必要性もないので、調査地の移動生活者支援団体はキャラヴァン居住者以外の移動生活者には関与していない。また、ピレネー=アトランティック県の「移動生活者の受け入れと居住に関する県計画」[Département des Pyrénées-Atlantiques 2003] でも、定住しているジプシー/移動生活者出自の人々を、地域の移動生活者人口統計数に加えていない。

このような背景から、調査地ではアパルトマンに住むマヌーシュの人口は不明だが、定住民からみてもマヌーシュ自身からみても、マヌーシュといえばキャラヴァンに住む人を指し、アパルトマンに住むマヌーシュは非常に少数である。マヌーシュたちのアパルトマン居住に対する意見も否定的なものが圧倒的に多い。マヌーシュは、アパルトマンを「ドアや壁だらけの」、「自由のない」ところで、それだと「みなと一緒にいることができない」と表現する。彼らにとってアパルトマンに住むということは、キャラヴァン居住とはまったく異なる環境に身をおくことを意味する。アパルトマンは、他者や野外環境へと開かれるような居住空間の広がりをもたないため、個人や家族の孤立が問題となるのである。

しかし同時に、私の調査では数は少ないものの、「アパルトマンに住んでみたい」と口にする未婚の娘や若い母親の意見も聞いた。たとえば、「アパルトマンだとすべての部屋がつながっていて、子どもを寝かせながら料理をしたりできるでしょう」と、集合宿営地に暮らす二〇代前半の母親は私に話した。彼女たちは、現在のキャラヴァン暮らしと比較して、アパルトマンの整った設備や静けさやあたたかさなどの快適さに魅力を感じているのである。また、失業者やひとり親であるマヌーシュ家族の場合、アパルトマンの家賃は住宅手当によりほぼ全額を免除されるので財政的な負担も大きくない。けれども、このような経済的手段の存在や女性たちの評価とは裏腹に、マヌーシュ家族が単独でアパルトマンへと引っ越す事例は少ない。

このように望む声も実際に実現する例も少ないアパルトマン居住であるが、以下では二人のマヌーシュの母親とその家族の事例を紹介したい。この二家族の事例で興味深いのは、アパルトマンでの居住が、キャラヴァン居住の放棄やマヌーシュ共同体からの離脱へと結びついていないことである。

二者択一的ではない二つの居住形式の並存

最初の事例で紹介するのは、マヌーシュの母親ジャーラ（二八歳）とその家族についてである。ジャーラは、同じくポー地域で生まれ育ったマヌーシュ男性と結婚し、調査当時は、二歳と六歳の娘のほかに、三人目の子どもをおなかに宿していた。

事例3-5　ジャーラ夫妻のアパルトマン居住

ジャーラ家族は、LC集合宿営地に暮らしていたが、二〇〇九年の年明けに、市街地のアパルトマンに引っ越した。「LCは住環境が良いところなのにどうして引っ越したの?」と私が問うと、「夫が仕事をするため」だと答える。職を得るためには、集合宿営地よりもアパルトマンに暮らすほうが良いと考えたと言う。夫妻の暮らすアパルトマンは、毎月四一〇ユーロの家賃がかかるが、住宅手当で全額がまかなわれるとも話していた。

しかし、その後二カ月ほどたって、私はLC集合宿営地でジャーラに会った。彼女たち一家は、ジャーラの母と姉家族が暮らす宿営区画の隣の区画にキャラヴァンをとめていたのだ。「またLCに戻ってくることになったの?」と私が問うと、ジャーラはそうでないと言う。「今はLCにいるけれど、これから娘(心臓に障害をもつ二女)を医者に見せるためにボルドーに行かなければならない。ボルドーのあとは、バイヨンヌ沿岸へヴァカンスに出かけるのよ。それで、九月になれば、また(ポーに)戻ってアパルトマンに住む」。そして、今後もアパルトマンに住み続けるつもりだという。

だがその一方で、ジャーラは、今すぐにキャラヴァンを手放すつもりはないとも話す。「私たちのアパルトマンは、(長女の通う)学校からも近くて、部屋も二つある。でもすごく汚い。……中略……そんなところに住むくらいだったら、こんなふうにきれいなキャラヴァンに住むほうがいい。子どものためにもね」。そして次のように語る。「私は家に住むよりも、キャラヴァンに住むほうがずっといいと思っている。(顔をしかめて)家は窮屈すぎる。冬のあいだ、キャラヴァンはとても寒いけれど、やっぱりこんなふうに過ごすほうがいい。キャラヴァン暮らしのほうが高くつくのだけれど。このキャラヴァンは一万九〇〇〇ユーロで買って、毎月三〇〇ユーロのローンを支払わなければいけない。それに加えて、保険代もかかるんだから」(二〇〇九年五月二九日聞き取り)。

アパルトマンへと戻っても、LC集合宿営地にあるジャーラの区画は、このまま彼女の親族が確保してくれるのだという。他の居住地と同様にLC集合宿営地でも、区画賃料は課せられないので、区画を保持するためには使用量に応じた電気代と水道代のみを支払えばよく、経済的な負担も大きくない。またこれにはLC集合宿営地に常駐する管理人の黙認も必要であったが、その点も問題はなかった。

このように、アパルトマンとキャラヴァンの宿営区画の両方を保持しながらジャーラ夫妻は暮らす。ジャーラ家族がアパルトマンで過ごしているあいだ、キャラヴァンは集合宿営地にとめおかれることになるが、彼らが旅をしたいとき、また集合宿営地にいる親族と共に過ごしたいときに、いつでも使用できるようになっている。固定式住居とキャラヴァンを併用した居住形態は、家族用地に暮らすマヌーシュのあいだでもみられたことであり、彼らは、キャラヴァンでの移動生活と家屋への定着との二つの季節からなる生活空間をつくりあげていた。ジャーラ家族の場合も、これほど明確な季節ごとの区切りはないものの、キャラヴァンとアパルトマン居住の二つの居住形態を並存させているのだ。

次に紹介するのも、アパルトマン居住の事例であるが、このシングルマザーの家族は、実にさまざまな住まいの場を重ねあわせながら暮らしていた。

事例3-6　ティネットのアパルトマン居住

ティネットは三〇代後半の女性で、私との出会いは、二〇〇六年夏の事前調査に遡る。当時、ティネットは、彼女の両親や姉妹が住むNB集合宿営地で毎日を過ごしていた。両親が所有する手作りの小屋の周りには、両親とシングルマザーの妹とその幼い息子たち、そして八六歳になる母方の祖母が各自のキャラヴァンをとめていた。しかし、ティネット自身は、四年ほど前にこの集合宿営地を出て、ポー市内に借りたアパルトマンで娘二人と息子一人と暮らしていた。古い二階建ての小さなアパルトマンで、夫の知人の紹介で契約に至ったという。しかし、その夫は、彼女たちとアパルトマンに移り住んでしばらくして出て行ってしまい、今ではたまに子どもの顔を見に来るだけでほとんど交流はない。なぜアパルトマンに移り住もうと思ったのか、そして、夫の出奔後も母子だけでアパルトマンに住み続けるのか、と私が問うと、ティネットは、アパルトマンのほうが集合宿営地よりも静かで、子どもの就学にも良いと考えたからだと言う。「子どもは学校が好きだし、読み書きだってできるのよ。私は小さいころに学校に行ったことがないからできないけれど」とも述べる。

このように子どもの就学や生活環境を重視し、母子だけでアパルトマンに暮らすティネットだが、彼女の生活の場は依然としてNB集合宿営地にあり、私はほぼ毎日ここで彼女と顔をあわせた。高齢の祖母の介護、妹のまだ幼い子どもの世話や、車の運転ができない妹やその子どもの病院やソシアルワーカーのもとへの送迎、そして母親の掃除や食事の準備の手伝いなど、ティネットの仕事は山ほどあった。ティネットは朝、自分の子どもたちを学校へ送りだすと、集合宿営地に住む家族のもとに来て、そこで一日の大半を過ごし、夕方には子どもを学校へ迎えに行き、通常はそのまま両親たちと夕飯を集合宿営地でとり、その後にアパルトマンに戻る。アパルトマンで一日を過ごすのは冬の寒い日くらいだ。「ここ（集合宿営地）は家族がいるから好きよ、けれどもアパルトマンだっていいものよ」と彼女が言うように、マヌーシュがアパルトマンに入居する際に抱えがちな近隣住民とのトラブルもなく、生活は安定しているようであった。しかし、彼女はアパルトマン暮らしを一時的なものだと考えており、次のようにも話していた。「家を買う気はないわ。子どもが結婚して家を出て行ったら、私は母のところに戻って一緒に住むから。……中略……妹はキャラヴァンで住むことを好んでいるし、母もNBが気に入っているのよ」（二〇〇六年八月九日聞き取り）。

まず注目したいのは、ティネットの日常生活が、夜になると子どもたちと眠りにつくアパルトマンのみで構成されているのではなく、家族との団欒や家事の場である両親のキャラヴァン区画と共に成り立っているという点である。ティネットにとって、居住地住民の喧騒や不必要な介入を逃れることができるアパルトマンは、夜になってマヌーシュが身体を休めるキャラヴァンのような個別化された空間である。そして、マヌーシュがキャラヴァンのなかに閉じこもることなく、野外で日常生活の全般をとりおこなうことや、家族や他者との交流を好むように、ティネットもまたアパルトマンと集合宿営地のキャラヴァン区画のあいだを行き来しながら、二種の生活領域からなる一つの生活空間を構築しているのだ。しかし、ティネットの話にはまだ続きがある。

二〇〇七年夏に私が本調査のためにNB集合宿営地に戻ったとき、前年までティネットの両親たちが住んでいた区画は、ティネットの叔母夫婦とその娘たちによって利用されており、彼女の家族の姿は一人も見えなかった。ティネットの両親が家族用地を手に入れたので、そこにみなが移り住んだのだという。ティネットもまたアパルトマンを退去し、新たに購入したキャラヴァンで家族用地に住む家族のもとに合流していた。しかしその後も、私はティネットと調査地のさまざまな場所で会うことができた。ティネットは、両親が暮らす家族用地にキャラヴァンをとめていることもあれば、二〇〇八年の夏には、NB集合宿営地に再び移り住んでいた。移動生活に出かけるため区画を空ける親族に代わって、一時的に自分のキャラヴァンをとめて暮らしていたのだ。その他にも、ティネットは子どもたちを連れて、NB集合宿営地のすぐ脇の空き地で宿営するエランス・ローカルの親族のもとに合流していることもあった。とりたてて特別な理由があるわけではない。「子どもの学校も休みだし、気分を変えるためにね」と彼女は話す。

このように軽やかに居住の場を変えていくティネットの事例を、再びジャーラの事例とあわせて考察すると、次のことが指摘できる。まず、彼女たちは、アパルトマンという固定式住居での居住を、キャラヴァン居住というもう一つの居住形態と並存させている。アパルトマン居住に、夫の就労や子どもの就学へのアクセス、そして生活の利便性の高さを認めながらも、馴染みのあるキャラヴァンでの暮らしがもたらす快適さや自由にも魅力を感じている。彼女たちにとって、移動性と定着性という特徴をもつこの二つの居住形態は並存可能なもので、それらが一つの生活空間をかたちづくっているのである。

さらにここでは、アパルトマンに住むことが引き返し不可能な選択なのではなく、家族の生活の変化に応じて一時的に選びとられたり手放されたりするものとなっていることも指摘できる。調査地には、ティネットやジャーラの家族以外にも、非ジプシーとの結婚を契機にアパルトマンに移り住んだマヌーシュが、その後、キャラヴァンを再び購入し、集合宿営地に戻ってくるという例が複数ある。先に、調査地においてキャラヴァンを放棄し、集合住宅や家屋に暮らすマヌーシュは、マヌーシュとして同定されにくいと述べた。しかし実際には、彼らの多くが、完全に定住民社会へと同化していくのではなく、アパルトマンに住みながらも集合宿営地に暮らす家族や地域のマヌーシュ共同体と密接な社会関係を維持し、望めばすぐにキャラヴァン居住の生活へと戻るという選択肢を残しているのだ。

3-2　キャラヴァン居住に「適した住宅」

以上のように、定着のための土地をさまざまな方法で確保しながらキャラヴァン居住を営む人々の事例を通して、マヌーシュが移動と定着の二つの生活相を接合した生活空間を構築していることが明らかになった。しかし、このような「定着のなかの移動性」とも呼べるような人々の生活様式は、これまでのフランスの移動生活者政策で見落とされてきた。第2章で説明したように、第一ならびに第二ベッソン法が制定されてからも、フランスにおける集合宿営地の状況は改善していない。ポー地域だけではなくフランス全土で必要数の絶対的な不足や居住環境の悪さが問題となっているのであり、家族用地を望む同様の声が、フランス各地の調査報告で明らかにされている［e. g. Lacroix 1996; Robert 2007］。これまで繰り返し述べてきたように、定住化を進める移動生活者が生活の安定のために求めているのは、もはやキャラヴァンの宿営の場ではなく、居住の場なのである。しかし、彼らが求める居住の場は、単なる「定住」の場ではなく、移動生活と並存可能な「定着」のための場でもある。キャラヴァンに住みながら定着する移動生活者にとって安定的な居住の場を得ることは、その一つの場所に閉じられない広がりをもつ、移動と定着の接合からなる生活空間の再編へと結びついているのだ。

このように、今日、多数派である定住民とは異なった住み方をおこないつつも地域社会に根づいて暮らす人々の居住の場を、いかにその社会文化的なニーズに適合したかたちで実現し、主流社会へと「組みこむ inserer」のかという問題が浮上している。こうした点から、近年、フランスの移動生活者政策のなかで議論され始めた「適合住宅」(第2章参照)は注目に値する。適合住宅とは、住宅困窮者を対象とした公営住宅「社会住宅」の一種である。[2] ただし、移動生活者のための適合住宅の場合、キャラヴァン設置区画と家屋などの固定式住居からなる混合式の居住設備を特徴とする(つまり、家族用地と似た構造をもつ)。これまでの受け入れ地政策が宿営区画を提供することを目的としていたのに対し、適合住宅政策は、経済的、社会的な理由で住宅を見つけることが困難な移動生活者家族に対して、法的には一般住宅と同様の権利を保障しながらも、住まいに関する文化的、社会的なありように「適した住宅」を提供することを目的とする。

ここで、適合住宅の具体的事例を紹介したい。

BT家の適合住宅

ポー地域で第一号となる適合住宅の計画が決定されたのは、二〇〇七年のことである。この適合住宅の提供対象者の選出は地元の移動生活者支援団体が担い、最終的にエランス・ローカルをおこなうマヌーシュ家族集団BT家が選ばれた。BT家には、八〇代後半になる老齢の祖母タチアナとその娘マリアという、高齢で身体障害も抱えた二人の女性たちがいること、彼女たちの家族集団がポー地域で二〇年以上ものあいだ、絶えず移動しながら暮らしていたことが決定的な理由となったという。タチアナとマリアは計画当初から適合住宅入居者として指定されていたが、一〇世帯を抱える家族集団のなかから残りの入居者を選びだす作業は、BT家に任された。結果的に、母子家庭や幼い子どもを抱える家庭が選ばれた。拡大家族集団単位で生活を営むとはいえ、男手が不足している状況では移動生活の継続は難しかったのだ（二〇〇八年七月一一日移動生活者支援団体関係者に聞き取り）。

私が初めてBT家の家族と出会ったのは、この適合住宅計画が決定される以前の二〇〇六年夏である。当時からBT家族集団は、最年長者タチアナとその娘マリアを中心とし、マリアの子夫婦と孫夫婦の総勢三〇人以上の成人成員により居住集団を形成し、ポー地域内の空き地を転々とする生活を送っていた。現在三〇代から五〇代になる孫たちの生まれる前にタチアナは夫や親族と共にポー地域にやって来て、以降地域内を移動して暮らし、一時はSC集合宿営地にも暮らしたという。タチアナの親族の一部は、現在も地域内の集合宿営地に住む。しかし、タチアナたちは、SC集合宿営地を離れてからというもの約二〇年のあいだ、エランスを続けていた。

エランスの生活は非常に厳しい。早朝や食事中であっても、警官が「キャラヴァンのドアをたたく」とすぐに出発の支度をしなければならない。一カ月間同じ場所にとどまっていられることもあれば、一週間ほどですぐに追いだされることもある。家族の一人がキャラヴァンのなかで息をひきとったその日の朝にも、警官が来て退去を命じたという。このような厳しい生活環境にもかかわらず、なぜエランスを続けるのかと私が問うと、タチアナの孫娘の一人であるエレサ（四五歳）は、その理由を次のように述べた。BT家はかつてSC集合宿営地に住んでおり、そこで彼女たち兄弟姉妹はそれぞれに結婚をし、子を産み育てた。しかし、集合宿営地のような多くの人々が混住する環境では、マヌーシュ家族間のいざこざが絶えず、窃盗や暴力などの非行にはしる若者たちも増えてくる。そうした問題から家族を守るためにも、BT家の人々は集合宿営地から離れなければいけないと考えたのだという。こうして余儀なくされたエランスの厳しい生活状況から解放されるとあって、適合住宅の提案を受けた家族は期待に胸を膨らませているようであった。工事の遅れを心配しながらも、「私たちのための土地ができるのはうれしい」と話していた。

適合住宅が完成したのは、二〇一〇年秋のことである。私は、二〇一四年七月に新たな生活を始めたBT家の人々と再会したが、エレサは「私たちはとても満足している」と述べていた。

BT家の適合住宅の構造やその写真は第4章で紹介する。ここでは、私が二〇一四年にフランス各地で調査した事

写真３－１　適合住宅の例

表３－１　受け入れ地と適合住宅の居住条件

	受け入れ地	適合住宅
法的地位	公共設備	個人住宅
居住単位	複数の家族集団	個別の家族集団
占有権	無	有
家賃	0〜400ユーロ／月	200〜400ユーロ／月
住宅手当	受給不可	受給可
移動手帳	必要	不必要

例（序章参照）ともあわせて、近年建設されている適合住宅が旧来の受け入れ地と比較してどのような利点をもつのかを述べておく（写真3-1、表3-1参照）。

まず、適合住宅は、個別の家族集団単位で占有権をもって住むことのできる個人住宅である。そして、受け入れ地の多くが十分な数と質の居住設備をもたないのに対して、適合住宅一戸は、キャラヴァン設置区画と固定式住居を基本構造とし、後者はトイレやシャワーなどの衛生設備、ダイニング・キッチン、寝室からなる。また、固定式住居を備える適合住宅に住むことによって、人々はこれまで得ることができなかった（キャラヴァンは法的には「住宅」とみなされないため）住宅手当を受給することができる。適合住宅の毎月の賃料（約二〇〇〜四〇〇ユーロ）は、「同化賃貸住宅助成貸付ＰＬＡＩ」などの住宅手当によってほぼ相殺され、実質的負担は光熱費のみとなる。さらに、「住宅」をもつことは、法的に認められる固定住所を得ることにつながるので、（一九六九年法により義務化された）移動手帳の保持も定着自治体登録も不要となる。

「自分たちだけの土地」が可能にするもの

このように適合住宅政策は、マヌーシュをはじめとする移動生活者に対し、移動という生活様式に関わる文化的差異を保持したまま、市民としての共通の権利を享受する機会を与えるものとなる。それは、集合宿営地や野営地での不自由な暮らしに困難を抱え、だからといって自ら家族用地を購入する経済的な手段も社会的資本ももたない人々にとって、生活をたて直すための大きな支えとなるだろう。適合住宅の建設には、解決すべきさまざまな社会的、経済的課題があり、調査地でもBT家に続く適合住宅計画は難航している。したがって楽観的な予測はできないが、ここで最後に本章での議論を踏まえ、適合住宅や家族用地という「自分たちだけの土地」が人々に与える可能性について考えてみたい。

二〇〇六年八月に、私は、ピレネー＝アトランティック県庁の都市計画部門に勤める役人であるジュパン氏に聞き取りをおこない、次のような計画について知ることとなった。ジュパン氏は自らの発案として、今や無法地帯と化したNB集合宿営地を廃し、そこに住む住民を地域一帯の空き地に「分散移住」させることを提案していた。ジュパン氏は、県の都市計画部門のなかではただ一人、移動生活者の居住政策に関心をもつ人物で、彼によれば、同僚も上司も「都市計画の地図のなかに移動生活者のための空間を置きいれよう」などと考えもしなかったのだという。面会の際に、ジュパン氏は自ら作成したポー地域の地図を私に見せてくれた。地図上のところどころには赤い点が打たれ、その付属資料にはNB集合宿営地住民の家族構成などの情報が示された表が載せられていた。ジュパン氏は、この住民構成表に照らしあわせながら、地図上に赤点で示された二〇を超える空き地に住民を移住させていくことを考えていたのだ。この計画の理由を、彼は次のように説明した。NBのような集合宿営地は、「人口の過密にまたたくまに襲われ、青少年は集団で非行にはしる」、だから「マヌーシュたちを分散させて、一般住民の居住空間のなかに少数で住まわせる」ことが、現在の宿営地問題を解決するのにもっとも有効な方法である。

ジュパン氏の提案したNB宿営地住民の分散移住計画案に対して、私は当初、否定的な印象を抱いた。住民構成票と地図上の赤点とを対応させていく作業に、どこまでマヌーシュの人々の具体的な生活や願望が反映されるのか、疑問に感じたためである。そこで私は、この疑念をジュパン氏と長年つきあいのある移動生活者支援団体関係者に正直に話した。そこで返ってきた言葉は、「そう、まさに彼はユルバニスト（都市計画家）なのよ！」というものであった。

しかし私はその後の調査を進めていくなかで、本章で注目してきたような定着と移動との相補的な関係を理解するようになり、ジュパン氏が考案したこのいかにも「ユルバニスト的な」計画が、実はマヌーシュの希望にきわめて沿ったものであるのではないかと考えを変えていった。マヌーシュは「定着のための土地」を確保することで、移動と定着の接合からなる生活空間を構築しようとしている。他になすすべのない状況で一地域への定着性を高め、その結果、不自由で困窮した生活を余儀なくされたマヌーシュたちにとって、キャラヴァンに住みながら定着することのできる「自分たちだけの土地」を得ることは、移動生活と経済活動の活性化へと結びつく。また分散移住は、集住生活のなかで強いられていた社会関係の緊張を緩和してもくれるだろう。したがって、赤点で指し示された空き地にマヌーシュたちが移住することは、都市計画家による住民管理の観点から単に都合が良いのではない。

実際に、私は幾人かのNB集合宿営地住民に分散移住計画についての意見を聞いたが、反対する人はいなかった。むしろ、この計画を歓迎する声が非常に多く、「今まで一緒に住んでいた人たちと離れるのが寂しい。けれど、どうせ私たちはこの辺に住むのだし、いつでも会うことはできる。私たち家族のためだけの土地をくれるんでしょ。それは良いことよ」といった意見が聞かれた。つまり、都市計画家からみて、たとえ家族用地や適合住宅が集合宿営地に代わる新たな「指定地」であったとしても、マヌーシュにとって「自分たちだけの土地」は生活を新たにたて直すための大きな可能性をもっているのだ。

4　創造的な旅と居住の実践――第3章まとめ

調査地のマヌーシュに代表される「定着する移動生活者」は、かつての時代において彼らがそうであったような、「来てはまた去っていく人々」ではない。彼らにとって、数世代にわたり一年の大半を過ごしてきた定着地は、一時的な宿営の場ではなく、そこを中心として一年の生活が展開される居住の場である。彼らは定着する地域で、親族と共に暮らし、経済活動をおこない、そして子どももまたそこで結婚し家庭を形成していくのだ。

ただし、本章でみてきたマヌーシュの姿は、ドレが描いていたような、旅の生活をあきらめ、旅の共同体から孤立してガジェとなっていく「定住ジプシー」とはまったく異なっていた。私が出会った現代のマヌーシュ家族は、一九六〇年代の定住化開始から約半世紀を経て、定着地との結びつきを強化したが、いまだ定住民とはなっておらず、むしろ、定住民とは異なる方法で定着することで移動生活との結びつきを維持しようとしていた。

本章の各事例では、家族用地やアパルトマンといったように居住形態は異なるものの、キャラヴァンでの移動と土地への定着という二つの生活相を重ねあわせていくマヌーシュの居住実践が共通してみてとれた。二つの生活相が並存する状況では、「定着のなかの移動」ないしは「移動のなかの定着」といったように、一方の比重がもう一方に比べて大きく暮らしを決定づけることがある。移動と定着のリズムは、個々の家族においても一年ごとに変化する。確かに彼らにとっても、この新たな住まい方は、社会変化のなかで余儀なくされたものである。しかしながら、そこでは移動と定着が相反するものとしてあらわれるのではなく、相補的に一つの生活空間のなかに織りこまれていた。マヌーシュは「定着のための土地」を確保することで、定住生活へと移行していくのではなく、むしろ移動生活を活性化し、独自の経済活動と社会生活を維持しようとするのである。つまり、旅の道具であるキャラヴァンと共に定着するということは、マヌーシュにとって移動生活の放棄や旅の共同体からの分離を意味するのではなく、定住化の時代において彼らが望む生活とそのための空間を新たな方法でつくりあげていくことを意味している。

この点において、ノマディズムという従来からジプシーの生活様式を特徴づけてきた概念を再考することもできるだろう。ジプシーにとって、ノマディズムという移動の生活様式は、一つの不変的な「アイデンティティ」ではなく、常に適応や変化の可能性を孕む一つの「戦略」、「環境に対する関係のあり方」［Reyniers & Williams 2000: 23］だといわれる。このような生活戦略として絶えず変化していくノマディズムという視点にたつならば、本章で明らかにした、移動と定着との相補的な関係に基づくマヌーシュの居住実践を、伝統としてのノマディズムへの回帰ではなく、定住化の時代において実現可能な新たなノマディズムを模索する一つの試みとして理解することができる。つまり、マヌーシュの現代におけるノマディズムは、単なる伝統への愛着を超えて、定住化という社会変化を生きぬくために彼らが新たに編みだす、創造的な旅と居住の実践なのだ。

第Ⅱ部

居住の道具としてのキャラヴァン

——身体、他者、環境との関係

第Ⅰ部では、マヌーシュが、キャラヴァン居住を通して共同体とノマディズムを再編し、定住化の時代に対応した新たな生活空間を構築している状況を明らかにした。第Ⅱ部では、居住空間におけるキャラヴァンと身体の関係に着目し、住まうという日々の暮らしのなかでマヌーシュがどのように他者や環境と交わり、どのような個と共同性を育むのかという点を考察していく。

第4章

〈外〉へと開かれる住まいと身体

調査を開始したばかりのころ、私は、マヌーシュがキャラヴァンをとめて占拠した土地で、人や車が頻繁に通り過ぎる道路に対して身体の正面を向けるように椅子を並べて座り、食事や雑談をする様子を見て驚いた。もちろんフランスの町中では、通りに面するカフェのテラス席でくつろぐ人々をよく見かける。だが、マヌーシュたちが身をおく場は、そのような「意味（使用法）があらかじめ共有されている」空間ではなく、公営駐車場や都市のなかの景観緑地という「すでに別の意味が書きこまれている」空間である。そこで私は次のような疑問をもった。なぜマヌーシュは、キャラヴァンとキャラヴァンのあいだの閉じられた空間や、キャラヴァンで視界をさえぎることのできる奥まった空間ではなく、むしろ、行き交う車や通り過ぎる人々と彼らとのあいだに何の障壁もなく、外部の他者からよく見えるような開けたところに椅子を置いてくつろぐのだろうか。それではマヌーシュたちの日常生活の細部はあまりにも目につくし、そのように何の媒介物もなく他者との交わりの領域へと身を開く「身構え」は、彼らに好奇と警戒のまなざしを向けてくる定住民に対して無防備ではないか、と。

マヌーシュの住まいとは、キャラヴァンという住居だけを指すのではない。マヌーシュは、ある土地にキャラヴァンをとめ、その外部に広がる野外環境を生活領域の一部として取りこむことで住まいをつくりあげていくのであり、そこでは家族が所有するキャラヴァンの内部空間と、明確な境界づけをもたずに野外環境へと開かれるキャラヴァンの外部空間という二種の生活領域がたちあがる。この野外環境を組みこむマヌーシュの居住空間の特徴を描きだすため、本章では、マヌーシュの「身構え」に注目し、人々が自らの身体を通してどのように他者との共在状況を秩序づけ、住まいをかたちづくるのかという点を探る。空間構造だけでなく、周囲のモノや他者、環境と関与しあう身体に焦点をあてることで、マヌーシュが他者や環境との関係を刻みこんだ独自の身体性を育みながら、住まいを構築する過程が明らかになる。

以下では、まず住まいと身体との関係をめぐる先行研究を参照しながら、本章のとる視点を提示する。そして次に、マヌーシュのキャラヴァン外部の居住空間の特徴とそこにあらわれる身構えに着目し、マヌーシュが他者と相互行為をおこないながら住まいの空間を拡張し、境界づけていく状況を探る。最後に、現代の都市空間のなかで営まれるキャラヴァン居住を通して、他者との共在や共同性に対する独自の構えとして体得されるマヌーシュの身構えについて考察する。

1　空間をつくりあげる身体

一般的な定住型の住まいでは、住居と周囲の環境とを隔てる塀や柵が、住民とその外部の他者とのコミュニケーションを調整する役割を果たしていることが多い。これに対して、マヌーシュの住まいは、キャラヴァンという住居の外部に広がる野外環境を取りこむことでかたちづくられ、塀や柵といった物的な遮蔽装置を欠く。そしてこの野外の生活領域で、マヌーシュは親密性の度あいの異なるさまざまな他者と日常生活のさまざまな場面を共有する。集合宿営地で共住する家族集団、町中の空き地や道路脇にキャラヴァンをとめるときに出会う見知らぬ移動生活者家族やガジェ。マヌーシュの居住空間は、それぞれに社会的距離も社会関係の結び方も異なる他者との相互行為のなかで創出される。

外部環境や他者に対して内部を境界づけ、家族や親密なものたちのための閉じられた空間を構築することが、西欧近代以降の定住民社会における居住空間の特徴を示すのだとすれば［トゥアン 1993(1982)］、野外環境や他者との共在の場へと開かれたマヌーシュの居住空間は、定住民のそれとは明らかに異なる。しかし、障壁という物理的な境界によって自らの住まいを外部から区別することなく、マヌーシュは、どのように他者の只中で住まうのか。この問題を考えるうえで、次の指摘が重要である。

一九七〇年代にロワール河流域をルーロットで移動しながら暮らしていたマヌーシュを調査した大森は、マヌーシュは、プライヴァシー確保のために壁や塀などの「物的遮蔽」を用いるのではなく、「心理的遮蔽」を居住空間内部に創出することで他者との関係を調整すると述べた［Omori 1976: 10; 大森 1984: 162］。そしてドレもまた、この大森の「心理的遮蔽」という言葉を引きながら、マヌーシュが隣人の居住空間に入るときにドアや窓をたたくという行為をしないのは、マヌーシュが入ってよいかよくないかを「感じる」ことができるからだと指摘した［Dollé 1980: 70］。つまり、ここでは、ルーロットで伝統的な移動生活を送るマヌーシュと定住化の過渡にあるマヌーシュが、それぞれに異なる社会的、物理的条件下で暮らすにもかかわらず、共通する方法で彼ら独自の他者との関係を住まいに刻みこむ様子が浮かびあがる。このように論じられてきたマヌーシュの住まいと他者とのコミュニケーションの特徴を、本章では、「空間をつくりあげる身体」という視点から再考する。

ここで、住まいと身体に関する議論を整理しておきたい。住まいの空間をめぐる人類学的研究において、これまでも身体は重要な考察対象であった。一九六〇年代以降興隆した象徴論的住居研究は、住居の空間構成やその象徴性を通して当該社会の社会構造や文化体系を描きだすなかで、空間組織化の基本的原理としてあらわれる人の身体に着目し、身体と住居との象徴的連関や類比的関係を指摘した［e. g. Forth 1981］。これらの議論にみられる「身体としての住居」という視座は、今日もその有効性を失っていない［e. g. ウォータソン 1997(1990)］。しかしその一方で、住居の象徴性の解読を重視する研究では、しばしば、身体は意味が書きこまれる媒体として静態的に捉えられるにとどまり、住み手が空間の意味を読みとる文脈やその行為の多様性、また空間との相互作用を無視した解釈への批判が出されてきた［e. g. Ellen 1986; 杉島 1988］。

こうした問題に対する一つの解決案を提示するものとして、居住空間の意味を身体の運動や行為との結びつきに着目して探究した研究［ブルデュ 1988(1980); 岩田 1986; 山口 1983］を挙げることができる。このなかでブルデュは、人が自らの身体を用いて空間の意味を読み解き、社会的な性向の総体である「ハビトゥス」を身体に刻みこみながら世界の見方を体得する状況を論じた［ブルデュ 1988(1980): 123］。たとえば、彼が調査したアルジェリアのカビル農民の家屋は、多種多様な象徴的二項対立によって構造化され、外部世界の構造に対して象徴的意味の変換を伴うが、こうした象徴と空間構造とを結びつけるのは、前進、後退、後ろ向きといった運動によって意味と実践を媒介し、「実践的オペレーター」として働く身体であるという［*ibid*.: 154］。身体は社会的な意味を刻みこむと同時に、動き行為することにより「方向＝意味 sens」を生成する。そして、このような意味生成の基盤となる身体によって読まれるがゆえに、居住空間は、人がハビトゥスを身体に刻みこみ、それを具体的な行為によって表現する場所となるのだ。

このように身体と空間との相互作用を指摘するブルデュの議論は、一方向的に意味や象徴が書きこまれる身体ではなく、動き行為することで意味を生成する身体に注目することで、人が空間に刻まれた意味や社会の集合表象を無媒介的に理解し内面化するのではなく、日常の身体経験のなかで体得していく状況を照らしだす。そして、その点においてそれは、住居の象徴論的解釈の方法をめぐって問題視されていた、身体と空間との静態的な連関から脱却するための重要な糸口となる。だが、身体と空間との相互作用という観点にたつならば、次のように問うこともできるだろう。自らの動きや感覚を通して方向＝意味を生成する身体は、住まいの空間との関係において、す﹅で﹅に﹅刻みこまれた空間の意味を読み解くばかりなのであろうか。そこにはさらに、自らをとりまく環境へと働きかけ、空間構築の過程に積極的に関与する身体の働きがみいだせるのではないだろうか。

この点において、ブルデュのハビトゥス概念に影響を与えたモースの次のような指摘に立ち戻る必要がある。モースは、その「身体技法」論のなかで、「道具を用いる技法に先立って、ありとあらゆる身体技法がある」と述べ、個人的な習慣性を超えて社会的な特質を形成する「型」を備える身体が、人間の本来的な道具であり、技法対象かつ技法手段であると指摘した［モース 1976(1936)：121-133］。ここで示唆されるのは、人が道具を用いる以前に、すでにその生身の身体をもって周囲の環境に働きかけているという状況である。住むということは、もっとも一般的にいって、人の環境への働きかけということができるが、モースの指摘を踏まえるならば、住むという行為の多様性を、人間社会がそれぞれの社会的、自然的環境に応じて編みだしてきた住居や道具の多様性に還元してしまうことはできない。人の居住の営みやそこで創出される空間の多様性は、ある環境に住みこむ人の身体技法の多様性として捉え返すことができる。そこには、住居や道具の利用に先立って、あるいはそれらの物質と協働して周囲の環境に対して働きかけ、それに応答するような身体の働きや経験があるといえる。

このように、身体を人の環境に対する働きかけのもっとも重要な媒体と捉えるモースの議論を、居住空間構築の問題のなかに位置づけるとき、インゴルドが提起する「居住パースペクティヴ dwelling perspective」という視点が重要になる。「居住パースペクティヴ」は、空間の意味や形態を、周囲の環境との絶えざる相互作用が生じる人の「住まう」という行為の只中で生成されるものと捉える視点である。それは、インゴルドが「建築パースペクティヴ building perspective」と呼ぶ、「最初に設計図と家を建てることがあり、そこに住む人々を入れこむ」という考え方、すなわち、居住空間が住まうという行為に先立って、「頭のなか」ですでに構築されているという認識論的思考に抗する[Ingold 2000: 178-181]。序章でも指摘したように、インゴルドが強調するのは、人が「頭のなかの青写真」（設計図）をそのまま自然の素材へとはりつけて、「最終的な生産物」（居住空間）をつくりあげるのではないという点である。

文化は、自然と相互に関与しあいながらかたちづくられるのであり、重要なのは、人が物質世界との絶えざる対話のなかで、生産物であるモノや空間を「編みあげていくweaving」過程［*ibid.*: 346］を理解することである。

この視点にたつことによって、マヌーシュの居住空間構築の方法を理解することができる。キャラヴァンは、一般的な住居と同様に、周囲の環境に対して無防備で傷つきやすい生身の身体を保護し、身体と環境との関係を調整する媒介となる。マヌーシュの身体は、キャラヴァンに媒介されながら環境のなかに住みこむ。しかし、定住民の家屋を、その内部で日常生活のさまざまな行為がおこなわれ、用途に応じて分節化される一つの「全体」として捉えるならば、空間構造からして狭く使用法が限定されたキャラヴァンは、居住空間を構成する一つの「部分」として、マヌーシュが野外環境を取りこみ、居住空間を拡張していく基点となる。マヌーシュが居住空間を構築する過程は、まず全体の外枠を境界づけ、それからその内部を用途に従って分節化するというものではない。それは、全体から諸部分へと構造化されるのではなく、キャラヴァンから周囲の環境へ、部分から諸部分の連関へという流れをとる。マヌーシュは、外枠を明確に境界づけることなしにキャラヴァン外部に広がる空間を生活領域として組みこみ、それを生活の用途に応じて関係づけながら居住空間を創出していく。マヌーシュの居住空間は、「居住パースペクティヴ」が指し示すように、身体と住居（モノ）、環境との相互浸透的な諸関係の内部からたちあげられていく。

以上、考察の手がかりとなる先行研究をみてきた。ブルデュの議論からは、空間のなかで社会的な意味を刻みこむと同時に方向＝意味を産出する身体の働きが示され、モースとインゴルドの議論からは、居住空間構築の過程を身体と住居、環境とのあいだの相互作用に注目して捉える視座がもたらされた。本章では、これらを踏まえて、マヌーシュのキャラヴァン居住の空間を、すでに刻みこまれている空間の意味を「読む」身体ではなく、周囲の環境やさまざまな物質、そして他者の身体との相互作用を通して方向＝意味を空間に与え、それを「つくりあげる」身体の働きに着目しながら検討していく。特に重要となるのは、キャラヴァンと協働して住まいをかたちづくる身体の働きにより、マヌーシュの居住空間に彼ら独自の他者や環境との関係が織りこまれるさまを理解することである。マヌーシュの住まいには、象徴論的住居研究が考察対象としてきた身体や宇宙との象徴的な連関をみてとることはできない。しかしそこでは、キャラヴァンに住まうという日常の経験を通してマヌーシュが身に染みこませていく、他者や環境への「構え」や「感覚の働かせ方」としてのマヌーシュの身構えがあらわれ、身体が周囲の環境や他者との対話や交渉のなかで住まいをつくりあげていく状況がみいだされる。

2 キャラヴァン居住の空間構成

それでは、キャラヴァン居住の空間構成をみていきたい。第1章で指摘したように、マヌーシュの移動と居住の単位は、親族関係によって結びつく複数の家族集団の集合であるが、その集団編成は、環境の変化に伴い成員が新たに加わったり抜けたりする流動的なものである。このように柔軟な集団編成のもとで、その時々に集合し、共に移動して暮らす人々のキャラヴァンが、マヌーシュの住まいを構成する。

2-1 キャラヴァンの内と外

すでに述べてきたように、調査地のマヌーシュが暮らす土地は、公営の集合宿営地、宿営の許可なく占拠される空き地、家族用地と多様であり、キャラヴァンに付随する居住設備（衛生設備や小屋）の有無や野外環境の使用法もそれぞれに異なる。しかし、居住空間構成の基本的な特徴は共通している。いずれの土地でも、キャラヴァン外部に広がる野外環境がキャラヴァン内部とは異なる性質をもつ生活領域として組みこまれ、キャラヴァンの内と外の二分化とそこでの他者関係の差異化を通して居住空間が構成されている。

図4-1は、ポー地域にあるNB集合宿営地の全体図と、その一角でみられたキャラヴァン居住の様子である。NB集合宿営地の全体面積は、約二万平米と広大である。しかし、建設当時、四〇台から五〇台分のキャラヴァン設置区画を用意していた用地に、現在は一〇〇台以上のキャラヴァンとそれとほぼ同数の乗用車が集まるので、区画領域を示す白線を越えて、通路や緑地といった居住地内部のあらゆる場所が余すことなく利用されている状況である。

一見雑然とした印象を与えるNB集合宿営地ではあるが、居住空間の構成には一定のルールがある。それは、拡大家族集団を共住の単位とする点、そしてその成員が所有する複数のキャラヴァンが隣りあわせや向かいあわせにとめおかれることで、野外空間が一つの生活領域としてかたちづくられている点である。マヌーシュは、夫婦と未婚の子、あるいは同性の親子や兄弟姉妹で一台のキャラヴァンを専有するが、キャラヴァンは移動を前提とするため、物理的構造からいって小さく(幅・高さ二〜三メートル、全長七〜八メートル)、内部空間の機能も限られるので、キャラヴァンによって囲まれた野外空間が大いに活用される。

こうしてマヌーシュの居住空間は、個別家族単位で私的に専有されるキャラヴァン内部空間と、家族集団の成員により集団的に利用されるキャラヴァン外部の野外空間という、二種の生活領域に区別される。キャラヴァン内部空間については、次章で詳しく取りあげるが、この他者からの視線を排除することのできる唯一無二の空間で、マヌーシュは睡眠、休息、身体の手入れや着替え、性交といったもっとも親密性の高い身体的行為をおこなう。それに対し、小屋を含むキャラヴァン外部の生活領域は、家族集団の成員の食事や団欒のために利用されるが、同時に家族以外の人間や見ず知らずの訪問者が招かれる空間となる。そして、このキャラヴァン外部に広がる居住空間は、日常生活の場面でその利用法が異なる二つの領域にさらに区別される。一つは、個別の家族集団単位で利用されるキャラヴァン脇の半野外ならびに野外の空間で、もう一つは、その外部に広がり居住地住民が共同利用する野外空間である。このように、マヌーシュの居住空間はもっとも親密性の度あいの高いキャラヴァンを基点として、その外部の公共的な領域へと徐々に拡張されながら構成される。

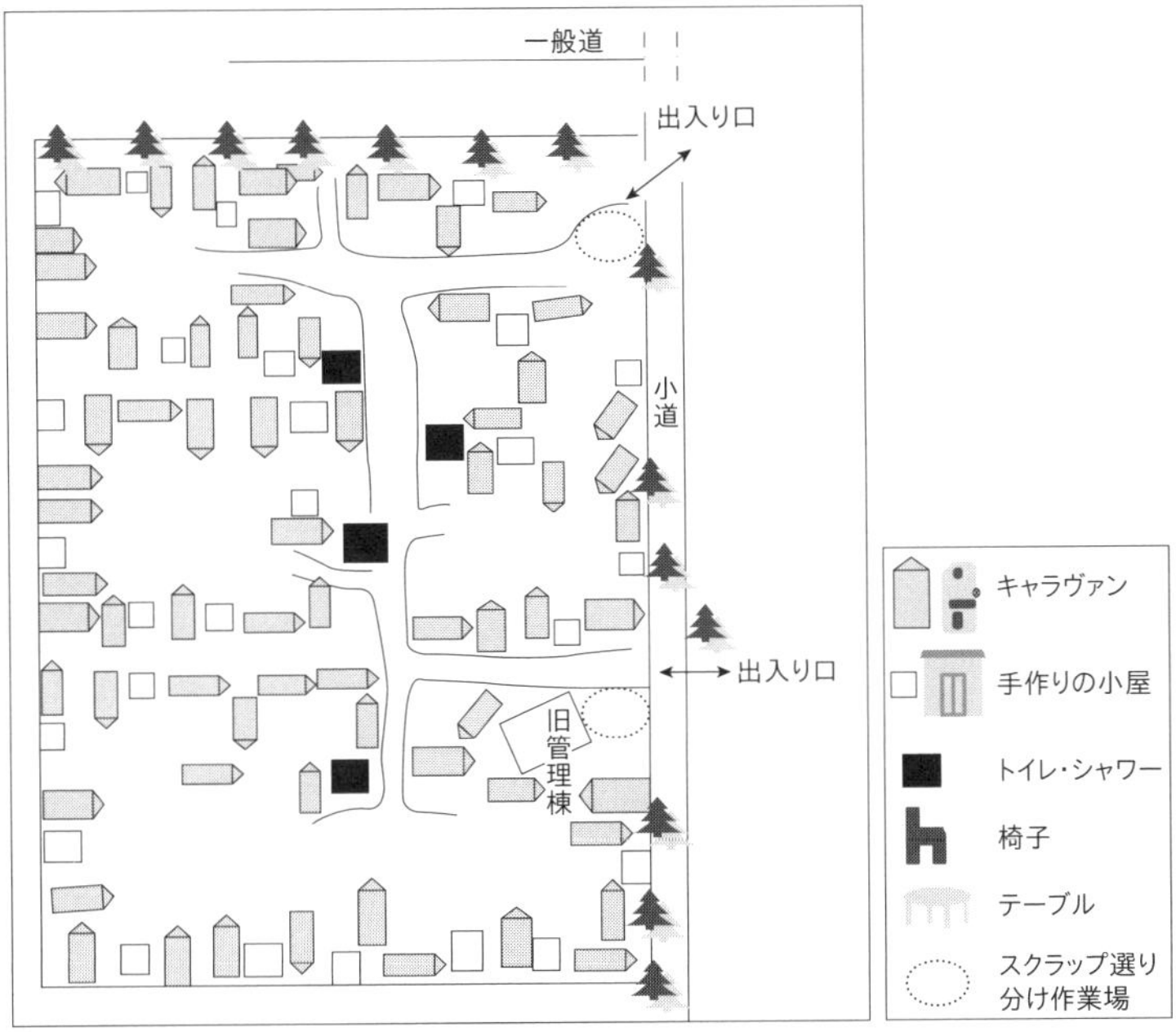

全体図

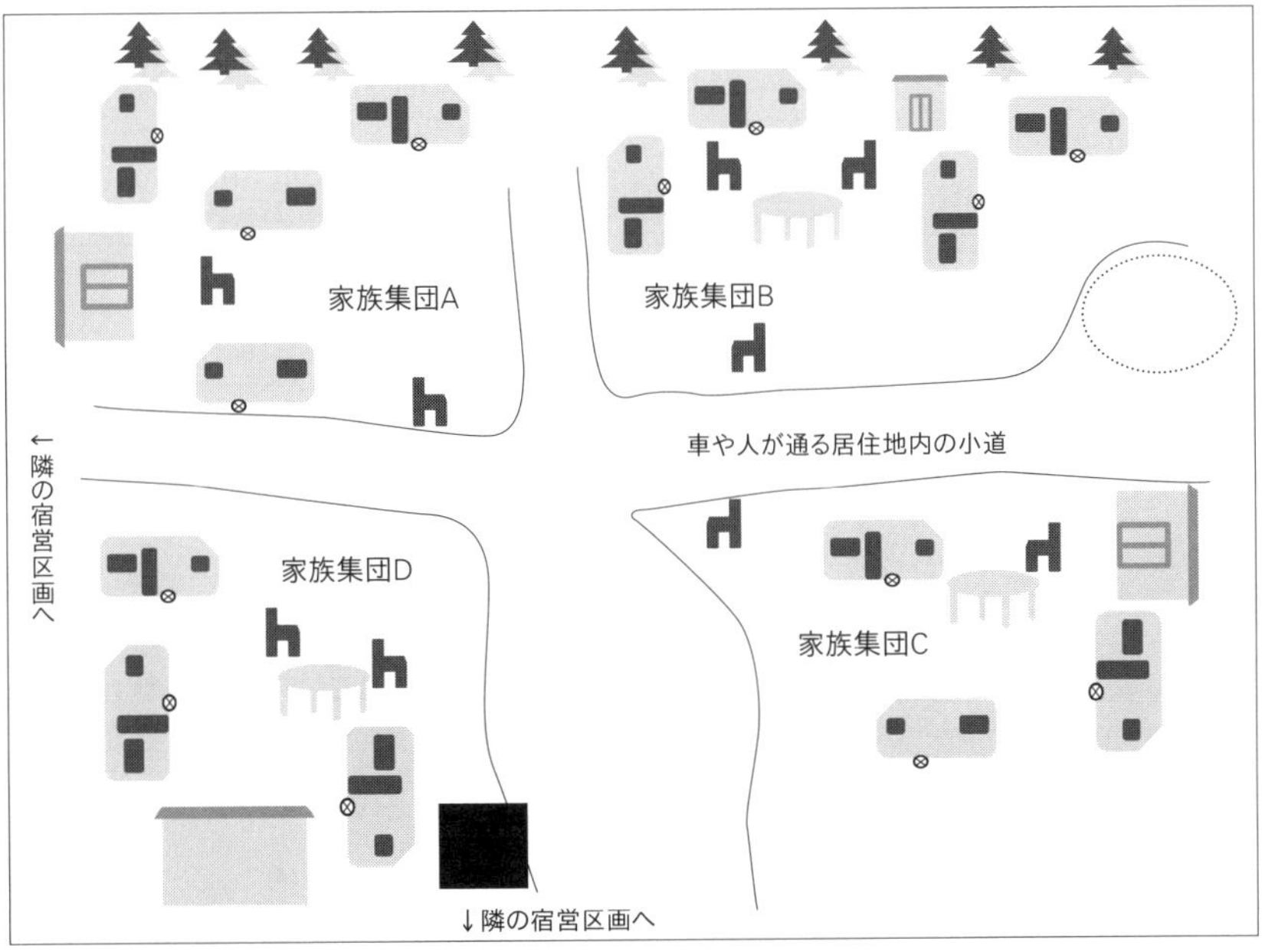

詳細図

図４－１　NB 集合宿営地におけるキャラヴァン居住の空間構成

乗用車は毎日移動するので記載していない。キャラヴァンの位置も季節ごとに増減し、移動する。椅子は、背もたれの位置でその向きを表している。

写真4－1　キャラヴァンで囲まれる半野外の生活領域

2－2　野外の生活領域

まず、個別の家族集団単位で利用されるキャラヴァン外部の生活領域の特徴をみていきたい。複数のキャラヴァンによって半円状に囲まれたこの生活領域は、主に調理や食事、家族や仲間との憩いや他者との応接の場として用いられる。そこに置かれるテーブルと椅子は、持ち運びにかさばらない折りたたみ式のものや、ホームセンターで安価で売られているプラスチック製のものが一般的である。そして、たいていの場合、このテーブルと椅子を覆うように、パラソルやキャラヴァンから張りだされるテントが設置されている（写真4－1）。これらは、夏には照りつけるような日差しがふりそそぐこの地域では欠かせないものであり、また突然ふりだす雨からも、食べ物や家財道具を守ってくれる。昼夜問わず、マヌーシュはこの野外（ないしは半野外）の生活領域とキャラヴァンとのあいだを行ったり来たりする。そこで動線をスムーズにするため、マヌーシュはドアが野外の生活領域に向かって開かれるようにキャラヴァンをとめる。

通常、椅子は二、三脚が並べてあるだけで、家族の人数分はないが、マヌーシュは家族みなが同じ時間にそろい、みなが椅子に座り食事をすることを重視しないので、不都合はない。食事以外の日中の時間帯、ここは主に女性たちの活動とくつろぎの場となる。彼女たちはキャラヴァンや小屋のなかを頻繁に出入りしながら家事をおこない、それが一息つくと周りに住む女性たちと小屋やキャラヴァン脇に設置されたテーブル周りで団欒する。一方で夜間になると、この生活領域は男性が仲間と酒を酌み交わし、談笑する場ともなる。またすでに述べたように、家族集団が専有し憩うキャラヴァン外部の生活領域は、他者を招き入れて応対する半公的な場でもある。この団欒の場には家族の成員だけでなく、彼らを訪ねる仲間や隣人、さらには私やソシアルワーカーのような定住民も迎え入れられ、それは家族の親密圏が外部へと開かれる領域ともなっている。

定住民の建築家が理解しそこねたマヌーシュの戸外生活

キャラヴァン外部の生活領域は、集合宿営地やその他の野営地、家族用地などで土地や集団の大小に関係なく一般的にみられる。しかし、今日、居住環境は多様化していて、次の事例にみられるように、集合宿営地を設計する定住民の建築家が、マヌーシュの慣れ親しんだ野外の生活領域の特徴を理解できない場合もある。

事例4-1　家族が向かいあうことのできない集合宿営地の構造

ＬＣ集合宿営地は、ポー地域の公営集合宿営地のなかでもっとも充実した居住設備を備えるが、その構造は複雑である。ここでは、主に個別家族単位で専有される宿営区画が五つ集合して、円形の「イロ ilot（島）」と呼ばれる一集合体を形成し、居住地全体には、このイロが五棟並ぶ（図4-2参照）。通常、親子関係や兄弟姉妹関係で結びつく家族集団が共有する一つのイロには、五つの宿営区画それぞれに接続する五つの小屋と衛生設備が付随し、それらはドーナツ型に連なる。そして、このドーナツ型の建物群を挟んで、イロの外縁部は野外のキャラヴァン設置区画（写真4-2）、中心部はパティオ（中庭）となる。つまり、このイロは円形に五つの個別家族を集合しているが、ドーナツ型の建物が、中心部と外縁部とのあいだの接続をさえぎる。その結果、各宿営区画を専有する個別家族は、同じイロの別の区画に暮らす他の家族と、

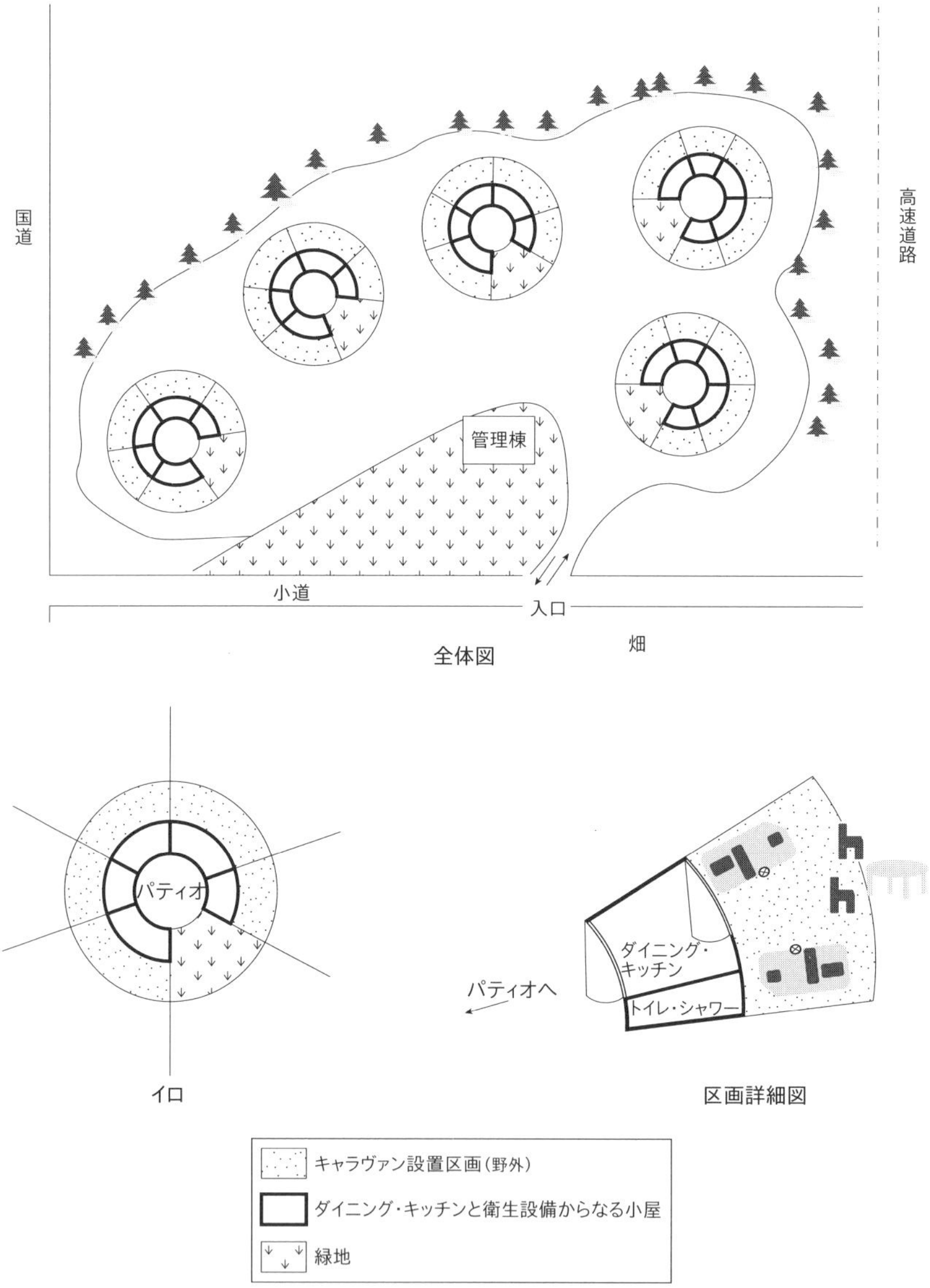

図4-2　LC集合宿営地の空間構成

写真４-２　LC 集合宿営地イロ内の一区画
手前がキャラヴァン設置区画、奥は小屋が連なるドーナツ型の建造物。

キャラヴァンを隣りあわせに並べることはあっても、向かいあわせにすることはできない。たとえば、同じイロ内部の（構造上は）向かいあう区画に暮らす両親とその娘の場合、娘が自分のキャラヴァンから母親のキャラヴァンへと行くためには、イロの外縁を半周するか、自分のキャラヴァン設置区画から小屋へ入り、パティオを通過し、母親の小屋へ入り、その先にあるキャラヴァン設置区画へ向かうといった、四つのドアを通り抜ける複雑な動線を辿ることになる。

先に挙げた一般的なマヌーシュの居住空間（図４-１）と比較してわかるように、LC集合宿営地では、家族集団単位で一つの空間をキャラヴァンで囲み、集団的に利用することは難しい。よく似た状況は、第３章で挙げたBT家の適合住宅にもみられる。

事例４-２　適合住宅における野外の生活領域

BT家の適合住宅では、個別家族が専有する固定式住居（「パヴィヨン」と呼ばれる）の外に、緑の芝で覆われた庭がある。この庭は、テーブルを置き食事をしたり団欒したりすることのできる広さがあるのだが、二〇一四年七月に私が訪れたとき、

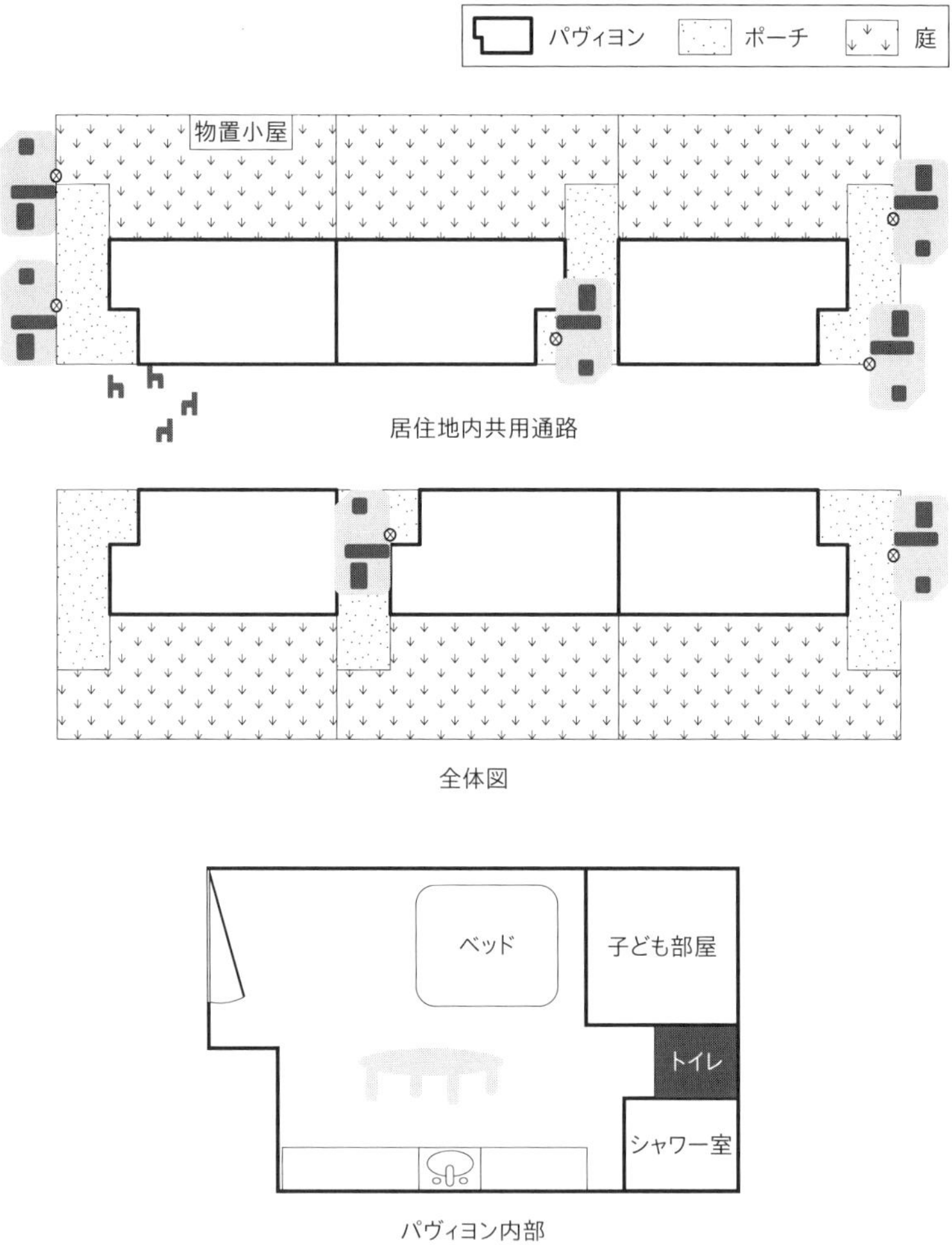

図4－3　BT家の適合住宅

写真４-３　BT 家の適合住宅の庭（上）と共用通路に置かれた椅子（下）

そのような方法では使用されていなかった（図4-3、写真4-3）。美しい花々が植えられている庭には、物置小屋が置かれ、洗濯物が干されているだけである。一方で、BT家住人は、「私たちは雨がふっているときでも、外で食事をするのよ」と言う。このときに彼らが利用しているのは、庭ではなく、キャラヴァンとパヴィヨンのあいだにある半戸外のポーチ（玄関前の庇つきの空間）である。BT家の人々はここで食事をとり、そしてその半戸外のポーチから少し共用通路へとはみだした場所に椅子を置いて、そこで家族や友人たちと話をする。

おそらくこの適合住宅を設計した建築家は、マヌーシュたちが戸外での生活を好む点を考慮し、十分な広さの庭を個々の区画に設けたのであるが、その位置が適切ではなかったといえる。庭はそれぞれのパヴィヨンの背後に位置し、人々の往来がある居住地内の通路や向かいあう他のパヴィヨンと分断されているため、適合住宅に暮らす家族集団の成員が集うには不都合な場所となっている。マヌーシュにとって、キャラヴァン外部に広がる野外空間は、住宅に副次的に付随し個別家族単位で専有される庭のようなものではなく、日常生活を営む単位である家族集団によって共有される、欠くことのできない重要な生活領域である。したがって、庭は、食事や団欒のための生活領域として利用されるためには、パヴィヨンの背後ではなく、その前面、つまり隣人や向かいあう家族の区画と容易に接続される位置に設けられる必要があったのだ。

小屋と家屋

このように、定住民社会におけるプライヴァシーの観念を、そのままマヌーシュの居住空間にあてはめることはできない。同じことは、マヌーシュの所有する小屋や家屋についても指摘できる。

現在では、集合宿営地に住む家族や家族用地を保有する家族の多くが、家屋や小屋を使用している。簡易で粗末なものから耐久性のある大きなものまで、これらの建物の外観や構造にはそれぞれの家族の居住条件や経済状況により

写真4-4　集合宿営地に建てられた小屋

差異があるが、いずれも使用法は共通している。小屋や家屋は壁とドアによって完全に閉じることができる点で、構造上は開放的な野外空間よりもキャラヴァンと類似するが、一人眠ったり休息したりするために利用されることはない。家屋内部は、調理と食事の場、冬季には団欒や応接の場として使用され、テーブルと椅子やソファ、電化製品が置かれているだけである。集合宿営地でも、廃材を利用した手作りのものとはいえ、しばしば大きく頑丈なつくりの小屋が建てられている（写真4-4参照）。内部には絨毯が敷かれ、家具もそろっている。調査開始当初、私はこれらの小屋に住む家族に「こんなに立派な小屋なららここで十分に眠ることができるのではないか？」としばしば尋ねた。けれども、いずれの家族も「どうしてここで眠ることができるのよ」、「小屋で眠ることはないわ」と一笑するばかりであった。実際、私が突然訪問したときでも、小屋のなかで昼寝をしたり寝そべったりして休息する人に遭遇することはなかった。小屋のなかに衣類を収納したり、寝具を置いたりすることもないのである。

このように、マヌーシュは小屋や家屋をキャラヴァンの代用とすることはない。むしろ、それらは、雨風や寒暖といった気候条件に左右されやすいという欠点をもつ、キャラヴァン脇に広がる野外の生活領域の代用、もしくはそれを補完する領域となっている。マヌーシュの使用法においては、キャラヴァンで囲まれた野外空間と同様に、それらは調理や食事の場として個別家族や家族集団単位で私的に利用されながらも、家族や隣人や定住民といったさまざまな他者と交流し憩う場なのだ。

居住地住民共有の野外生活領域

以上のような、家族集団単位で専有される野外の生活領域の周囲には、さらに別種の生活領域が広がる。この生活領域は、複数の家族集団が一時的、あるいは恒久的に共住する集合宿営地や野営地において一般的にみられ、特に何の建築物もなく用途が定められていることもない居住地住民共有の空間である。たとえば、居住地内の空いたスペースや小道などがそうである。これらは、同じ居住地に暮らす住民が家族を超えた人々のつながりのなかに集い、共に活動する公共的な空間といえ、その点で家族集団ごとに専有される野外領域とは異なる特徴をもつ。未婚既婚を問わず、思春期以降のマヌーシュの男女はそれぞれの性別ごとに区別された領域で家族や仲間と過ごすようになる。したがって、集合宿営地の日常の風景では、女性が家事や育児をしながらキャラヴァンの周りで過ごすあいだ、男性が共有の広場や小道といった野外の生活領域でスクラップ解体や大工仕事、車の整備といった作業をおこなっていたり、数人で集まって雑談をしたりしている様子がみられる(1)。

この不特定多数の人々によって共有される野外の生活領域は、集合宿営地や野営地でみられるもので、家族用地にはない。家族用地の場合、その境界が樹木や塀などによって明確にされているためである。集合宿営地が一般の住宅地から離れた人通りの少ない立地にあるのに対し、家族用地は、工業地帯や店舗や一般の定住民の住宅から程近い場所にあることが多く、複数のキャラヴァンがとめられている様子が定住民の好奇や警戒のまなざしをひきつけるおそれがある。したがって、家族用地住民は、定住民社会の空間管理の法にのっとって、自分たちの所有地と他者の土地とのあいだの境界を明確にし、定住民との諍いの可能性を最小限におさえる必要がある。第3章では、マヌーシュが家族用地の暮らしに欠如している社会生活を保持するために、地域内の空き地を転々と移動する「エランス・ローカル（地域的流浪）」の暮らしへと参入することを述べたが、同様のことが居住空間構造の比較からもみえてくる。普段家族用地に住む家族にとってエランス生活に入ることは、家族が集う親密圏の外に広がり、多様な他者との共在を可能にする生活領域を、暮らしのなかに再び取りこむことにもつながっているといえるのだ。

以上のようにキャラヴァン外部に広がる野外の生活領域は、家族の食事や団欒の場となるキャラヴァン周辺の生活領域と、居住地全体に広がり集団的に利用される生活領域とに分かれている。けれども、この二種の野外領域は、親密性や公共性の異なる度あいにしたがって分節化されている一方で、キャラヴァン内部空間のように完全に私的なものとされることはなく、集団的に多目的に利用されるという共通した特徴をもつ。このようなキャラヴァン居住の空間は、内部と外部、私的領域と公的領域の区別に基づいて構築される定住民の居住空間とさしたる違いがないようにみえるかもしれない。だがすでに述べたように、ここで注目すべきは、野外環境を居住空間の一部とするキャラヴァン居住に特徴的な空間構築の過程である。マヌーシュは、ある一定の空間を境界づけ、そこからその内部空間を分節化していくのではなく、キャラヴァンを基点としてその周囲に広がる空間を意味づけていく。そしてそのなかで、マヌーシュは次にみるような野外環境や他者との相互作用のあり方を刻みこんだ身構えをとり、それがキャラヴァン居住の空間構成に大きく関わる。

3 身構え

本章冒頭で野営地に住むマヌーシュの身構えの一例を提示したが、同じような身体の構えは、キャラヴァンが過密状態でひしめきあう集合宿営地でもみられた。「ここは人が多すぎて窮屈だ」、「自分たちだけの土地がほしい」と不満をもらしながらも、マヌーシュは「自分たちだけの」宿営区画を家族だけに閉じられた親密空間として用いることはない。柵や塀といった物的装置によって視界をさえぎることも、唯一プライヴェイトな空間といえるようなキャラヴァンのなかに閉じこもることもしない。マヌーシュは、野外にテーブルや椅子を並べ、隣人や居住地の人々と共有する空間へと身体の正面を向けて座り、食事をし団欒する。そうして、一日の大半をこの私的領域と公的領域が明確に境界づけられていないような空間のなかで過ごす。

同様の「構え」をとる身体は、大森が写しだしたルーロットに暮らすマヌーシュのかつての宿営風景［大森　1998: 227］からもみえてくる。それは次のようなものだ。マヌーシュの家族集団は、小道を挟んで正面に位置する町の入り口に向けてルーロットを停留している。複数のルーロットが並んでとめられたその正面の広場では、男性が籠編み作業をするが、そこは家族が火を焚き食事をとる場所でもあり、町の人々からは、このマヌーシュ家族の野外での日常生活、さらにはその背後にある扉が大きく開かれたルーロット内部やそこに置かれている寝台までもが見える。

このように、ルーロットで旅をしていたマヌーシュの暮らしと、私が調査地で出会ったマヌーシュたちのキャラヴァン居住のあいだに、共通した身体の構えをみてとることができる。このマヌーシュの身構えは、外部環境や他者に対して自らの専有する空間を何らかの物的装置をもって区別し切り離すのではなく、むしろ自分たちの居住空間を他者との共在の場へと開くものである。そしてそれは同時に、他者との「共同性」を紡ぎだすものだともいえる。ただし、ここでいう共同性とは、他者と共にあることへの志向性でありながら、単に友好によって特徴づけられるような人と人の結びつきを指すのではない。それは、異質性を排除することによって成り立つのではなく、むしろ、葛藤や対立の可能性を内包したまま人と人が交渉し、相互行為をおこなう共在の場において、緊張関係を孕みながらたちあらわれる人と人の結びつきである。

本節では、このような共同性へと開かれるマヌーシュの身構えを分析する。まずマヌーシュがキャラヴァンを基点として、どのような身体の構えをとることにより居住空間を他者との共在の場へと拡張しているのかという点を探る。

3-1 空間を拡張する身体と「共在感覚」――視線の相互性

マヌーシュは、野外に広がるキャラヴァン外部の生活領域で日中の多くの時間を過ごす。昼間、スクラップ収集の仕事やその他の用事のために車に乗って居住地外へと出かけて行くことの多い男性に対して、女性たちは一人や数人で野外に置かれた椅子やテーブルの周りに身をおき、そばで遊んでいる子どもたちに目を配りながら、家事や雑談をするのが日課である。子育てを終えた年配の女性であれば居住地の外へと出る機会は少なく、家事労働の負担も大きくないので、一人ぽつんと何をすることもなく椅子に座っていることが多い。マヌーシュの居住地を訪問する私は、このような女性たちの格好の雑談相手となる。私の姿を見つけると、女性たちは声をかけるか手招きして、もう一つ椅子があれば、それを自分の椅子の横に並べてそこに座るようにすすめてくれる。椅子がなければ、私は座る女性のすぐ横に並んで話をすることになるのだが、いずれの場合も、椅子に座っていたり立っていたりしながら、話しあう二人や三人でキャラヴァンを背にし、身体の正面に広がる居住地の風景を見渡す状態になる。彼女たちと同じように身をおくと、人々の居住地内での動きや活動の内容などがよく見える。歩いて前を通り過ぎる人、車に乗って出かけて行く人や居住地に戻ってくる人、向かいの区画でおしゃべりをしている女性たち、居住地全体を遊び場として動き回る子どもたち、居住地の一角でスクラップの解体をしていたり、仲間同士で話しあっていたりする男性たちなど、キャラヴァン外部に広がる野外空間を行き交い、そこで日常のひと時を過ごす人々は、視界の広がりのなかで展開されている他の人々の活動の様子を見ることができる。

先に挙げた図4-1の詳細図では、こうしたマヌーシュの身体の配置を表すものとして椅子の位置を載せている。野外に置かれるこれらの椅子は常に固定されているわけではない。しかし、椅子の座面と背もたれの向きからみてとれるように、椅子に腰かけるマヌーシュの身体の配置には、自分の家族のキャラヴァンや小屋のある方向ではなく、隣人の宿営区画や人が行き来する小道や広場の方向に身体の正面を向けるという特徴がある。家族集団Aや家族集団

Cの区画にある椅子の位置からもわかるように、自分の家族が専有する宿営区画と小道や広場との境界が明確でないようなところに椅子を置いて座っている人もいる。調査当初、私はこれらの人々の身のおき方を見て違和感をもったが、それは彼らが自分たちの宿営区画で一人くつろいでいるのか、それとも車や人が行き交う小道や広場の傍らで誰かを待っていたり周囲の人とコミュニケーションをとろうとしていたりするのか、区別がつかなかったからである。マヌーシュの居住地では、人々の身のおき方によりおのおのの居住空間の内外の境界があいまいになり、人々の相互行為の展開を推測することも難しくなるのだ。

宿営区画は、四方を車や小屋で囲まれることはなく、必ずキャラヴァンや小屋を背にして椅子に座る女性たちの正面のスペースは開けている。つまり、特定の方向性をもった身体の構えを通して視界は広がり、個々の家族が専有する宿営区画は居住地住民が共同で利用する領域へとつながる。後で詳述するが、宿営区画の周囲に柵や塀が設けられていても、それらの障壁は視界をさえぎるほど高くないので、五～一〇メートルの距離で近接する宿営区画に住む人々は互いに互いの区画内部を視界に入れることができ、そこからさらに周囲に広がる居住地を見渡すことができる。

このように、マヌーシュの居住地では、拡大家族集団単位で一つのまとまりが形成されている一方で、その領域は居住地住民みなが共有する空間や近接する他の家族の居住空間に対して閉じられることなく、視線が入り混じる場となっている。ただ一方的に自分の位置から周りの人が見えるのではなく、自分の姿も周りから見られる状態にある。マヌーシュは、キャラヴァン内部に閉じこもって窓から人々の様子を眺めるのではなく、人々の視線をさえぎるもののない開けた野外環境に身をおくからである。したがって、ここでは、相互に見る、見られるという関係が成り立つ。そして、各人が別々のことをしながらも常に潜在的に関わりあっている状態にあって、いつでも応答し、応答される状況にある。キャラヴァンを背にして座る女性は、周囲で掃き掃除をしている娘の手際に文句を言ったり、孫が居住地に侵入してくる車と接触しないか見張ったりして、必要とあれば大声で叫んで注意することができる。また、用事を思いだせば、少し離れた広場で日曜大工やスクラップ処理の仕事をする夫に話しかけたり、車に乗って居住地の外から戻ってきた隣人を呼び止めたりすることもできる。そして同時に、彼女もこれらの人々やそばを通り過ぎる人から声をかけられて会話を始めたり、頼みごとを引きうけて別の用事に取りかかったりすることができる。マヌーシュは男女の空間的分離を規範的振舞いとして重視するが、居住空間における視線や声といった身体感覚のレベルではそれは無効となる。

視線の相互性は、マヌーシュの居住空間において特有のあり方で生じる身体経験の一つである。私がそのことを強く意識するようになったのは、調査地でのマヌーシュとの次のようなやりとりをきっかけとする。私が初対面のマヌーシュに出会い、「はじめまして」と自己紹介をしようとすると、その人がそれをさえぎり、「あなたのことは知っているわ、だってこのあいだ誰それのところにいたじゃない」、「私たちはすでに会ったことがあるよ」などと指摘することが何度もあった。マヌーシュは私をどこかで見かけて、おそらく私からも自分が見られていると考え、互いにその存在を認識しあったと思ったのであろう。しかし現実には、私は自分に対して向けられた視線に気づくことはなく、一方的に見られるだけで、その人を認識するまでに至らなかったのだ。

ここではもちろん、私が調査地では珍しいアジア人であり一方的に見られる機会が多かったことも考慮すべきだが、それ以上にそこには、「感覚の働かせ方」という点で私とマヌーシュのあいだに差異があったといえる。実際に、もしマヌーシュのようにまなざしの相互性を身につけていたのなら、視界の開けた空間に身をおき、見られている私は、同時に周囲の人を見ることができ、その人と出会っていたはずなのである。マヌーシュにとって、他者を見る自分は、当然、他者から見られているということになる。そこで彼らは初めて会話するという場面で自己紹介をしようとする私に対して、見る、見られるという共同の経験があったことを指摘し、その身体的な関わりにおいて私たちの知りあう、出会うという関係がすでに始まっていたことを示唆していたのだ。

こうした見る、見られるという人と人の相互行為は、一種の非言語的、身体的なコミュニケーションであり、それはマヌーシュの固有の方向性をもった身構えによって可能となる。この点において、身構えは単なる身体の姿勢なのではなく、他者に対する感覚の働かせ方という相互行為の様態を織りこんだ構えだということができる。人類学者の木村大治［2003］は、文化的に多様な相互行為のあり方から生まれる「共にいる」という感覚、「他者に対する構えの体系」を「共在感覚」という言葉で表現しているが、マヌーシュの身構えが可能にしているのもこのような他者との交わりである。

木村によれば、ザイール（現在のコンゴ民主共和国）の焼畑農耕民ボンガンドの人々は、村の広場で不特定多数の人々に向けて何事かを大声で語るという「ボナンゴ」と呼ばれる発話形式をもつ。語る内容は、日常の情報、警告、誘いと何でもよく、それを聞いた人が何らかの応答を強いられることもなく、実際に多数の人が聞き流す。しかし、この一方的な発話形式ともいえるボナンゴが、村人の拡張された身体感覚に影響し、共在感覚を生みだすのだと木村は指摘する。村人は、壁があって対面的な状況になくとも、二〇メートル離れた人を「一緒にいる」という身体感覚で捉え、さらには五〇メートル離れた人と会話をしたりする。ボンガンドの村では、常に響き渡っている大声が届く範囲にいる一五〇〜二〇〇メートルの距離にいる人々は、挨拶境界の内側にいる、すなわち挨拶をする必要がないほどに、「すでに出会っている」ことになるのだ［*ibid*.: 107］。

このように一定の範囲の空間に響き渡る声を媒介にして生みだされる共在感覚と類似した感覚が、マヌーシュの居住空間においてもあらわれている。マヌーシュの場合、それは視線が相互に交じりあう空間を身構えによりつくりだすことで創出される。もちろん、マヌーシュの共在感覚もまた、視覚以外のさまざまな身体感覚によって支えられている。マヌーシュの居住地では、キャラヴァンがひしめきあい、生活が密接して営まれていることから、大声で誰かを呼んだり子どもをしかったりする声や子どもの泣き声、その他生活のさまざまな場面で生じる音や騒音、さらに小屋のなかで煮炊きする鍋や野外でおこなわれるバーベキューから漂ってくる匂いが充満している。そこでは、視覚以外にも、声や生活音や匂いによってひきたてられるさまざまな感覚を媒介に他者との関わりが生じているのである。

このように、マヌーシュの居住空間における共在感覚は視覚以外の諸感覚にも支えられているが、ここで視線の相互性の特徴として指摘しておきたいのは、それがキャラヴァン外部に広がる空間に方向＝意味を与える身体の働きを通して生じている点である。また、そうした視線の相互性を生みだす身体の働きが、キャラヴァンの配置や野外の生活領域の共有によって組織される拡大家族集団のまとまりという空間構成に変化を与えている点である。

視線の相互性が、あらかじめ防ぎようのない音や匂いのような感覚とは異なり、身構えの方法を変えることによって操作可能なものだということも注目すべきである。たとえば、マヌーシュは、車やキャラヴァン、柵や塀といった物的遮蔽を用いて、家族集団専有の区画を閉じることができるだろう。また、これらを用いなくとも、椅子や身体の向きを区画の内側に向けるだけでも、家族集団専有区画の内部と外部の境界を示すことができるはずである。しかし、マヌーシュはそうした方法をとることなく、キャラヴァンを背にして専有区画外部の方向に身体を向け、自分と家族だけでなく家族以外の他者ともまなざしを交わしあう。そこで創出される共在感覚は、拡大家族集団の専有区画の内外を越えて浸透するものであり、この点において、マヌーシュの居住空間を拡大家族集団の区画内部で閉じたものとみなすことはできない。そこでは、身構えがマヌーシュの居住空間を家族の親密圏の外へと開き拡張している。

この空間を拡張する人々の身体的な相互行為を理解するうえで、木村と同じく声に着目して、インドネシアのロングハウスに住む人々を「声の共同体」と表現したヘリウェルの次の指摘は重要である。ヘリウェルは、ロングハウスでは各室間の仕切りや壁の存在によって物理的、視覚的に境界が存在していても、声や日常の生活音、モノの行き来がその境界を浸透的な状態にすると述べる。そしてこうした、人々が日常生活のなかであいまいで流動的な身体の感覚や実践を通して「生きられた空間」を構築する過程を、空間構成図や社会組織図によって人々の生活世界を捉える従来の人類学の「視覚中心主義」は見落としてきたという［Helliwell 1996: 138］。このようにヘリウェルが述べることと同様に、マヌーシュの居住空間の開放性は、単にキャラヴァンや建築物や障壁といった物理的に空間を構成する要素の配置や有無によるのではない。マヌーシュの居住空間でも、感覚し知覚する身体を通して人々のつながりが生じ、それが空間構成図として紙に書き写し視覚化することのできない居住空間の広がりと人々の共同性をつくりだしている。

以上、マヌーシュの居住空間における身体の働きについて考察してきた。ここでは、マヌーシュの身構えが視線の相互性による共在感覚を創出していること、そしてその結果としてマヌーシュの居住空間が家族集団専有の区画内部に閉じられることなく居住地住民共有の領域へと拡張されていることが明らかになった。けれどもさらに注意すべきことは、マヌーシュの居住地は好悪さまざまな関係にある人々が共住する場であるがゆえに、共在感覚からもたらされる人々の共同性は、単に友好によって特徴づけられるようなものではなく、矛盾や葛藤を内包する点である。このような共同性が浸透する居住空間において、マヌーシュはどのように他者との共在を秩序づけているのか。そこで次に、マヌーシュが境界を設け、他者との共在状況を調整する方法をみていきたい。

3-2 境界を交渉する身体と「共在の技法」——心理的遮蔽

他者との視線が交じりあう空間に身をおくことは、他者との「潜在的」な相互作用が繰り広げられる領域に身を開くということである。なぜ潜在的なのかというと、対面状況にある人と視線を交わしあう状況において、マヌーシュは、常に会話の開始や見つめあいなどの積極的な相互作用を展開しているわけではなく、実際には、視線の相互性という弱い、ないしは「焦点の定まらない」相互作用［ゴッフマン 1980(1963), 2002(1967)］(2)にとどめていることのほうが多いからである。次に示すように、マヌーシュは、開放的な居住空間のなかで見る、見られるという他者関係に身をおきながらも、その一方で、誰彼なしにせわしなく関わりあっているわけでもない。

椅子にぽつんと一人で座っていたマヌーシュの老婦人が私に、「私はこの生活が好きだ。だってここだと人は、決して一人ぼっちだと感じることがないから」と話したことがある。日がな一日特に仕事をすることもなく椅子に座っている彼女のような人たちは、用事がなければ三〇分や一時間ものあいだ、誰とも話さずにただ座っているだけということが案外多い。彼女が誰かと退屈しのぎに雑談をしようと周囲を見回すとき、その視線に応答して彼女と目をあわせ声をかけてくる人もいれば、視線に気づかないか気づかないふりをして彼女に応答しない人もいる。けれども同時に、彼女が言うように、見る、見られるという空間のなかにいるということは、他者と視線の交わりだけでコミュニケーションが完結することでも、孤立していることでもない。そこでは、視線をはじめとするさまざまな感覚が行き交い、人々の身体的な交わりが生じているのであり、呼べば応え、呼びかけられれば応えることができるという応答可能性が保持されている。このように焦点の定まらない相互作用のなかでも創出される共在感覚に浸されているがゆえに、彼女は一人無言で座っていても、周囲の人から知らんふりされているとも自分が孤立しているとも思わないのである。

マヌーシュは、物理的な障壁によって他者との相互作用を制限することはしないが、他者との対面的な相互行為を通して共在状況を調整していると考えることができる。このような境界づけの方法はあいまいで捉えにくいものであるが、大森とドレが「心理的遮蔽」と表現したマヌーシュの居住空間における境界は、こうした他者や環境と相互に作用しあいながら空間構築に関与する身体の働きとして捉え直すことができる。マヌーシュの開放的な居住空間では、それぞれの人が専有する空間や親密な領域に対して、どのような場合にその領域に立ち入ってよいのか立ち入るべきではないのかを、つまり積極的な相互作用への展開を、そのつどの対面的な相互行為の状況に照らしあわせて判断していかなければならない。

私の調査地でも、同様の「共在の技法」を指摘することができる。開放的な空間を維持しながらも、他者の占める空間への不要な関与や介入を避けることは、マヌーシュの日常の社会生活において広くみられる。そしてさらに心理的遮蔽は、定住化の進む今日、好悪さまざまな関係にある人々と共住するマヌーシュにことさら必要とされる技法ともなっている。第1章で述べたように、現在、マヌーシュが集合宿営地を共有する隣人のなかには、古い親族関係で結びついた人々もいれば、同じ時代に同じ地域に定着を開始したために混住を余儀なくされることになった人々もいて、彼らは集住性の高い不自由な生活を送る。かつてマヌーシュは移動することで、集団編成を柔軟に変化させると同時に共同体内部の争いを解決していた。しかし、これは現代のマヌーシュ家族にとっては困難な選択となっている。人口過密状態にある宿営地を出て行きたいが、「他に行くあてもない」のだ。その結果、集合宿営地では住民間の諍いが頻繁に生じている。その背景は、個人間での交際トラブル、もしくは居住地の使用に関わる個人や家族集団の身勝手な行動などさまざまであり、決定的な理由を突き止めることは難しい。しかし、そもそも大人数の人間に不自由な共同生活を強いる居住環境が彼らに社会的ストレスを与え、不和を避けがたいものにしている。

こうした状況下、衝突の可能性を抱える他者と共住するために、マヌーシュは社会生活のさまざまな場面で要求される共在の技法を身につけている。たとえば、長年共住し親族関係にある間柄であっても、現状において友好関係を保っていない家族集団同士は、キャラヴァンを背中あわせにして並べることで、それぞれの家族集団の生活が視界に入らないように、互いの生活領域が交じりあわないようにする。しかし、限られた空間にキャラヴァンがひしめきあう居住環境では、いやおうなしに共在感覚は浸透してしまう。そこで、互いに身体的に対面し、観察し知覚される状況においても、挨拶や会話を避け、心的な距離を保つことで諍いが発展しないようにする。(3)

このコミュニケーションの方法は、定住化の過程で社会関係の変化を経験することになったマヌーシュが新たに編みだした共在の技法といえるが、それはまた「市民的無関心 civil inattention」[Goffman 1963] と呼ばれるように、現代の都市社会でも一般的にみられるものだ。ただし、ここで特徴的なのは、マヌーシュが見ず知らずの人々が行き交う都市空間ではなく、日常の居住空間において、関係の好悪はさまざまであるが長年居住し互いによく見知った人々と微細で身体的な相互行為を繰り広げている点である。マヌーシュは、外部環境や他者に対して自らの身体空間を開きながらも、積極的な相互作用への展開を無関心の装いや心理的遮蔽によって調整することで境界を創出し、他者との共在状況を秩序づける。マヌーシュの居住空間の境界を交渉するのは、こうした身体化された共在の技法である。

3-3　持続する身体性

以上みてきたように、マヌーシュはキャラヴァン居住の空間のなかで、身体的なコミュニケーションを用いて他者との共在を秩序づける。だがここで立ち戻って指摘したいのは、マヌーシュのこのような共在の技法が、共同体の成員が共有すべき規範や倫理として言語化されてはいないということである。それはむしろ、日常の居住空間とそこでの経験を共有することを通して、身体に刻みこまれていく他者への構えや感覚の働かせ方で、言語以前の身体経験のなかで維持される共同性に根づいているがゆえに、不確実で不安定なものだともいえる。そこで、マヌーシュが多様な他者と共住する今日の居住環境において、身体的に維持される共同性に裂け目が生じ、心理的遮蔽が無視されたり機能しなかったりするようなことはないのだろうかという疑問が生じてくる。

実際、近年の変化として、調査地のいくつかの集合宿営地では、本来建設の時点では存在しなかった、金網を張った柵やコンクリートの塀がマヌーシュ住民の手によって設置され、各家族が専有する宿営区画を取り囲んでいる様子がみられる。LC集合宿営地管理人は、あるとき、すぐそばで自分の区画の周囲に塀を建設していた住民を指して、私に次のように話した。「こんなことは、（居住地建設の）当初は考えられなかったことなんだ」。つまり、集合宿営地の計画者は、マヌーシュに適したものとして壁や柵などの物理的な仕切りのない開かれた居住空間を建設したのに対し、住民は区画を境界づけることで個別家族の専有領域を明確にしようとしたのである。

物理的な障壁の登場によって、マヌーシュのあいだに、自分たちの家族が専有する空間を周囲の環境から明瞭に区別したいという願望が高まっていることが指摘できる。かつての移動生活の時代において、障壁で囲われ個別家族ごとに私的に専有される空間というものをもたなかったマヌーシュが、定住化の進行とともに、それを必要とするようになったのだ。今日、個々の家族が自らの専有空間を物理的、可視的な方法で境界づけることは、集合宿営地という特有の居住環境のなかで現実的な衝突を未然に防ぎ、共住を安定化しようとする意識のあらわれともいえる。居住地を出て移動を再開することが、マヌーシュが隣人との諍いの発展を避けるためにとる積極的な問題解決の方策とすれば、障壁を建設することはその消極的な方策なのかもしれない。宿営区画の周囲に塀を設けることで、隣人の、もしくは隣人のもとに合流する親族のキャラヴァンが自分たちの宿営区画に侵入することを防ぐこともできるであろうし、宿営地全体を遊び場とする子どもたちが侵入してお菓子の残骸を散らかすことも防ぐことができるであろう。

このように、障壁の建設に他者との共有空間と個別家族の専有空間の境界を明確にする一定の役割をみいだすことができる。しかしながら、実際に設けられている障壁を見ると、それは先に挙げた共在感覚を拒否するものではないということにすぐさま気づく。なぜなら、それらの塀や金網は一メートル未満の高さしかなく、コンクリートやレンガの塀であればだいたいはひざの高さまでのきわめて低いものばかりであって、外部の人間の視線をさえぎる機能をもたないためである。人々はその金網や塀越しに、近くを通る住民と声をかけあったり握手をしたり、モノの受け渡しもしている。そもそも毎食を共にし、頻繁に行き来する両親の宿営区画とのあいだに柵を設けている子夫婦の場合、柵が両者のコミュニケーションを制限するための重要な機能をもっているとは考えづらい。つまり、マヌーシュが各区画の周囲に設ける障壁は他のマヌーシュのキャラヴァンや車などの侵入を制限する一定の役割をもっていても、他者との相互行為を制限する役割はほとんど果たさない。それらは、モノや声やまなざしが行き来する「浸透的な境界」［Helliwell 1996: 138］なのである。

マヌーシュの居住地に建設された障壁は、マヌーシュの居住環境やそこでの他者関係に生じている変化を示す一方で、他者との相互作用の場へと自らの身体空間を開くというマヌーシュたちの身構えを制限するものとはなっていない。定住化に伴う居住環境の変化にもかかわらず、マヌーシュ独自の身体性は依然として維持されている。このことを明確に示す事例として、さらにLC集合宿営地の事例を挙げたい。第2節で五つの宿営区画のドーナツ状の集合体であるイロの複雑な構造とその問題点を説明したが、ここでは、イロの中心部に設置されているパティオの使用状況に着目する。

事例4-3　放棄されたパティオ

ＬＣ集合宿営地のイロの中心部には、パティオが設けられている。南ヨーロッパ建築において特徴的にみられるパティオ（中庭）は、居住空間の内部に位置しながら外部＝野外でもあり、進入を許された人同士で、隣人や周りを通り過ぎる人の目を気にすることなく過ごすことを可能にする、開かれているようで閉じられた空間である。パティオは、本来マヌーシュにとっては馴染みのないものであるが、一つのイロを共有するマヌーシュの家族集団が共に団欒し、食事をする際の戸外空間としては適しているようにも思える。パティオの広さはキャラヴァン設置区画をやや小さくした程度で、家族が椅子やテーブルをもち寄って集まるのにちょうど良い大きさである。加えて、パティオは、水道と調理設備が備えつけられている各家族の小屋五戸すべてのドアと直接つながっているので、スムーズにみなが集合できる場所となっている。けれども、実際はどうかというと、五棟のイロのいずれのパティオもほとんど使用されていない。そこは、普段使わないバーベキューセットや壊れた電化製品などの物置と化しているか、ただの空きスペースとなっている。住民は、自分の区画から同じイロにある別の家族集団の成員の区画へと最短距離で移動するためにパティオを通過しても、そこを家族の集まりの場とはしない。パティオに椅子を置いて座ろうとする人もそこで立ち話をする人もいない。住民が家族や仲間と集い食事や団欒をする場所は、イロの外側に広がる野外のキャラヴァン区画である。

前述のように、ＬＣ集合宿営地でも一部のマヌーシュ家族が、個別に専有する各区画の周囲に柵や塀を建設している。しかし、もしこのマヌーシュたちが障壁によって他者とのコミュニケーションを制限することを望んでいたのならば、円形に壁で囲まれたパティオは家族集団のための特権的な親密空間として大いに活用されたことであろう。しかし、実際にマヌーシュが家族でくつろぐ空間は、他者や他者の視線の侵入を調整することができるパティオではなく、彼らと互いに視線を交わせ、声をかけあうことができるキャラヴァン脇の野外空間なのである。

他者や外部環境へと開かれた空間において、人と人のコミュニケーションのあり方は可変的で、挨拶や会話の開始へと展開することもあれば、無関心の装いによって潜在的な相互作用にとどまることもある。このような共在とコミュニケーションの場に、マヌーシュは身を開く。心理的遮蔽を用いた共在の技法は日々の身体経験の共同性に基づくがゆえに危ういものであり、物理的な障壁のように、時に緊張関係を孕むような他者との関わりあいを切断したり、あらかじめ調整したりする機能をもたない。実際に、調査地の集合宿営地では、住民間のいざこざは頻発している。しかしそれにもかかわらず、マヌーシュが選びとるのは、自らの身体と住まいを他者との社会的かつ身体的な交わりの領域へと開き、他者と共在のための相互行為を繰り広げることなのである。

以上のように、他者との相互行為のあり方が刻みこまれたマヌーシュの身構えが、居住環境の変化にもかかわらず持続していることが確認できる。だが、このことを理解した今指摘しておかなければならないのは、先に挙げたルーロット宿営の事例や調査地の事例でもみたように、マヌーシュの身構えは親族やよく知った居住地の隣人ばかりでなく、敵対の可能性のある定住民という他者に対しても閉じられないという点である。相互に異質で時に緊張関係を孕むような人と人の共在の場へと身を開きながら、マヌーシュは定住民社会の只中に自らの住まいの空間を創出する。そこで次に、現代の都市空間におけるキャラヴァン居住へと検討を進めたい。

4　都市を生きぬく空間的実践

近年、人類学や地理学の諸研究において、都市を生きぬくために人々がおこなう空間的実践が注目されている［加藤・大城　2006; 関根　2004; Ruddick 1996］。「都市が社会を埋めつくし、差異によって存立していた都市がその力の増大・浸透によって差異の消失を帰結するという逆説」［関根　2004a: 1］、すなわち「非―場所」が増大する「スーパーモダニティ」［Augé 1992; オジェ　2002(1994)］のなかで、一般の民衆や社会的弱者が路上や歩道といった都市の隙間や周縁を流用し、「生きられた空間」を創出している。現代都市空間の内部で生きざるをえないこうした人々の実践に特徴的にみられる態度は、単に抵抗や反発という言葉で表現されるものではない。たとえば、インドの歩道生活者は「受動の主体性とでも呼ぶべき」流用［関根 2004b: 488］により、都市の大通りを巧みに生活や祈りの場へと変えていく。本節でみるように、都市の隙間に生きるマヌーシュもまた、受動性のなかの創造力をもって定住民の空間システムの内部に自らの生活を滑りこませる。

「都市計画の地図のなかに移動生活者のための空間を置きいれようと考える人など誰一人いない」と、第3章で登場した都市計画家ジュパン氏は述べていた。彼の言葉どおり、都市計画においては、学校や教会、行政、商業、娯楽、医療などの各種施設や住宅地といったさまざまな空間がそれぞれの機能別に都市のなかに配置されているが、マヌーシュたちの住まいの場はどこにも位置を得ることはできずに、都市の最周縁へと追いやられている。移動から定住へ、農村から都市へという、マヌーシュが第二次世界大戦後に経験した居住環境の大きな変化は、フランス社会の急速な都市化現象と並行して生じたものであり、この過程で彼らの住まいの場は、かつて彼らが好んだ農村地帯の茂みや小川のほとりではなく、一般の住民が立ち寄ることのない都市の端に残された空き地や「指定地」に変わった。

近代が生みだした都市空間には、均質化し統合する能力と分断し序列化する能力という、相互に矛盾し対立する二つの傾向がみいだされるといわれるが［ルフェーヴル 2000(1974)］[4]、このような均質化と隔離の同時作用がもたらしたものとして、集合宿営地を捉えることができる。これらの「受け入れ地」が、調査地のマヌーシュによって「そこにキャラヴァンをとめるように指定された土地」として解釈されていることはすでに述べた。指定地は、マヌーシュを都市の最周縁に集約的に囲いこみ、社会的にも物理的にも不可視化する一種の空間的装置のようにもみえる。

キャラヴァン居住者に特定の空間を与え、それを明確に一般社会から分離することは、第二次世界大戦後から現在までのフランスにおける移動生活者政策を特徴づける対応である。この空間管理の特徴を捉えるにあたり、人類学者スコットの次のような議論が参考になる。スコットは、なぜ国家は遊牧民やジプシーや放浪者などの「動き回る人々」を敵視し、彼らを定住させようと絶え間なく努めるのか〔Scott 1998: 1〕と問い、その答えとして、近代の国家が「読みやすさ legibility」と「一元化 simplification」という視点から社会とその空間を秩序だてようとしてきたからだと述べる。国家は、本来複雑で異種混沌的であるはずの自然や土地、そこに暮らす人々といった統治の対象を、鳥瞰的なまなざしのもとで画一化、整理することでそれらを「読みやすく」、すなわち制御しやすいものへと再編する。つまり、「読みにくい」対象である「動き回る人々」に一元化の手段を適用し、「読みやすい」対象へと変換することは、統治の観点から必要不可欠なのだ。

このスコットの指摘を踏まえると、二〇世紀後半のフランスにおいて変化した移動生活者政策の特徴を次のように理解することができる。第2章で説明したように、公営の集合宿営地建設が制度化される以前、すなわち一九六〇年代以前のフランスでは、キャラヴァン居住者の宿営に対して、黙認か強制退去かという選択肢がそのつど臨機応変に選ばれていた。クゥクゥ・ドエールの一族が活発に移動生活をおこなっていた時代にも、警官による取り締まりは頻繁にあったが、それは徹底的なものではなかった。これに対して現代では、首尾一貫した空間管理の法に基づき宿営地という指定地が整備され、空間的かつ社会的な分離の徹底が目指されるようになった。マヌーシュのような移動する人々はいつの時代も捉えがたく一元化しにくい存在であったが、今日、国家の依拠する均質化の論理が貫徹されるなかで、彼らは隔離ないしは隠蔽といった強制力を受けるようになったといえる。

すでに述べたように、ポー地域にある四つの集合宿営地は、そのすべてが都市の最縁辺に建設されている。宿営地は林や高速道路で囲まれ、その先は行き止まりとなっているので、マヌーシュ以外の一般の市民が居住地の前を通り過ぎることはほとんどない。マヌーシュの居住地は、象徴的にも現実の物理空間上でも縁辺に追いやられ、他者との交通を絶たれた場所となっている。この都市化の過程で生みだされた新たな空間管理の法において特徴的な態度は、異質なものを隔離し不可視化し、コミュニケーション（交通）を否定することである。あるとき、NB集合宿営地のキャラヴァンが火の不始末が原因で夜間に激しく燃えた。幸い怪我をした人はいなかったが、翌朝、マヌーシュ住民の一人は次のように私に説明した。「私たちはすぐに消防署に電話した。けれども誰も来やしない。ここは放棄された土地だからね」。黙認であれ排除であれ、定住民社会との交流と出会いの可能性へと開かれていたマヌーシュのかつての宿営空間は、今では外部との交通を閉ざされた空間へと変化したのだ。

都市空間におけるマヌーシュの身構え

このような定住民社会の空間管理のもとで、マヌーシュはどのように住まいの場を模索しているのだろうか。集合宿営地や家族用地に暮らす人々の対応や試みについては第I部で述べてきたので、ここでは地域内の空き地や道路脇や駐車場用地にキャラヴァンをとめて暮らすマヌーシュ家族の生活に着目したい。

調査地の移動生活者（マヌーシュ）人口の推計は一三〇〇人であるが、宿営の許可なく土地を占拠してキャラヴァン居住をおこなう人々の割合はその三分の一程度だとされる（第3章図3-1参照）。これらの野営地は、半恒久的に住まわれるものと一時的に住まわれるものとに区別することができる。まず、国や自治体などの公的機関の所有する土地のなかには、ある日突然退去を命じられる可能性はあるが、基本的には無許可での宿営が「黙認された土地 terrain toléré」がある[5]。これに対し、通常、数週間から一、二カ月たてば追いだされてしまうような土地があり、ここに一年を通して地域内を巡回するエランス・ローカルの家族が暮らす[6]。

これらのマヌーシュは、自治体が所有する空き地や建設予定地、公道やロータリー脇の緑地、娯楽施設などの公共施設のパーキングや工場の跡地などで、「違法」とされる宿営を繰り返す（写真4-5参照）。郊外に隠されたように建つ公営の宿営地とは異なり、このような都市の隙間ではマヌーシュのキャラヴァンは非常に人目につく。通常、地元警察は一週間から二週間は宿営を黙認する。即刻の強制退去を命じたところで、マヌーシュたちに用意されている宿営地が他にないためである。しかし、一般住民が所有する農地や、公有であっても教育機関や一般住民の住宅が近隣にあるような空き地などでは、キャラヴァンをとめて数時間後には警官が駆けつけ、敏速な排除がおこなわれる。空

写真４－５　都市の隙間のキャラヴァン居住１
パーキングのゲートには「キャンプ・閉鎖・禁止」の看板が掛けられている。

間管理者もまた、宿営を未然に防ぐために土地の出入り口に車両の高さを制限するバーを立てたり、溝を掘ったり盛り土をしたり、一メートルほどの高さの岩を一定の間隔で設置したりなどの措置をとるのだが、こうした管理強化はあまり効果がない。マヌーシュ家族は一カ月もしないうちにまた同じ土地、もしくは別の土地にやって来て、これらの障害物をくぐりぬけて生活を再開するからだ。

　主流社会の空間管理の只中でおこなわれるマヌーシュの空間的実践は、ミシェル・ド・セルトーが「戦略」との対比で提示した「戦術」の概念と重なる。「戦略」が一望監視や超越的な視点にたって「自分のもの［固有のもの］」の境界を引くのに対し、「戦術」とは、「自分のもの［固有のもの］をもたないことを特徴とし、「他者の土地」でいやおうなく生きてゆかねばならない弱者や民衆が、「一定のおきてを押しつけてくる場から出てゆくのではなく、その場に複数性をしつらえ、創造性をしつらえる」技《わざ》」［ド・セルトー 1987: 91-101 強調原文］を指す。このような戦術的な空間的実践によって、マヌーシュは主流社会の空間管理をすりぬけ、自らの生活の場を都市空間のなかに侵入させる。ひとたびそれが成功すると、都市の隙間には彼らの日常の生活が充満する。定住民社会にみられる一般的な住居の場合、私的領域と公的領域の境界が門や庭、エントランスといった物理的な隔壁によって明確に示されている。しかし、マヌーシュのキャラヴァン居住においては、そのような「私的―公的」を分け隔てる物理的な

写真４－６　都市の隙間のキャラヴァン居住２
手前の柵には色とりどりの洗濯物が干されている。

事物や空間的措置は取りはらわれる（写真４－６参照）。

キャラヴァンの野営地の横を通り過ぎる定住民は、女性たちが周囲の金網や塀を利用して洗濯物を干し、野外で食事の準備をする様子、人々が食事をし憩う様子、その周りで子どもたちが遊ぶ様子など、マヌーシュが営む日常生活のさまざまな場面を目にすることになる。定住民社会は、マヌーシュに集合宿営地という不可視化し隔離することのできる固有の場＝指定地を与えようとするが、マヌーシュは自らの居住空間を外部環境や他者へと開き、可視化するのだ。そして、マヌーシュと定住民とのあいだにも共在感覚が浸透する。通常、その場を通り過ぎていく定住民は、これらのマヌーシュに声をかけることも過剰な視線をそそぐこともない。両者のあいだでも無関心の身振りが交わされる。

ただし、最終的にこうした野営地には通報を受けた警官が必ず登場し、マヌーシュに立ち退きを指示する。彼らが頻繁に宿営をおこなう空間とは、道路の脇や使用されていない空き地といった都市のなかのありとあらゆる隙間で、このような公共空間をマヌーシュは生活の場として流用し、その空間を物理的にも概念的にも一時的に占有するため、それは見逃すことのできない「違反」となるのだ。外部と内部を明確に区別し、境界を固定することが西欧近代特有の空間管理法だとすれば、公共空間を私的な居住空間として流用するマヌーシュの住まい方は、その想定されていたはずの内部と外部の境界を揺さぶるのだといえる。

以上の議論を踏まえると、現代都市の内部で営まれるキャラヴァン居住が問題視される背景には、マヌーシュ独自の身構えが深く関わっていると指摘できる。マヌーシュの身構えは、都市空間に異質性を創出するのである。この異質性は、本章で述べてきた文脈におくのなら、マヌーシュたちが都市社会に生きる人々とのあいだに紡ぐ共同性とも呼べるものである。しかし、私が道路に面して椅子を並べて団欒するマヌーシュの宿営風景を目撃したとき、まず戸惑いを感じたように、現代の都市社会では、空間を均質化され断片化されたものとみなす感覚が浸透している。こうした「読みやすい」空間や「建築パースペクティヴ」に馴染んだ近代的認識の枠組みは、馴化しえない異質な他者が同一空間にあらわれることに対して戸惑い、彼らとの偶発的な出会いやそこにたちあらわれる共同性を最小限におさえようとする。このような他者への構えを現代の都市社会に生きる定住民に固有の身構えとするならば、これと対極にあるのがマヌーシュの身構えなのだ。

5　「共にあること」を交渉する住まいと身体——第4章まとめ

今日、マヌーシュは一地域に定着し、多様な人々と共住することになった。そこには友好関係にある他者もいれば、敵対や不和の関係にある他者もいる。このような好悪さまざまで社会関係の結び方も異なる人々とマヌーシュはどのように住まうのかという問題を、本章ではキャラヴァン外部の生活領域とそこでの身体の構えに着目して考察した。

インゴルドたちが指摘していたように、人の住まいがかたちづくられる過程は、空間構成図をみることだけでは捉えられない。同じくマヌーシュの住まいも、キャラヴァンの使用法や配置、その他の物理的な空間構成の要素の有無を把握することだけでは、その独自の様態を理解することはできない。なぜなら、そうした「建築パースペクティヴ」では、周囲の自然的、社会的環境との関係を秩序だてていく「住む」という日常生活のなかで、人が自らの身体を通して環境や他者と相互作用し、方向＝意味を産出するプロセスを見落としてしまうためである。

キャラヴァンを基点として住まいをかたちづくるとき、マヌーシュは、境界画定のための物的装置を欠いたまま、環境のなかで動き、方向＝意味を生みだしながら他者と相互行為をおこない交渉する身体を、キャラヴァンの延長として、空間を拡張し境界づけていく道具として利用する。他者との共在感覚を創出して身体空間を拡張するのも、他者との相互行為を調整して心理的遮蔽をつくりだすのも、動き行為することによって周囲の環境に対して働きかけ応答する身体である。そこでは、身体がその構えと感覚を通して特定の方向＝意味を空間に与える。この点において、モースが示唆したように、マヌーシュは自らの身体を道具として用い、住まいをかたちづくるということができる。マヌーシュは象徴的意味が書きこまれる身体ではなく、固有の構えを通して他者との相互行為を方向づける身体を空間構築の必要不可欠な媒体とする。

本章ではまた、マヌーシュの身構えが居住環境の変化のなかでも持続していることを指摘した。マヌーシュは定住化に伴う社会関係の緊張を経験しながらも、物的な遮蔽装置によって外部とのコミュニケーションを制限された空間に身を閉じるのではなく、家族や隣人や定住民といった好悪さまざまな関係にある他者との交わりの領域に向かいあうように身体を構える。現代のキャラヴァン居住のなかには、こうしたマヌーシュの他者との関係構築のあり方が変わることなくみいだされる。

定住化を進行させながらなおもマヌーシュがキャラヴァン居住を継続することの背景としては、キャラヴァンを放棄して家屋や集合住宅に住むことで、移動しながら彼らがおこなう経済活動や遠方に暮らす親族との再会、宗教行事への参加が難しくなること、また社会的にも経済的にも周縁化された状況でそうした定住型の住居にアクセスしづらいことなど、さまざまな理由を挙げることができる。しかし、同時にこのことには、本章でみてきたように、共在感覚が浸透するキャラヴァン居住の特徴が大きく関係しているはずである。マヌーシュはキャラヴァンに住むことで、家族が集う親密圏の外に広がり、多様な他者との共在やコミュニケーションを可能にする生活領域をつくりだす。そうした他者との相互行為のあり方や共同性に自らの住まいと身体を開くことを選択するがゆえに、マヌーシュはキャラヴァンに住み続けるのだとも考えることができる。

こうしたマヌーシュの住まい、あるいは共同性のあり方は、より広い意味での彼らの居場所構築の方法と結びつく。マヌーシュにとって定住民という他者は、異質な他者であると同時に彼らの生活において不可分な他者である。共同体、経済活動、文化（言語や宗教）のいずれをとっても、マヌーシュが他者や異質性を排除して自己充足的な方法で営むものはない。むしろ、マヌーシュは他者の只中で、その資源を柔軟に取りこむことで彼ら独自の生活を維持し再編してきた人々である。この点において、マヌーシュのキャラヴァン居住における固有の身構えは、他者との共同性へと開かれるマヌーシュの住まいのかたちだけでなく、〈外〉との絶え間ない相互作用を通して自らの社会と文化を紡ぎあげてきた彼らの生のかたちを示すものだといえる。

以上のように本章では、キャラヴァンの外部に広がる生活領域とそこでの身構えへの着目を通して、マヌーシュがキャラヴァンという居住の道具を介してつくりだす空間と身体性を検討してきた。だが、それらは、マヌーシュのキャラヴァンと身体、他者、環境との関係の一つの側面でしかない。次章で明らかにするように、キャラヴァンはマヌーシュの身体と多様で多義的な関係をもち、キャラヴァンの内部に人が入りこみ身を包まれるとき、別の関係がたちあがることになる。

第5章 身体を包み、位置づけるキャラヴァン

五〇代のマヌーシュ女性ブルガは、普段からユーモラスな喩えを会話のなかに挟み、周囲の人々に笑いをもたらす人物であった。私が、集合宿営地の小屋のなかでくつろぐ彼女のもとを訪れ、雑談を交わしていたときもそうである。「あなたたちは必ず、それぞれがそれぞれにキャラヴァンをもっているのね」と口にした私に対し、ブルガは「そうよ、私たちはまるでエスカルゴなのよ！」と言って返した。このときのブルガの言葉にその場にいたマヌーシュたちみなが笑い、彼女のユーモアのセンスをほめたたえたのだが、私は「エスカルゴ」のイメージが実にぴったりと彼らのキャラヴァンとの関係にあてはまると感心した。私には、マヌーシュの人々が、まさに「エスカルゴの殻」のようなキャラヴァンにそれぞれの身体を包みながら、共に移動し、集い、暮らしているように見えたのだ。

前章では、キャラヴァン外部の生活領域に着目し、マヌーシュが、隣人や仲間、定住民といったさまざまな他者との相互行為の場へと自らの身体を開きながら居住空間を構築していく過程を論じた。本章では、キャラヴァン内部の空間に視点を移し、マヌーシュが「エスカルゴの殻」のようなキャラヴァンを用い、個人に固有の身体空間をたちあげる様子を考察する。先の章での議論と同様に、本章でも、住まいのなかで人の生の様式が編みあげられていく過程

［Ingold 2000］を、マヌーシュが自らの身体を通して周囲のモノや環境と作用しあい協働する場面に注目しながら探究していく。

　とりわけ本章では、マヌーシュが「個」を育み、他者との関係や共同性のなかに位置づけていく様態を、「集団への埋没」と「個の自律性」という静態的な対立図式を超えて理解することを目指す。序章で述べたように、先行研究では、ジプシー社会における個と共同性の関係は、西欧近代的な個人主義の裏返しとして捉えられ、家族中心主義や集団主義的な価値観と行動規範の重要性が強調されてきた。本書でも同様に、個としてのマヌーシュが周囲の共同体から切り離されることなく、さまざまな他者と共にあることで住まいを紡ぎあげていく様子をみてきたが、それと同時にそこでは、マヌーシュの共同体や共同性が個の否定としての集団中心主義にあてはまらないことも浮き彫りになった。マヌーシュは個別家族や家族集団単位で自律的に生活を営みつつ、必要不可欠なかたちで親族集団や地域のマヌーシュ共同体のなかに融合していた（第1章と第3章）。また、彼らは「自分たちだけの土地」といえるような私有地に暮らすことを望みながらも、他者との相互行為と共在の場へと参入していた（第3章と第4章）。つまりそこには、個の自律性と共同性への志向が絡みあう状況があった。

　本章では、こうしたマヌーシュの住まいにおいて繰り返しあらわれる個と共同性の関係を、キャラヴァンという住居と人の身体との関係、そこにたちあがる「個別性の領域」に着目しながら考察する。マヌーシュの住まいのなかで、キャラヴァンは人の身体を包みこみ、周囲の環境のなかに位置づけるモノとしてあらわれる。このようなキャラヴァンを用いることで、マヌーシュは、人々が共に住まう「共同性の空間」のなかに個人に固有の身体空間である個別性の領域を創出する。

　「個別性 individuality」とは、一般的に、人が自らを他者から区別された固有の身体的、社会的存在として知覚し意識する状態を指す。個別性は、社会に対して個人を特権視する歴史的かつ社会的に条件づけられたイデオロギー的態度である「個人主義 individualism」とは異なる。それは、経験的リアリティとしてあらわれ、あらゆる社会において遍在すると考えられるが［Cohen 1994; Poole 1994］、同時に、個々の社会との関わりを通して固有のあり方で経験され育まれるものでもある［Ingold 1994; Marie 1997; 松田　2006］。

本章では、このような意味での「個別性」が刻印される空間を「個別性の領域」と呼ぶ。他方で、「共同性の空間」とは、一定の行動様式や価値の集団的共有を通して、マヌーシュが共に暮らす家族や仲間とたちあげる意味空間とみなすことができる。ただし本章では、あらかじめ存在している秩序や規則を前提として共同性の空間を捉えることはしない。身体とキャラヴァンとの関係を通して、マヌーシュの個人が共同性の空間のなかで個別化されていく過程を考察する方法をとることで、モノ、身体、意味がもつれあう日常の居住空間のなかで秩序の感覚が育まれ、時に意味作用の手前で共同性が創出される状況をも照らしだしていく。また、身体とモノとの多層的な関係に注目することで、一方向的あるいは対立関係ではない個と共同性が個人やその身体から広がり、相互に絡みあう状況に光をあてることもできるだろう。

はじめに、キャラヴァンの利用法を説明しながらマヌーシュの身体とキャラヴァンとの関係について指摘し、そのうえで、ジプシー人類学の清浄と不浄の象徴体系をめぐる議論を再検討する。そしてさらに、キャラヴァンと身体の関係のもとでたちあがる個別性の領域について明らかにするために、まず、キャラヴァンが成長し変容する人の身体を位置づけ、個別化する状況を、次に、キャラヴァンが人の身体を包みこみ、他者の身体との共同性へと開いていく状況を探っていく。最後は、以上の議論を整理し、マヌーシュの住まいにおいて育まれる個と共同性の様態を考察する。

1　キャラヴァンと身体の関係

それでは、日常生活におけるキャラヴァンの利用法について説明し、マヌーシュがキャラヴァンを介して身体と周囲の環境との関係を秩序づける方法をみていく。

1-1　キャラヴァンの利用法

すでに指摘したように、家屋を取得すればキャラヴァンが不要になるのではない。マヌーシュは、家屋を台所や食事場所として利用し、その横にキャラヴァンを置く。十分な広さと機能をもった家屋があるのになぜキャラヴァンが必要なのか、このように問う私に対して、彼らは「眠るためにキャラヴァンが必要なのだ」と言う。居住環境が多様化する現在でも、キャラヴァンはマヌーシュにとって、欠くことも代替することもできない住居である。

マヌーシュは、キャラヴァンと野外空間の二種の空間を連結することでさまざまな日常生活をおこなう。ただし、キャラヴァンは必然的にその外部空間と融合していながらも、ドアを閉じた状態で、個々人の私的な活動のために使用されるという特徴をもつ。「眠るために必要」とされるキャラヴァンは、睡眠以外の目的でも使用されるが、その使用には一定のルールと特徴がみられる。キャラヴァン内部では、睡眠や休息、着替えといった身体の私秘性に関わる行為がおこなわれ、そこには、外部の集団的かつ社会的な領域から差異化された個人の身体空間がたちあがる。

以下では、キャラヴァン内部の空間が、個人の身体空間、あるいは個別性の領域としてどのように利用されているのかを具体的に検討していくが、そこでは「プロプル propre」というフランス語の単語が頻繁に登場することになる。これは、調査地のマヌーシュたちとの会話のなかで私が幾度も耳にした単語で、本来、清潔や適切という意味がある。

マヌーシュの用法においても、「プロプル」は身体や身体をとりまく衣服やモノ、空間の清潔さ、そして身体の状態や身体との関係におけるそれらのモノの配置の適切さを指し示す。さらに「プロプルではない」といった否定表現の場合、「正しくない」という一般的な価値判断を示すことにもなり、「プロプル」はさまざまな場面でマヌーシュが日常的に用いる言葉である。(1)

清潔さへの配慮

かつて、マヌーシュが使用していたルーロットと比べて、今日フランスで流通しているキャラヴァンは丈夫で高機能である。ルーロットは主に寝室や収納スペースとして用いられていたのに対し、キャラヴァンには、寝室があり収納スペースやサロンがあるだけではなく、シャワーやトイレや台所といった日常的に人が必要とするすべての設備が備えつけられ、それはまるで一つの家屋のようである。実際に、定住民の旅商人や旅行者は、キャラヴァンを家屋の代用品のように使用する。つまり、キャラヴァン内部で眠り食事もすれば、入浴や排泄もする。しかし、定住民によってこのように使用されたキャラヴァンをマヌーシュは購入したがらない。マヌーシュは同じ値段であれば定住民の使用したキャラヴァンではなく、マヌーシュ仲間から中古のキャラヴァンを買い取ることを好む。(2)なぜなら、定住民とマヌーシュとでは、次のようにキャラヴァンの使用法が異なるためである。

マヌーシュにとって、キャラヴァンは生活に必要なあらゆる機能を集めた空間としての家屋の代用品なのではなく、身体の必要性に応じて特定の用途に向けられ、他の生活領域とは明確に区別されるべき空間である。マヌーシュは、本来、キャラヴァンに備えつけられている多様な機能設備を限定的に使用する。彼らは新車のキャラヴァンを購入すると、トイレやシャワー、キッチンの流しを取りはずすか、物置に変えてしまう。マヌーシュは、調理や食事、入浴や排泄行為を、キャラヴァンの外でおこなうべきことと考える。

このようなキャラヴァン内部の機能設備の取捨選択に大きく影響していると考えられるのが、マヌーシュに固有のキャラヴァンと身体の結びつきである。マヌーシュは清潔さを重視して、自らが専有し所有するものが汚れていたり、散らかっていたりする状態を「恥ずべきこと」と考える。集合宿営地では、集団で使用される衛生設備や広場、ごみ置き場などはごみが散らかり、恒常的に損壊状態にあることも多いのだが、個々の家族が専有する区画やその周辺は常に清潔に、きちんと整理され保たれている。マヌーシュ女性は、一日の大半を家事に費やし、キャラヴァン内外の空間を動き回って掃除する。ごみや食べかすは放置されず、毎食後女性たちがほうきですばやく片づける。それでもマヌーシュは床や地面に少しでも食べ物が触れると、「これはプロプルではない、汚い」と言って、それが一家の昼食用の大きなパンであっても捨ててしまう。

清潔さへの配慮は、日常のさまざまな場面でマヌーシュの自然な所作としてあらわれるのだが、キャラヴァン内部においてより強化される。キャラヴァンのなかに私を招く際に、女性が「散らかっていてプロプルではないのよ、恥ずかしい」と言うことがあるが、たいていキャラヴァンのなかは清潔できちんと整頓されている。キャラヴァンは、毎日のように徹底的に清掃される。晴天時には、キャラヴァンの外壁を洗浄し、布団を取りだして外に干し、キャラヴァン内部の床や壁、備えつけの家具の隅々を雑巾やモップで洗浄し磨きあげていく。

このように塵一つないほどに、きわめて清潔に保たれるキャラヴァン内部の空間は、人に応接する小屋や野外空間とは異なり、基本的には所有者の家族によってのみ排他的に使用される。キャラヴァンにはベッドが置かれ、人はそこで眠り、休息する。また、着替えをするのもキャラヴァンのなかである。女性ならば化粧をしたり、身体を水でぬらしたタオルで拭いたり下着を干したりと、男性よりも身体の私秘性に関わる行為をキャラヴァンのなかでおこなう機会は多くなる。しかし、男女を問わずキャラヴァンの使用法において共通しているのは、同じ身体的行為である食事や排泄といった用途には使用しないということである。つまり、キャラヴァンは、身体の清潔さや私秘性を保つための目的で利用され、身体から出される排出物や汚れが極力避けられる空間となっている。

キャラヴァン内部における身体とモノの関係

図5-1は、あるマヌーシュ家族のキャラヴァン内部と外部の空間におけるモノの配置を示している。キャラヴァンのなかは清潔でなければいけないので、食べ物や汚れた服、靴、ペットとして飼われている犬や鶏など、汚れの原因となるようなモノ、汚れをもちこむモノが内部に入りこまないように注意される。これについてマヌーシュは、それは「汚い *čikelo*/ sale」がために「禁止されていること *pótemen*/ interdit」だと説明する。「キャラヴァンはいつもプロプルでなければいけない」と女性たちが言うように、身体から出てくる汚れや外から来て身体を汚しかねないモノは、キャラヴァンを汚すモノとして注意深く避けられるのである。そしてキャラヴァンのなかには、清潔な衣類や日用品のみが置かれる。

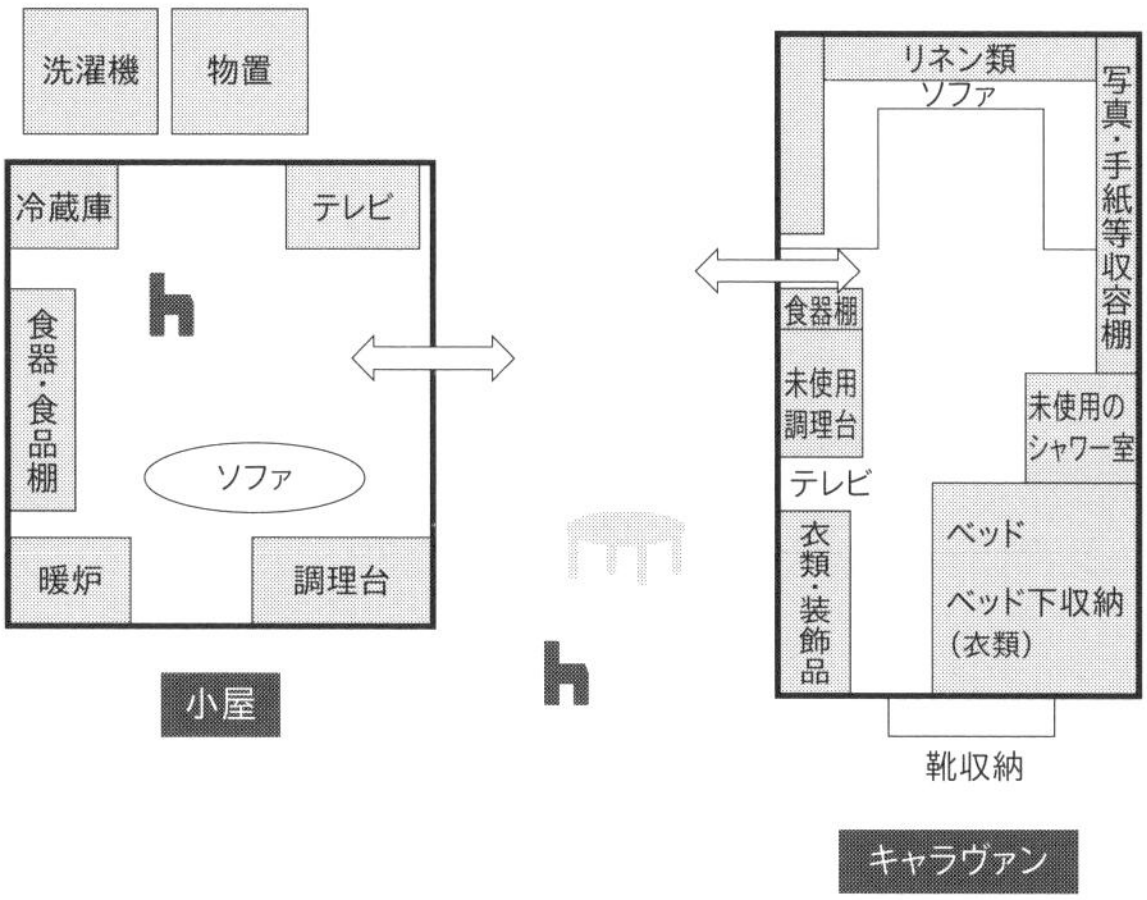

図5-1　キャラヴァン内部と外部（小屋）で区別された生活用品の配置

一般的にマヌーシュは、キャラヴァン内部を寝室とソファのあるサロンという二つの部分に分割して使用する。大型のキャラヴァンになると中心にサロン、両側に子どもと大人それぞれの寝室が設けられている。しかし、経済的に苦しい状況にある家族の多い調査地では、このような大きなキャラヴァン[3]を所有している人はごく少数である。キャラヴァンの半分の面積を占める寝室いっぱいに両親のダブルベッドを設置すると残りのスペースはほぼなくなるので、サロンは夜になると、成長した子どもたちのための寝室となることが多い。サロンにはソファがあり、日中の家事の合間に女性はそこに座り、テレビを見るなどのくつろぎのひと時を過ごす。

キャラヴァンの内部には、上部と下部に収納スペースがいくつもある。サロンと寝室のあいだには、本来は流しやキッチンがあるが、マヌーシュたちはそれらを取りはずすか、小物や書類の収納スペースとして用いる。キャラヴァン内部の各種収納スペースに収められるのは、写真や重要な書類、清潔な食器や衣服やリネン類、アクセサリーや香水などの小物である。キャラヴァン内部は、着替えや化粧をし、身支度を整える場であり、家族で共有する小屋内部の収納棚には、このような個人の所有する衣服や小物がしまっておかれることはない。そして、マヌーシュがキャラヴァン内部に人を呼び寄せるとき、これらはすべて人目につかない場所に片づけられている。ベッドにはきちんとカバーがかぶせられ、脱ぎっぱなしの衣服や寝巻き、タオルや化粧品がそのままの剝きだしの状態でキャラヴァンのなかに放置されていることはない。汚れた靴や衣類も、キャラヴァンのなかに放置されず、靴はキャラヴァンの床下やキャラヴァンの外から開閉するトランクのなかに置かれ、汚れた衣類はすぐさま野外に設置されている洗濯機のなかに投げこまれる。食品の置き場所に関してもキャラヴァン内部と外部の区別がなされ、缶詰などの保存食品はキャラヴァン内部の収納棚に貯蔵されていることはあっても、調理済みの料理や生鮮食品などはもちこまれず、食べ物のごみがキャラヴァン内部に生じることもない。したがって、キャラヴァン内部にごみ箱はない。

このようにマヌーシュは、キャラヴァンの内部に置くべきモノと置くべきでないモノとを区別するが、それと同時にキャラヴァンの内部でおこなうべき行為とそうでない行為とを区別している。男性の場合、野外にとめられたキャラヴァンや車のミラーを鏡代わりにして、水を張ったバケツにタオルを浸しながら体を拭いたりひげをそったりするが、女性はキャラヴァンの内部以外では、小屋のなかでも肌をさらすことはない。先の章で述べたように、各家族集団が専有する小屋は、家族以外の他者にも開放される半ば公的な空間なのである。その一方で、マヌーシュは、入浴や排泄を定住民のようにキャラヴァン内部ではおこなわず、キャラヴァンの外で利用できるシャワー(4)やトイレを使用する。また、調理や食事もキャラヴァンのなかでおこなってはならない行為とされ、調理は、小屋内部や野外に、直火のグリルやガス式、電気式のコンロを置いてそこでなされる。

以上のように、キャラヴァン内部のモノの配置や人の行為のあり方には一定の規則性があり、それはマヌーシュが身体との関係にしたがって、キャラヴァンを外部環境から区別し、その関係を秩序づけていることを示している。マヌーシュは、身体の清潔さという基準にかなう用途のために、キャラヴァン内部に置くべきモノと置くべきでないモノ、キャラヴァン内部ですべき行為とそうでない行為とを注意深く区別する。キャラヴァン内部の空間は清潔な状態に管理され、汚れの侵入が徹底して防がれる。そして、身体を休め、清潔に維持するためだけにその使用法と使用者が限定される。つまり、キャラヴァン内部の空間は、身体の必要性を満たすことのできる清潔で適切なモノが置かれる個人の身体のための領域として、集団的かつ多目的に利用される外部環境から明確に区別される。

1-2 「清浄と不浄」から「敬意と恥」へ

このような住居と人の身体との固有の関係性は、ジプシー人類学の先行研究では、主にジプシー社会内部と外部の構造的諸関係を表現する「清浄と不浄の象徴体系」という観点から論じられてきた。この分析が孕む根本的な問題については序章で触れたが、ここでは調査地の具体的な事例と照らしあわせ、本章の論点を明確にする。

身体に刻まれた清浄と不浄の境界

身体は「あらゆる象徴体系の基本的図式」［ダグラス 2009(1966): 366］であると述べたダグラスと同様に、サザーランドとオークリーも、ジプシーの清浄と不浄の観念が、身体を発生基盤とし、ジプシー社会内部と外部の諸関係を分類する秩序の表現であるとした(5)。まず、身体は清浄性と不浄性を付与される二つの部分（上下、内外）に分かれ、身体の不浄な部分に対して、清浄である部分が分離され、保護されなければならない。アメリカのロマは、腰を境に身体を二分し、清浄である上半身から不浄である下半身ならびに下半身から排出されるものを隔離し、汚染を防ぐ

表5-1　清浄と不浄の分類体系

Sutherland [1986(1975)]

清浄 *wuzho*	汚れ *melalo*	不浄 *marime*
身体上部	手	身体下部
男	子ども	女
ロマ	ロマ以外のジプシー	非ジプシー
神	死者	悪

Okely [1983]

清浄	汚れ *chikli*	不浄 *mochadi*
身体内部		身体外部
男		女
ジプシー		非ジプシー
生者		死者

[Sutherland 1986(1975): 264-271]。他方で、イングランドのジプシーにとっては、「身体のなかに入るものを洗うことと身体の外部を洗うこととの区別、まずこれが第一である」[オークリー 1986(1983): 145]。

このように清浄と不浄の二元論に基づいて身体が分割されると同時に、身体をとりまくさまざまなモノが分類される。そして居住空間も同じく、清浄と不浄の二領域に区別される。アメリカの定住ロマの場合、家屋の正面部分は非ジプシーを招き入れる領域であり、家屋の裏手はロマのために割りあてられる領域となる[Sutherland 1986(1975): 267]。イングランドのジプシーは、マヌーシュと同様にキャンピング・トレーラーに暮らし、次のように類似した方法で居住空間を分節化している。トレーラーのなかの流しを使用しないこと、その内部にごみ箱を置かないこと、洗濯や排便や放尿をトレーラーから離れたところでおこなうことなど、身体の外部から排出される汚れをトレーラー内部に侵入させないようにする[オークリー 1986(1983): 146-148]。

このような身体と居住空間の分節化は、表5-1のように、ジプシー社会内部の、またジプシーと非ジプシーのあいだに打ちたてられる象徴的境界に結びつく。この清浄と不浄の分類図式では、「清浄 *wuzho*」と「不浄 *marime*/*mochadi*」の対立関係のあいだに、単なる「汚れ」とされる「メラロ *melalo*」や「チクリ *chikli*」が位置づけられ、それらの三つの汚染をめぐる概念が、一見して結びつかないような多種の文脈のなかで繰り返しあらわれる。身体の境界から発する清浄と不浄の二項対立は、男性と女性、生者と死者といったジプシー社会内部の境界、そしてジプシーと非ジプシーのあいだの象徴的境界を表現し、後者は前者の清浄性を脅かすもの、つまりジプシーという「我々」の存在に危険をもたらすものとされる。ジプシーが自らの身体や居住空間の内部を単に清潔ではなく清浄に保つのは、それが「不浄で危険な」身体や住まいの一部、女性や死者[6]、そして何よりも非ジプシーという「彼ら」に対して、「我々」の清浄性を維持、強化する儀礼的行為となるためである。

右記の研究が提示する事例は、キャラヴァンの内部と外部の空間を、身体の清潔さという観点から区別する調査地のマヌーシュの事例と重なる点が多い。マヌーシュは、キャラヴァン内部空間のなかのモノや身体が、清潔な状態にあるように細心の注意を払うが、それは、これらの研究が指摘するように、単に衛生観を指し示すのではなく、モノと人の状態が「清潔／適切であること」という秩序の感覚によるものなのである。だが、このように身体と環境との関係を秩序づける方法という点において、マヌーシュの清潔と適切の観念が清浄と不浄の分類と近接しているからといって、即座に同じ象徴的境界が共有されていると結論づけることはできない。そこには決定的な違いがある。調査地のマヌーシュは、女性や死者、そして非ジプシーを不浄視し、危険な存在とみる視点を共有しないのである。

アメリカやイングランドのジプシーが、非ジプシーの穢れが伝染するおそれのある調理済みの食品を避け、缶詰や包装されている食品を好むのに対し、ポー地域のマヌーシュはスーパーの惣菜やファーストフードを好んで買う。彼らは、非ジプシーから譲り受けた古着を着ることもあれば、公営の市民プールに行くこともある。さらに、アメリカやイングランドのジプシーが非ジプシーとの結婚、とりわけ非ジプシー男性とジプシー女性の結婚を、当事者のみならず、ジプシー集団全体の清浄性を脅かすものとして忌避している点は、清浄と不浄の境界を確認するうえで決定的な指標となるが、第1章で述べたように、ポー地域のマヌーシュは、非ジプシーとの婚姻関係を数世代にわたり繰り返している。アメリカやイングランドのジプシーが自らの集団内部の清浄性を保つことで、非ジプシーとの民族境界を確認していたのに対し、ポー地域のマヌーシュは、身体と環境との関係を秩序づけるために清潔にこだわっても、それを清浄の概念へと展開してはいない。

ポー地域のマヌーシュの言葉に関しては、日常的に使用される「汚い *čikelo*」とは区別された、「不浄」を意味する

「マヘド *máxedo*」というマヌーシュ語がある。しかし、この言葉は、私がヴァレ神父の作成した語彙集［Valet 2007］のなかに最初に見つけて、それをもとにマヌーシュの年配者から聞きだしたものであり、二〇代と三〇代のマヌーシュはその意味を知らなかった。五〇代のマヌーシュに説明を求めると、「マヘド」は「汚染されている *xindo*」状態を指すが、「今ではほとんど使われない」言葉だと教えてくれた。実際に、私もこの言葉をマヌーシュが口にするのを耳にしたことは一度もなかった。

敬意と恥

清浄と不浄の概念に代わって、調査地のマヌーシュたちのさまざまな行為や判断の基準となるのは、「敬意」と「恥」の観念である。マヌーシュは、成人女性がズボンを着用すること、月経やトイレに行くことを人前で口にしたりすること、そして婚前に男性と交際をおこなうことなどを、「恥ずべき」、「プロプルでない」、「敬意のない」行為とみなす。「ガジェは恥を知らない」、「ガジェは敬意をもたない」、「だけど私たちは恥を知っている」、「私たちは敬意をもっている」というように、マヌーシュは敬意と恥に言及しながら、非ジプシーに対する道徳的優位性を確認し、「我々」と「彼ら」を二項対立的に語る。

「敬意 *ēra*/ respect」は、文脈によっては「名誉」とも訳すことのできる概念であり、共同体の成員に対する個々人の振舞いを方向づけるものとして、男女問わずマヌーシュが尊重すべき社会的価値となる。これに対し、「恥 *laď*/ honte」は女性の身体をめぐる性的規範において中心的な観念となり、身体に社会的な意味を付与するものである。たとえば、オークリーやサザーランドが挙げる事例とは異なり、マヌーシュ女性の月経は「不浄」とは表現されないが、月経中であることを口に出したり隠さずに行動したりすることが「恥」とみなされる。マヌーシュの女性は「それは恥ずべきこと」と言い、女性の身体の生理的側面や男女の性行動に関して多くを語ろうとしない。時に、思春期に入る前から年長者を通じて性についての知識を得ている少年とは異なり、性に関する事柄を口にすることは少女にとって恥ずべきことであり、家族間で男女の性交渉については無論、避妊に関しても彼女に伝えられる内容は非常に限られる。ただし、マヌーシュの女性たちは、性を卑しいものと捉えているのではない。恥の観念をもって、自らの身体の変化を適切に受けとめ、それに基づいて正しく振舞うことは、女性自身の「名誉」、そして女性の両親や将来の夫、夫の家族への「敬意」だと説明される。結婚まで処女性を保ち、敬意を示すことのできた花嫁は、「親の名誉、夫の名誉」となるといわれる。つまり、マヌーシュは自らの性や身体の管理を、自らの名誉と家族や周りの人間に対する敬意に関わる問題として捉える。

ここからは、マヌーシュが「恥」や「敬意」の観念を通して、身体を社会的に意味づけ管理する側面と同時に、ガジェとの差異を語り、「マヌーシュであること」を意味づける側面もみてとれる。たとえば、あるとき私と約束をしていたマヌーシュの未婚女性が、急遽外出を取りやめた。その際、彼女は私に「疲れている」のだと述べたが、すぐあとで、彼女の妹が次のように説明してくれた。「彼女は疲れているのよ。月経があるから。私たちは定住民の女性のように、それ（月経）について口にしたりしない。それは恥ずべきこと。私たちは敬意をもっているのよ」。私は自身の調査で、マヌーシュたちが「私たちが清浄であり、ガジェが不浄だ」と述べるのを一度も目撃したことはないが、このように恥や敬意の観念に基づいて、マヌーシュがガジェとの差異を語るのをしばしば耳にした。(7)

処女性が重要視されることは、未婚、既婚を問わず、何度もマヌーシュの女性たち自身の口から私に語られた。婚前の性交渉、正確には、駆け落ち前に男女、とりわけ女性が性的な関係をもつことを、人々は「プロプルでない、敬意がない」と言う。たとえば、あるマヌーシュの未婚女性が私との普段の雑談の最中に、ふと日本では婚前の性交渉が許されているのかと尋ねたことがある。日本では、否定的に捉える人も多いが許容されていると私が返答すると、彼女は次のように話した。「私たちのところでも、そのようなことが時々起こる。そんなことをする人も……。でも、それは禁じられている。もし私がそのようなことをしたら、父に殺されるわ。きっと彼は、それはプロプルでない……敬意がない！と言うでしょうよ」。また別のときにも、婚前の性交渉の話題がのぼった。それは、マヌーシュの少女が、「マヌーシュの女はみんな処女だ」と定住民の若者に馬鹿にされたのだと打ち明けたことに始まる。「私は恥ずかしくて真っ赤になってしまった。でもどうして私たちのところでは、それが禁じられているの？」と、彼女は周りにいた年長の未婚女性に聞いた。彼女の答えはこうである。「昔からそうだったの。私たちの母や祖母、その前の前の世代からね。どうしてかはわからない。けれど、(婚前交際を認めている)ガジェの辿った運命[8]をみてごらんなさいよ。それはプロプルではないし、敬意がない」。

以上をまとめると、ポー地域のマヌーシュの場合、敬意と恥の観念が身体の社会的管理ならびに民族境界の構築に関わることになり、彼らの身体とキャラヴァンの関係を清浄と不浄の象徴体系のなかに位置づけることはできない。時代を遡れば、フランスのマヌーシュにもアメリカやイングランドのジプシーと類似する清浄と不浄の観念がみいだせる［Doerr 1982; Dollé 1980］。したがって、過去の時代に報告されていた事柄を、現代において観察される敬意や恥をめぐる事例とつなぎあわせて、何らかの一貫した象徴体系を観察者が描きだすことも不可能ではない。だが、序章で述べたように、こうしたアプローチでは、人々が経験している社会変化という視点が抜け落ちてしまうのであり、それぞれの社会の観念や意味があらわれる具体的な時空間に立ち戻ることが必要である。

最初に述べたように、マヌーシュは、身体の清潔さを保つための空間としてキャラヴァン内部を外部環境から区別している。さらに、マヌーシュが重要視する敬意と恥の観念は、マヌーシュの日常的な諸行為を方向づける社会的価値として身体に固有の社会的意味を付与するものだ。この二つの文脈では、マヌーシュが身体を清潔かつ適切に管理することを通して、自らをとりまく周囲の環境や他者との関係を秩序づけている様子が浮かびあがる。

このような身体の管理と秩序との関係を、清浄と不浄の議論は社会の集合表象や象徴が書きこまれる媒体として身体を捉えることで論じてきた。しかし、現代人類学の身体論が指摘しているように、身体を表象的現実の媒介として一面的に理解することは、精神の道具としての身体［Csordas 1994; Jackson 1989］、あるいは、脱身体化された主体［Turner 1994］を抽出する危険性を孕む。インゴルドが指摘していたように、生活世界構築の問題を世界観や表象の問題として捉えるとき、知覚や感覚、情動、肉体としての物質性をもった身体が周囲の環境と相互作用する状況が見落とされてしまうのだ。したがって重要なのは、人の日常的な身体経験がそもそも自然的かつ社会的なものであるということに注意し、そうした重層的な性質をもつ身体が、どのように他者の身体や環境、物質（住居やモノ）と多層的に関わり、関係を結ぶのかという問題を探っていくことである。

次に検証するのは、こうした身体経験の重層性とそれを支えるキャラヴァンの働きである。そこでは、キャラヴァンが、人生過程で多様な変化を遂げるマヌーシュの身体を包み、共同性の空間のなかに適切に位置づけることで、自然的かつ社会的な、または個的かつ共同的な身体経験を支えている様子が浮き彫りになる。

2　「私たちはエスカルゴ」——個的かつ共同的な身体の殻

2-1　「社会的皮膚」としてのキャラヴァン

まず指摘したいのは、身体を「位置づける」キャラヴァンの働きである。はじめに、キャラヴァンの使用法として、その内部空間が身体の管理という観点から、清潔さが徹底される空間であることを述べた。こうしてキャラヴァンは、人の身体と外部環境との関係を調整するのであるが、キャラヴァンが媒介するのは自然的環境との関係だけではない。キャラヴァンは、個人の身体と他者や共同性との関係をも媒介する。

「それぞれがそれぞれのキャラヴァンをもつ」

キャラヴァンに住むために決まりごとのようなものはあるのか、という私の質問に対して、「それぞれがそれぞれ

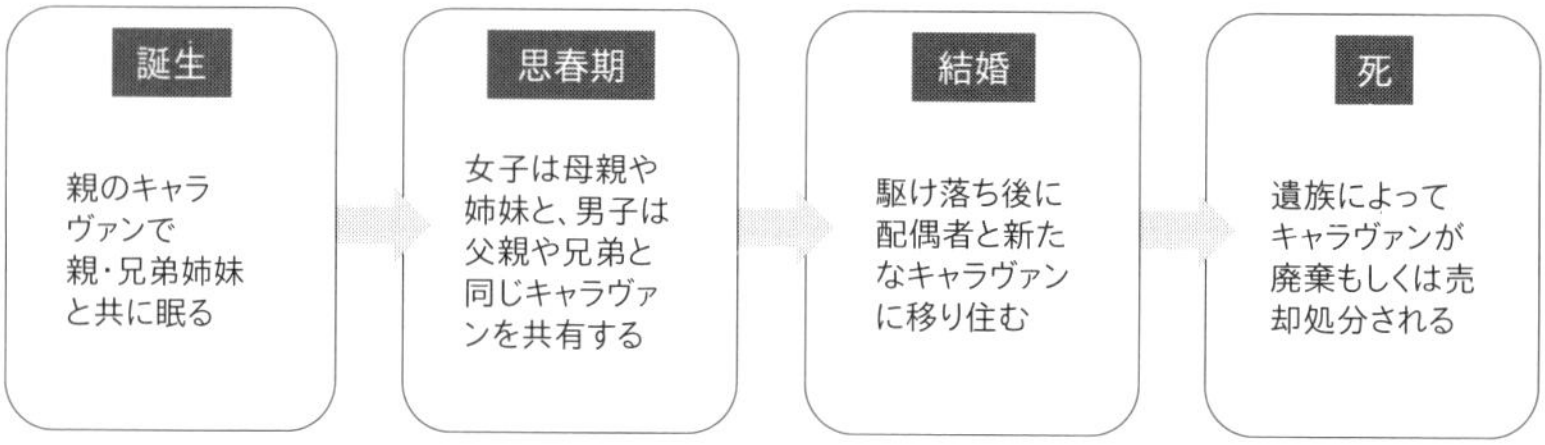

図5－2　ライフサイクルとキャラヴァン

のキャラヴァンをもつ」という表現がマヌーシュの口から語られることが多かった。マヌーシュのキャラヴァンは、個人単位ではなく、基本的に一組の夫婦と未婚の子からなる個別家族によって専有されるので、この表現は「それぞれの家族がそれぞれのキャラヴァンをもつ」ことを指すようにとれる。しかしながら、キャラヴァンとの関係からみると、もっとも安定した個人の集まりである個別家族の関係も、子の成長にしたがって変化していくことがわかる。

マヌーシュの子は、誕生から幼児期まで母親と昼夜問わず一体化した状態にあり、両親と同じキャラヴァンを割りあてられ、しばしば兄弟姉妹の性別関係なく同じベッドで眠る。そして彼らは思春期を迎えても親と同じ空間を共有するが、それぞれの性別ごとにキャラヴァンは分かれていく。これについて、思春期の息子と娘をもつあるマヌーシュの母親は、次のように説明する。「それ（娘と息子が一つのキャラヴァンを共有すること）はプロプルではない」。マヌーシュ社会では、若者は結婚し子をなすまでは一人前の大人と認められることはないが、多くの場合、一二歳から一四歳に年齢が達する思春期を境に、少女は姉や母親と、少年は兄や父親と同じ仕事をおこなうようになる。そして同じ時期に、娘は母親と、息子は父親と一つのキャラヴァンを共有するようになる。娘は母と同じベッドで眠ることも多いが、息子は一〇代の後半に差しかかると、父とベッドを共有しない傾向にある。たいていのマヌーシュ家族は、複数のキャラヴァンと自家用車に加え、荷室部分がコンテナ仕様になっているワンボックスタイプのバンを一台もっているので、そこで眠る未婚男性が多い。

このように、子どもの身体が性化していくにつれて、個別家族が所有するキャラヴァンの数が増え、一つの家庭は二つの領域、男性と女性の領域に分かれる。つまり、マヌーシュにおける男女の社会的、空間的分離の原則が、キャラヴァンの割りあてに際しても適用される。結婚と死とキャラヴァンの関係については次章で詳述するが、結婚の際には、親は駆け落ちから戻った子夫婦にキャラヴァンを買い与える。そうすることで、結婚後も互いの家族のもとにとどまり続ける子夫婦は、一つのキャラヴァンを所有する独立した世帯とみなされる。老齢期において夫婦のどちらかが死去した際には、残された人は他の家族と共に、もしくは一人でキャラヴァンを使用することになる。そして最後に所有者が死を迎えたとき、キャラヴァンは、廃棄されるか定住民に売り渡されるかして、マヌーシュの共同体内部で再び使用されることはなくなる。

誕生から死に至るまで、人の身体は生理的な変化のみならず、多様な社会的変化を遂げるが、マヌーシュはそのたびごとに何度もキャラヴァンを変える。そして、マヌーシュの個人は、自らの身体に訪れる変容の経験に応じてキャラヴァンを更新することにより、キャラヴァンを共有する親密な他者との関係も変化させる。キャラヴァンは、たった一人の個人のための空間であることは稀で、ほとんどの場合、夫婦と幼い子たち、同性の親子や兄弟姉妹といった親密な他者と共有される空間である。人生過程において変化する身体に応じてキャラヴァンを変えることで、キャラヴァンを共有する他者との関係も変化するのであり、その結果、それぞれの個人に適切に割りあてられたキャラヴァンは、マヌーシュの集団構成の最小単位である個別家族をさらに細分化して、それ以上の分割ができない親密空間を形成することになる。つまり、マヌーシュは、「それぞれがそれぞれのキャラヴァンをもつ」ことを通して、身体の具体的な変化に対応した個別性の領域と他者関係を築く。ここで浮かびあがるのは、成長し変容する個人の身体が、キャラヴァンという個別性の領域を介して、他者の身体との関係を育みながら共同性の空間のなかで自らの社会的な位置づけを更新していく過程である。

キャラヴァンを介した身体の社会化

このように、他者との関係が刻みこまれるがゆえに、個人の身体とキャラヴァンの関係を適切に保つことは、社会的な意味をもち、共同性の空間の秩序維持に関わる。ここで人の身体が社会と交渉するとき、モノをその媒介とすることについて考察するにあたり、人類学者のテレンス・ターナーが「社会的皮膚」と呼んだ身体境界の概念が示唆的である。

ターナーは、南米アマゾンに暮らすカヤポの人々の身体装飾に着目して、身体の物理的境界を構成する皮膚は、自己と社会との関係を媒介し結びつけ、象徴的なコードや意味が書きこまれた「社会的皮膚 social skin」[Turner 1995: 149] となると指摘した。カヤポの人々にとって、あらゆる「自然の」汚れを、身体の表面、すなわち皮膚から取り除くことは、自己と社会とのあいだの境界面を「社会化」するための必要不可欠な手続きであり、清潔でないことは「反社会的」な行為を意味する。皮膚は、単なる物理的身体の「自然的な包み」ではなく、「一種の社会的フィルター」であり、生物学的、心理的全体としての個人のみならず、社会的な自己の境界を特徴づけ、個人と社会の、生理的身体と社会的身体の境界面となる。

マヌーシュの場合、ターナーのいう社会的皮膚は、人の個体とその物理的境界を超えて拡張したキャラヴァンというモノに反映される。キャラヴァンは、その外部の自然的、社会的環境から区別され、清潔かつ適切にその内部が保たれるべき社会的皮膚であり、それに包みこまれることにより、マヌーシュの身体は社会化されながら共同性の空間のなかの位置づけを得ていく。人生過程において変容する個人の身体に、社会的皮膚としてのキャラヴァンがそのつど適切に割りあてられることにより、個人の担う社会的役割も決定づけられる。男女共に顕著な身体変化がみられる思春期、そして結婚と死といった人生の局面で、マヌーシュはキャラヴァンを変える。マヌーシュにとって身体変化に応じてキャラヴァンを変えることは、カヤポが髪型や装飾物を通して「身体の表面を修正」するように、個人の「社会的行為者としての主観的アイデンティティ」を意味づけ直すと同時に、「社会的カテゴリーのなかで知覚される客観的アイデンティティ」を刷新することなのだ [Turner 2007: 100]。

たとえば、先に敬意と恥の文脈で触れたように、女性の身体的変化としての初潮や処女性の喪失は、マヌーシュにおいて公言されることではなく、それらの言明行為は恥ずべきこととされる。だがその一方で、女性は思春期に入ると、それまで男女の区別なく親や兄弟姉妹と共有していたキャラヴァンから、母や姉といった近親女性のみで共有するキャラヴァンへと移り、処女性の喪失を意味する駆け落ちのあとには、母親や姉妹と共有していたキャラヴァンから、夫と共有するキャラヴァンへと移る。つまり、キャラヴァンを介して、女性の身体変容は、共同性の空間のなかで可視化され、集団的に共有される出来事となる。そして、女性はその変容に沿って新たに付与される身体の社会的意味を引きうけ、期待される社会的役割を担うよう要請される。キャラヴァンを通して、個人が生きる新たな身体的状況と社会的位置づけが確認され、居場所が更新される。

ここでは、キャラヴァンを媒介として個人の身体が管理され、マヌーシュの社会的かつ空間的な秩序が維持されていることがわかる。すでに述べたように、マヌーシュにとって、身体を清潔かつ適切に管理することは単なる衛生観でも個人的事柄でもない。それは、秩序の感覚と不可分であり、敬意や恥として人々の社会生活において重視される価値と結びつく。マヌーシュは、キャラヴァンが散らかっていたり、掃除ができていなかったりするときには、「プロプルではない、恥ずかしい」と言う。婚前の性交渉については、「プロプルではない、敬意がない」と言う。こうした日常の居住空間における身体の状態、または、個人と他者との関係を秩序づける際の価値基準が、「それぞれがそれぞれのキャラヴァンをもつ」という共同性の空間の秩序を方向づけている。すなわち、キャラヴァンと身体との関係をめぐる適切な手続きを踏むことで、マヌーシュの個人は、自らの名誉と他者への敬意を損なうことなく、共同性の空間のなかに自らの位置を得ることができるのだ。

身体経験の重層性に基づく個別化

このように、マヌーシュのキャラヴァンには、身体との関係に基づいた社会的な意味が織りこまれる。キャラヴァンは、社会的皮膚として人生過程のなかで成長し変容する個人の身体を社会化し、共同性の空間のなかにそのつど適切なかたちで位置づけ直すための装置なのである。こうしたキャラヴァンの働きは、社会の秩序維持が「モノを介した身体の社会化」によって支えられていることを示す。またそれと同時に、ここでは、マヌーシュにおける個人の「個別化」のプロセスもみえてくる。マヌーシュの個人は、「それぞれがそれぞれのキャラヴァンをもつ」というキャラヴァンの個別化を通して、さまざまな他者と共に分かちあう共同性の空間のなかで個別性の領域を保証される。つまり、居住空間におけるキャラヴァンの個別化を通して、マヌーシュの個人は自らの身体と他者の身体との差異や区別を経験し、共同性の空間における自らの特異性を認識しながら、身体的かつ社会的存在として個別化されていく。

マヌーシュは、単に、年齢や性別という社会的なカテゴリーに基づいて、個を集団のなかで抽象的に分類し、個別化しているのではない。これまで述べてきたように、マヌーシュは、自らの身体に配慮し、清潔かつ適切に保つことを通して、外部環境や他者との関係のなかに自らを位置づける。このとき、彼らは生身の身体に個別具体的に訪れる身体変容という経験的なリアリティに注意を払い、それに沿ってキャラヴァンを個別化することを重視する。ここで浮かびあがるのは、社会的に意味づけられる身体であると同時に、生身の身体でもある身体経験の重層性である。この点に関して、ターナーは、社会構造と再生産の基盤となる身体の「自然的力」が身体装飾によって「社会的に領有される」ベクトルを強調する一方で、次のようにも指摘している。「身体の社会的規制や表象は、完全体で、身体やその物質的活動への重なりに先立つ超越的な「デカルト的」主体を前提としているのではなく、具体的な身体活動に内在する主観性」を基盤としている［Turner 1995: 168］。身体的自己の自然的かつ社会的な、「対立的だが相補的な」二つの力のバランスは、カヤポの社会原則の基盤であり、社会的皮膚がその境界でもあり接合である。

このように、自然的身体と社会的身体の相互作用が人間と社会の経験を支えていること(9)、社会や文化から身体への一方向的な作用の結果ではなく、二種のベクトルからなる二つの身体経験が相補的に一つの身体をつくりあげていることを見落としてはならない。そして、この点から、マヌーシュのキャラヴァンの働きが次のように理解できる。社会的皮膚としてのキャラヴァンは、そもそも統御できない物質性や偶発性を抱えて変容していく生身の身体と社会的な意味が付与される身体とが、相互に作用しあい交渉する領域である。身体は、「個人の個別性を保証する具体的な基盤」［田中　2006a: 11］である。しかし、その身体にこそ、性をめぐる規範や社会的役割の付与といった社会的な作用が集中する。マヌーシュのキャラヴァンは、この自然的かつ社会的な力が交錯する身体の重層性を支えることで、個人の社会化と個別化を保証する。そして、社会的な秩序が刻みこまれる共同性の空間のなかに、個人とその身体を位置づけ、個と共同性の関係を媒介するのである。

2-2　「身体-モノ」としてのキャラヴァン

ここまで、マヌーシュが個々人の身体的属性に沿ってキャラヴァンを個別化し、個人に固有の身体空間、すなわち個別性の領域を共同性の空間のなかにたちあげる状況をみてきた。しかし、キャラヴァン内部における日常の身体経験に着目すると、キャラヴァンが別の方法でマヌーシュの個と共同性の関係を媒介している様子が浮かびあがる。個別性の領域としてのキャラヴァンが、複数の身体を「包みこみ」、共同性を創出する場ともなるのだ。

モノを介して創出される身体の共同性

本章冒頭でブルガが表現したように、エスカルゴの硬い皮膚のような殻は、拡張された身体としてのキャラヴァンをよく表している。キャラヴァンは生理的、性的な感覚や行為によって際立つ身体の私秘性や脆弱性が包みこまれる究極の隠れ家で、身体の成長と変容に伴い個別化され、一人ひとりの身体にぴったりとフィットする殻となる。キャラヴァンと身体は、エスカルゴの殻のように融合した「身体-モノ」である。

しかし、それは、単一で孤独な個の殻ではない。先に述べたように、キャラヴァンは親密な他者と共同で利用されるが、内部空間にはそのような親密なものたちの身体を分離する装置はなく、人々は睡眠をはじめ、着替えや身体の手入れといった私秘性の高い日常の身体的活動を共同で、ないしは空間を共有しておこなう。複数の身体によって共有されるキャラヴァン内部の空間は、個と他の身体境界が重なりあうような共同的な身体空間である。ここでは、個人の身体は、配偶者や子ども、同性の兄弟姉妹といった親密な他者の身体から切り離されることも、区別されることもない。生物学的に境界づけられた個的なものとしての身体ではなく、一つの「身体-モノ」に包まれた共同的な身体がキャラヴァンに住みこむ。つまり、「エスカルゴの殼」に包まれた個別性の領域は、カヤポの人々の身体装飾のような個人が専有する「身体の表面」とは異なり、空間的な広がりをもち、複数の身体によって共有される個的かつ共同的な身体空間である。キャラヴァンは、身体の個別具体的な変容の経験に応じて個別化されるが、それは同時に、個々の身体をその特異性に沿って社会関係の網の目のなかに位置づけることで、象徴的な方法で個人と他者のあいだの共通性を表現するだけではなく、その物質的な属性から個の身体を複数の他者の身体と結びつける。

このようにキャラヴァンは、個人の身体の私秘性や特異性が刻みこまれる個別性の領域でありながら、身体の単体性を超えた親密な他者との共同性が浸透する領域となっている。しかしさらに、キャラヴァン内部の身体経験の細部に注目すると、そこでは、家族の親密圏の外部にいる他者へと開かれた共同性が創出される側面もみえてくる。

マヌーシュの女性は、近親以外の男性をキャラヴァンのなかに招くことはない。男性の場合も同様であるように、近親以外でキャラヴァン内部に招くことができるのは、同性に限定される。しかし、このような限定があるがゆえに、キャラヴァンは家族以外の隣人や仲間といったさまざまな他者との親密なコミュニケーションを可能とする領域ともなる。マヌーシュの女性たちは、日中の大半をキャラヴァン内外の空間で家事や育児をしながらせわしなく過ごすが、そうした日常のひと時に、自分のキャラヴァン内部に女性の友人を招き入れる。たとえば私の場合、天気が悪かったり外が寒かったりするとき、または女性たちがキャラヴァンのなかを掃除している最中、さらには異性関係のことなど他人に聞かれたくない内密な話があるときなど、キャラヴァンのなかに招かれた。

キャラヴァン内部は狭く、個々の身体間の距離はおのずと近くなる。キャラヴァンの天井は低いため立ったまま話をするのは不自然であり、キャラヴァンのなかにいる女性たちと私はサロンのソファに腰かけることが多かった。しかし、ふくよかな体型の人が多いマヌーシュの成人女性が三人も一緒にソファに座れば、窮屈さを感じる。そうして、マヌーシュの女性たちと私はぴったりと腕や腰、腿など身体の一部分をくっつけたり、互いの身体に触れあったりしながら話をする。そして、そのうちの誰かがベッドの上に寝そべりながら、サロンにいる人たちと会話したりすることにもなる。当初、私にとってその親密な身体接触は驚きであったが、二人か三人で一つのベッドに横たわりながら話をしたり、一人がもう一人の身体を後ろから包みこむように座り、向かいあう人と話をしたりすることもある。こうしてキャラヴァン内部の空間は、複数の身体がその相互の接触や傾き、身体間の動きの微細な調整や協調により、互いの身体の境界をめぐって交渉を繰り広げる共同的な身体空間となる。

この他者の身体に対して無防備な身体が入りこむキャラヴァン内部の空間は、その外部空間とは異なる意味で、脱個的な広がりをもつ身体空間である。第4章でみたように、キャラヴァン外部に広がる生活領域は、物的障壁を欠き、相互のまなざしが行き交う開放的な空間である。マヌーシュはここでさまざまな他者と相互行為を織りなしながら日中の多くの時間を過ごすことを好む。小屋もまた、多種多様な用途で多くの人々がひっきりなしに入出する空間である。だが、このようにさまざまな他者と共にあることを可能とする空間では、キャラヴァン内部でみられるような、親密な身体間の接触や偶発性に開かれたコミュニケーションは少ない。キャラヴァン外部の空間は、立っていたり座っていたりして、人々がそれぞれ自由に動き回ることのできる空間であり、そのことにより各人はそれぞれの状況に応じて自らの思うように身体の姿勢や動きを調整し、他者の身体との距離や関係を適切に保つことができる。

これに対して、キャラヴァンという閉じられた狭い空間を分かちあうとき、人の身体の姿勢や動きは制限される。そこでは思うように自らの身体と他者の身体との距離をとることが難しくなり、意図せずして触れ、触れられる。マヌーシュのキャラヴァンに招かれた私の身体もこうした状況にたやすく巻きこまれているように、この身体的コミュニケーションは意味の共有以前に生じている。キャラヴァンが、そこに入りこむ人の身体の動きや感覚を独自の方法で方向づけることで、共同的な身体空間が偶発的にたちあらわれるともいえる。キャラヴァンは個人の身体にぴったりと対応した個別性の領域として利用されるが、同時にその内部空間は、その意味づけを超えて身体の共同性を触発するのだ。

このようにキャラヴァンが媒介する身体的コミュニケーションにうながされるかのように、マヌーシュの女性たちと私とのあいだでは、さまざまな会話や感情の共有がおこなわれた。家族や仲間の噂話やテレビスターの話題、日常生活の不満、流行のファッションについてなど多種多様な雑談が繰り広げられる一方で、普段打ち明けられることのない女性たちの、マヌーシュとしての、女性あるいは母親としての不安や痛みも語られた。たとえば、シングルマザーのアリシア（三五歳）と私とのあいだでは、次のような出来事があった。

事例5-1　キャラヴァンのなかで語りだされるマヌーシュ女性の半生

アリシアは、くりっとした目と大きな口が印象的で、少女のようにも見える女性であった。彼女は、自分のキャラヴァン区画にいるよりも、家族や仲間の区画を渡り歩いていることのほうが多く、四人姉妹の末っ子でもあることから、食事時には同じ居住地に暮らす姉たちの小屋を訪れ、自分の子どもたちの食事を分けてもらうことも常であった。このような普段の朗らかで人懐っこいアリシアの異なる一面に私が触れたのは、彼女が「私のキャラヴァンに来て」と私を呼び、手紙の代読を頼んだときのことである。フランス語を読むことのできないアリシアは、スペイン人の別れた夫がかつて彼女に送ったラブレターを私に読んでほしいと言った。しかし、キャラヴァンのなかで手紙を手に取りながら、彼女は突如、自分のブラウスをまくりあげ、胸に残る心臓手術の痕を私に見せた。そしてさらに、サロンのソファでぴったりと私に寄り添いながら、病と離婚の苦難が刻まれた自らの半生を語り始めた（二〇〇九年六月一八日の記録）。

アリシアの半生の語りのなかには、現代のマヌーシュ女性が直面する葛藤や矛盾を孕む諸種の経験や思いが含まれている。本章では、こうしたマヌーシュの女性たちの生きる現実へと議論を進めることはできないが、ここで、半ば突発的に「語りだすこと」へとアリシアをうながした状況について述べておきたい。

キャラヴァン外部の空間では、多様な人々が介在し、一度にそれぞれの人が異なる話題を口にすることも常である。そこでの会話は、人々のあいだで絶えず更新される相互行為のなかで、応答もないままに中断されたりかき消されたりして、次々と話題を変えながら進行していく。しかし、キャラヴァン内部の閉じられた空間は、限られた人々と共有されることで語りの展開に一定の制限を与え、なおかつそこでの身体間の親密な交渉を方向づけることで偶発的な感情の発露を導く。そこでは、身体と感情を通した他者との交わりが誘発されるのだともいえる。模倣や同調についての研究［浜田 1999; 市川 1993］が指摘するように、人の身体は言語を超えて分かちあい協調する能力をもつ。また、「伝達する身体」と表現されるように、「統制されえない力」、あるいは「偶発性」を抱えた身体は、触れあいや声の調子、表情や身構え、息づかいといった「身体化された語り」を通して他者と交感する可能性をもつ［フランク 2002(1995)］。このような他者の身体へと志向していくという根源的な社会性をもった人の身体が、キャラヴァンにより同調や共鳴をうながされながら複数の身体と交錯し、共同的な身体空間がたちあがるのだといえる。マヌーシュの身体は、キャラヴァンを介して個別化されながらも、複数の他者の身体とつながり、共同性を紡ぐのである。

3 住まいのなかで絡みあう個と共同性

ここまで本章では、キャラヴァンと身体との関係を通して創出される個別性の領域について検討してきた。マヌーシュは、人生過程において生じる身体の生理的かつ社会的変容、すなわち避けようもなく自身と周囲の人々に変化をもたらし、新たな社会的要請を導くような身体の個別具体的な必要性に基づいてキャラヴァンを変える。このとき、キャラヴァンは、個人の身体を社会的皮膚として社会化することで共同性の空間のなかに位置づける。ここで重視されているのは、生身の身体から切り離され抽象化された社会的規範や象徴的意味なのではなく、身体変容という経験的なリアリティに基づいて、個人を適切に個別化していくことである。この点において、キャラヴァンは、生身の身体であり社会的に意味づけられる身体の経験の重層性を刻みこんだ個別性の領域としてあらわれる。そして同時に、キャラヴァンは、身体の個別具体性に基づいて個別化されながらも、身体の偶発性と社会性に働きかけ、身体の単体性に閉じられることのない共同的な身体空間をもつくりだしていく。

ここに、マヌーシュの住まいの空間においてあらわれる個と共同性の独自の関係が浮かびあがる。序章でみたように、近年の人類学的研究では、社会関係の網の目から切り離されて自立し自律的な「西欧近代的人格」、そしてそれに対置される、社会中心的で未分化な「非西欧的自己」という静態的な対抗図式が問い直されている。いくつかの研究は、文化の違いを超えて普遍的に存在する「自己意識 self」や「個別性」を検証している［Cohen 1994; Ingold 1986; 松田 2006; Rapport 1997］。またさらに、経験的リアリティとして諸社会に遍在しながらも、固有のあり方で経験される個別性や個別化の過程を手がかりに、西欧近代的な個人主義にも集団中心主義にもあてはまらない個と共同性を探究する議論もある[10]。これらの研究が描きだす個と共同性のありようは多様だが、それらは共通して、従来の研究が個別性と個人主義、個別化と個人主義化を混同し、非西欧社会の人々がどのように個を認識し育み、共同性のなかに位置づけているのかについて十分に検討してこなかった点を批判する。そして、これまで一面的に描かれてきた個人像から脱却し、歴史的、社会的、文化的にさまざまな作用を受けて多様なかたちで析出される個と共同性を照らしだそうとする。

マヌーシュにおける個別性とこれら他地域社会の個のあり方との類似性を指摘することは、ここでの意図ではない。また本章では、社会制度や文化的規範を通して形成される個人概念ではなく、住まう人の身体とその住居との関係からたちあらわれてくる個のありようを考察してきた。しかし、本章でみてきたマヌーシュの事例は、こうした個をめぐる今日の議論のなかに位置づけることができる。なぜなら、マヌーシュの居住空間において個別性の領域が創出される過程は、右記の研究で強調されているように、西欧近代に固有の自立し自己充足的な個人とは異なる形式で、マヌーシュの個人が、他者や共同性との関係を刻みこみながら個別化されていることを示すからである。

マヌーシュの個人は、モノや他者と相互に関わりあう身体経験を通してその個別性を育む。こうしたマヌーシュの個別性の領域の形成に関わるのは、身体の個別具体性や変容の経験を捨象し、個人を単一的な社会的地位や人格へと還元していく社会の強制力でもなければ、仮面の下に隠された本当の自己でもない。他者の認識とは無関係に成り立ち、他者から独立した個人を描く個人主義的なイデオロギーでもない。むしろ、マヌーシュのキャラヴァン居住の空間にあらわれていたのは、身体的かつ社会的存在として必然的に他者と共にいる個人が、自らに訪れる身体的、社会的変容を鋭敏に感じとり、そのたびごとに自らの身体と他者の身体との差異とつながりを経験しながら、紛れもないその人という個的存在とその居場所を紡ぎだしていくプロセスである。それは、集団性のなかに埋没してしまう個人でも、自立的に存在する個人でもなく、他者との多層的な共同性を通して個別化される個である。

4　キャラヴァンと紡ぐ個的かつ共同的な生——第5章まとめ

本章では、キャラヴァンに包みこまれる身体の経験に注目して、マヌーシュの住まいにおける個別性の領域について考察してきた。まず、キャラヴァン内部空間の利用法から、マヌーシュが身体の清潔という基準によりながらキャラヴァンを外部環境から区別していることを指摘した。そしてさらに、敬意と恥の観念を踏まえ、マヌーシュが「身体を包み、位置づける」というキャラヴァンの二つの働きを通して、個人に固有の身体空間としての個別性の領域をかたちづくるさまを検討した。ここで注目したのは、キャラヴァンが、「社会的皮膚」として自然的かつ社会的な力が交錯する人の身体の個別性を支える一方で、複数の身体を包みこむ「身体-モノ」として個別性の領域内部で共同的な身体空間を創出していく状況である。キャラヴァンという身体の殻は、身体の変容とそれに伴う他者関係の変化に応じて、個人がそのつど適切に共同性の空間のなかに織りこまれるための身体の拡張として用いられながらも、人の身体の偶発性を触発し、他者との共同性へと開いていく。

このように本章では、生活世界の構築を認識論的に理解する見方では取りこぼされてしまうような、マヌーシュとキャラヴァン、人と住居（モノ）の双方向的な交わりを探ることで、西欧近代に固有の個人とは異なる形式で、マヌーシュの個人が他者や共同性との関係を刻みこみながら個別化される様子を描きだすことを試みた。キャラヴァンは、ただ一方向的に社会的なカテゴリーとして、抽象化され脱身体化された方法で個人を社会化するための装置なのでも、自立し自己充足した個人のための場でもない。キャラヴァンという、社会的な意味を取りこみつつ個別具体的な身体の変容を支え、意味作用の手前で生じる身体の経験にも働きかけるモノを介することで、マヌーシュの個別性の領域は、自然的なものと社会的なもの、あるいは個的なものと共同的なものの一方による他方の否定や対立ではなく、それらの相互作用を通して編みあげられていく。

以上のように前章に続き本章でも、マヌーシュのキャラヴァン居住の実践は、人々が日常の住まいのなかで固有の身体経験を育み、彼ら独自の個と共同性の関係に彩られた空間と生を紡ぎあげていく営みとして浮き彫りになった。こうしたキャラヴァンとマヌーシュの生との関わりが、次章でも検討される。本章では、キャラヴァンの社会的皮膚としての働きを論じるなかで、キャラヴァンが、身体的、社会的存在としての個人の変容とそれに伴う秩序の再編を支える状況を指摘した。第6章では、この変容と再編の動態的局面である「キャラヴァンが与えられる結婚」と「キャラヴァンが放棄される死」という人生儀礼に焦点をあて、キャラヴァンが「沈黙の敬意」という非言語的な社会的行為と協働しながら、マヌーシュにおける個と共同性の関係を媒介する様子を明らかにしていく。

第6章 キャラヴァンが支える沈黙の共同性

誕生から死に至るまでの人生過程において、人は避けがたい身体変容を経験する。人類学は、そうした身体的存在としての個人の変容が、社会的規範やそれを作動させる儀礼を通して集団的に共有され、共同体の秩序再編へと結びつけられることを明らかにしてきた。第5章で検討したのも、このような個と共同性の関係をめぐる秩序の問題であったが、そこではマヌーシュの個人が、自らの身体と一体化したキャラヴァンを介して共同性の空間のなかにその個別性の領域を刻印していく状況があらわれていた。本章では、こうした個と共同性の関係を支え、秩序再編に関与するキャラヴァンの働きを、マヌーシュの人生過程における結婚と死の局面に着目して考察する。

とりわけ本章では、キャラヴァンというモノと「沈黙」という非言語的行為との関係に注目する。近年、人文社会科学の諸領域において、「語り narrative」が注目されてきた。そこでは、人々が「語る」という行為を通して表象と言説のシステムを構築し、意味を生成する過程が照らしだされる。また、「語る」という行為により言語化されることを通して、個人的な記憶や経験が他者との相互行為へと開かれ［フランク 2002; やまだ 2000］、時に共同体の記憶や経験として沈澱し、「歴史」となっていく［野家 2005］過程も浮かびあがる。このように意味生成に関与し、個と共同性の関係を架橋する社会的行為としてあらわれる「語り」に対して、ポーのマヌーシュ共同体では、「語らないこと」が「マヌーシュのやり方」として意味を与えられた社会的行為となる。マヌーシュは、周囲に黙って駆け落ちへと出発し、死者について沈黙する。そして、その沈黙の理由を「敬意のためだ」と言う。

本章では、このように結婚と死に際して生じる「沈黙の敬意」が、マヌーシュにおける個と共同性の関係を支えることを論じる。そして、その沈黙が人々のあいだに「分有」としての共同性をたちあげるとき、キャラヴァンがマヌーシュの生きる社会と空間の秩序を更新する働きを担うことを示す。以下ではまず、マヌーシュ共同体における結婚と死の通過儀礼とそこでのキャラヴァンの役割を説明する。そして次に、死者をめぐる慣習を事例に、「沈黙の敬意」が個の「特異性＝単独性」を保障する社会的行為であるがゆえに、「個の全体への統合」を志向する調和的な儀礼モデルに抗うことを指摘する。最後に、この「沈黙の敬意」のもとで進行する秩序再編の過程に、キャラヴァンがどのように関わるのかを検討する。

1　通過儀礼とキャラヴァン

1-1　キャラヴァンが与えられる結婚

まず、マヌーシュの結婚の方法をみていきたい。一般的にフランスでは、結婚は、市町村役場で法的な届出が受理される市民婚と教会で宗教上の婚姻が承認される教会婚という二つの形式をとる。しかし、ポー地域のマヌーシュの結婚の多くは、そのどちらの形式もとらない。「私たちのところでは、結婚を確定するのは両親や家族なのよ」とマヌーシュは説明する。結婚の祝宴では、遠方に暮らす親族と同じ地域に暮らすマヌーシュ家族が共に集い、新たな夫婦の誕生を祝う。このようにマヌーシュの結婚は、役所でも教会でもなく、共に暮らし日々の社会関係で結びつく共同体の成員によって承認される。

駆け落ち婚の流れ

第1章と第2章で指摘したように、現代においてマヌーシュの若者の価値観や行動規範は多様化しているが、駆け落ち婚はもっとも一般的な結婚の方法であり続けている。私の質問を受けて、あるマヌーシュの母親は次のように駆け落ち婚の方法を説明した。

フィアンセがいる少年がいるとするでしょ。その少年はそのことを秘密にする。なぜなら彼は両親に対して敬意をもっているから。そして結婚を決意すると、彼らは旅に出る。彼らが戻ってきたとき、そのとき私たちは結婚式をする。それ（恋人がいること、駆け落ちの意志）を口にすることはない。私たちのところでは、それは敬意のしるし、そう言うわ。それは両親に対する敬意なのよ（二〇〇七年一一月八日聞き取り）。

マヌーシュの若い男女は周囲に悟られぬよう愛を深め、ある日連れ立って家族や親族のいる居住地を離れる。あるマヌーシュの未婚女性は次のように言う。「駆け落ちについては私ならA（姉）にだけ（事前に）伝えるかもしれない。けれど、私たちのところではそれは口にされないもの。だからB（母）はひとりでに知ることになる」。つまり、出奔の事実によって初めて、両親は子の結婚の意志を知ることになる。カップルは一夜、もしくは数週間から数カ月のあいだ共同体から離れて二人だけで過ごしたあと、再び家族のもとへ戻ってくる。このようにマヌーシュの未婚の男女は、駆け落ちへの出発とそれからの帰還を経て、夫婦になる。第1章で述べたように、駆け落ちは婚前交渉が厳格に禁じられている女性の処女喪失という既成事実をつくるため、結婚の承認を導く。

この共同体からの一時的な分離と再統合という空間的な移行を伴う駆け落ちは、人生過程において個人の社会的地位の変化を画する「通過儀礼」として理解できる。人類学者ヴァン・ジェネップ［1999（1909）］は、個人がその社会的地位や帰属集団を変えるときにさまざまな社会が特別な行事や儀式をおこなうことに着目して、個人のある位置から別の位置への通過のための儀礼を通過儀礼と呼んだ。通過儀礼は、分離、移行、統合の三段階から構成され、これを結婚にあてはめると、未婚状態からの分離、未婚から既婚への移行、既婚状態への統合となる。マヌーシュの駆け落ちでは、カップルは共同体から一時的に分離することによって、男女の親密な交際が禁じられる未婚状態からの分離を果たす。そして、移行過程である駆け落ちのあいだに未婚状態において遵守されるべき性的規範を逸脱し、その後、共同体のもとへと戻ることで、夫婦という新たな地位を獲得し、統合を完了する。

空間的移行としての駆け落ちと新たなキャラヴァンの授与

この通過儀礼において、キャラヴァンの授与という手続きが重要な意味をもつ。「（駆け落ちから）戻ってきたとき、彼らはすべてを手に入れる」と、あるマヌーシュの母親は私に説明した。カップルの両親は、二人が彼らのもとに戻ってくると同時に結婚の祝宴の準備に取りかかる。会場を選び、招待客に提供する飲食物を用意し、遠方の親族に連絡するのが両親の役目であり[1]、彼らから報告を受けて祝宴にやって来た親族や仲間は、祝金を出し、それは夫婦の新生活資金となる。そして祝宴が終わると、新郎新婦の両親は祝儀と自分たちの預貯金をかき集めて、子夫婦にキャラヴァンを買い与える。

駆け落ちと祝宴を経たマヌーシュのカップルは、新たなキャラヴァンを与えられると同時に、新たな社会的地位を得ることになる。彼らは、結婚のあともどちらかの両親の家族集団のもとにとどまるのであるが、独立したキャラヴァンをもつ一組の夫婦としてセクシュアリティと大人社会へのアクセスを許可され、親や周りの大人たちに保護されてきた子ども時代の領域から抜けだす。つまり、新たなキャラヴァンを得るということが、共同体における社会的、空間的な位置の変化を確定し、通過儀礼の完了を意味するのである。

ここでは、駆け落ちとキャラヴァンの授与という空間的な移行を伴う二種の手続きが、マヌーシュの結婚において必要不可欠なものとしてあらわれる。その意味を理解するうえで、英国社会人類学の境界論［ダグラス 2009(1966)；リーチ 1981(1976)；ターナー 1996(1969)］が参考になる。そのなかでヴィクター・ターナーは、ジェネップが示した通過儀礼の三段階のうちの中間に位置する移行期に着目し、それを「リミナリティ」、つまり、個人がそれまで自身が一部を成していた社会にもはや所属してはおらず、しかもまだ当該社会へ再度取りこまれてもいない「どっちつかず」の状態として概念化した。

結婚の意志を秘密にしたまま出奔するマヌーシュのカップルは、「法や伝統や慣習や儀礼によって指定され配列された地位のあいだのどっちつかずのところ」、つまりリミナリティの状態にある「敷居の上の人たち」である［ターナー 1996(1969)：126］。未婚のカップルは、親や兄弟姉妹と共にキャラヴァンを共有しながらも、別の親密な他者への欲望を抱き、「それぞれがそれぞれのキャラヴァンをもつ」ことで保たれている既存の社会的、空間的秩序を揺さぶるのだ。彼らは、未婚から既婚への移行期という「どっちつかず」の状態にあるがゆえに、共同性の空間のなかに適切な場をもたない境界的な身体存在だともいえる。そしてこうした境界にある人々を正しく位置づけ直すために、駆け落ちとキャラヴァンの授与という秩序再編のための移行の手続きが必要となるのである。

このようにマヌーシュの結婚では、駆け落ちとそのあとに続くキャラヴァンの授与という段階を踏むことで、社会的かつ空間的な移行が果たされる。駆け落ちは、身体を変容させる個人を、それまで彼／彼女が親や兄弟姉妹と分かちあっていたキャラヴァン＝個別性の領域から切り離し、新たな親密な他者と共有されるキャラヴァン＝個別性の領域へと移し変えるための前段階である。そしてキャラヴァンの授与を経て、マヌーシュの個人は新たな社会的かつ空間的な位置づけをもって共同性の空間へと統合されるのである。

1-2　キャラヴァンが放棄される死

マヌーシュの死者が辿る過程もまた、通過儀礼として捉えることができる。

今日、マヌーシュの多くは病院でその生を終えるが、遺体はすぐに病院から運びだされる。死者は、通常、埋葬まで三日間続く通夜のあいだ、彼／彼女が生前暮らしていたキャラヴァンのなかのベッドの上に寝かせられ、死の報告を受けてやって来た親族や仲間に付き添われる。死者に最後の別れをすることは、調査地のマヌーシュがもっとも重要視する社会的義務であり、居住地域や親族関係の遠近にかかわらず人々は死者のキャラヴァンを訪れる。彼らの別れの挨拶は感情の高ぶる激しいもので、死者の遺体に寄り添い、その身体をさすり手を握り、慟哭のなかで別れを告げる。死者との対面が終了しても、親族や仲間は埋葬までのできるだけ長いあいだ、彼／彼女のキャラヴァンの近くにとどまろうとする。埋葬地(2)まで付き添うのは基本的には近親となるが、そこでも激しい嘆きがみられる。このとき、カトリック教徒の場合であれば、「ラチャイ *rachai*」とマヌーシュ語で呼ばれる定住民の神父を、ペンテコステ派信者の場合であれば、マヌーシュの牧師を呼び、死者のために祈りをささげる。

しかしながら、いったん埋葬が終了すると、死者の周りには「沈黙」が漂う。死者の名前を口にすることが避けられ、名前以外にも、死者にまつわる記憶を語ることや、死者が生前好んだ音楽を聴いたり、好んだものを飲食したりすることが回避される。マヌーシュは、死者が所有していた装飾品や衣服などの身の回りの品、キャラヴァンや自動車など、死者に属し、死者を喚起するあらゆる有形無形の事物を共同体内部から排除する。死者を悼むために、彼らは死者に属する事物を想起したり保存したりするのではなく、回避あるいは放棄するのである。こうしてマヌーシュは喪に服すのであるが、近親者であればこの回避と放棄の対象となる事物は広範囲にわたり、服喪の期間も長期化する。

まず、結婚のときと同様に、死者がキャラヴァンを介して社会的、空間的な位置の変化を遂げることを指摘したい。

かつて、死者のルーロットは燃やされたという。現在、死者のキャラヴァンは定住民の解体業者や中古車業者に売却され、その後、定住民社会において何らかのかたちで流通することはあるが、死者をとりまくマヌーシュ共同体の内部に残されることはない。マヌーシュは知人や仲間のキャラヴァンを買いとり、使用することはあっても、死者のものだとわかるキャラヴァンをマヌーシュ間で決してやりとりしない。死者のキャラヴァンは、マヌーシュ生者の領域から完全に放棄されなければならない。これは、結婚に際して夫婦が新たなキャラヴァンを与えられることと同じ手続きである。埋葬のあとに沈黙が始まり、死者の不在が確認されると同時に、死者のキャラヴァンはその所有者と同じく不可視化される。つまり、結婚と死という個人の身体的かつ社会的な変容に際して、その「社会的皮膚」も修正されなければならない。

このように、キャラヴァンが結婚に際して与えられ、死に際して放棄されるという手続きの意味を理解することができる。しかし本章では、「沈黙の敬意」についてさらに掘り下げて議論を進めることで、マヌーシュの人々の共同性を支えるキャラヴァンの働きを明らかにしたい。マヌーシュは、駆け落ちをする前のカップルの態度について、「私たちはそれについて言わない。なぜなら私たちは敬意をもっているからだ」と述べていた。死に際しても、マヌーシュの「言わないこと」は敬意と結びつく。マヌーシュにおける結婚と死という個的経験が集団的な出来事となるとき、必要不可欠なものとしてあらわれるのは、キャラヴァンとこの「沈黙の敬意」である。「沈黙の敬意」が満たされる空間のなかで、新たに与えられたり放棄されたりするキャラヴァンは、どのような役割を担うのであろうか。この問いに答えるためにまず、死者をめぐる「沈黙の敬意」について詳しくみていく。

2　死者をめぐる「沈黙の敬意」

「私たちはそれについて話さない」とは、フランスのマヌーシュの死者をめぐる沈黙について論じたウィリアムの著書［Williams 1993］のタイトルでもあるが、このフレーズは、ポー地域のマヌーシュによってもさまざまな場面において口にされる。「私たちのところでは、それは言わない」、「言ってはいけない」と人々は言う。

なぜ、沈黙することが敬意とされるのか。駆け落ちの際の秘匿については、すでにマヌーシュの母親が説明していた。若者が両親や周りの大人たちに知られずに愛を深め駆け落ちをすることは、「敬意のしるし」なのだ。別のマヌーシュも、私が日本の結婚は事前に両親の承諾を得ることが多いと説明したのを受けて、次のように述べた。「私たちのところとは正反対ね。だって私たちのところでは、言わないこと、それが敬意をもっているということなのよ」。駆け落ちをめぐってマヌーシュが沈黙する理由については、第5章で述べた敬意と恥の関係を思いだせばよい。男女の交際や性的関係を口にすることは、恥ずべきことで敬意に反する振舞いとなる。私は、幾度か駆け落ちから戻ったマヌーシュの女性たちに駆け落ちの経緯を直接尋ねた。しかし、駆け落ち後であっても、この出来事について女性たちが語る内容は非常に限られていた。当事者である女性にとって、駆け落ちという出来事について語ることは、自らの名誉や他者への敬意を損なうような恥ずべきことなのである。

しかし、死と死者についても「言わないこと」が敬意となるのはなぜだろうか。前章でも述べたが、マヌーシュは「敬意 *èra*/ respect」という言葉を、子の親に対する振舞いやより一般的な人間関係を語る際など、日常のさまざまな文脈で指摘する。「名誉」とも訳すことのできるこの言葉は、マヌーシュ個々人の振舞いを方向づける重要な社会的価値を表すものである。しかし、死者をめぐる沈黙という文脈では、その敬意のあり方は、死者の記憶を語り共有することで死者に敬意を払い、集団の統合を達成する多くの社会にみられる態度とは異なり、容易に理解できない。

2-1 「死の人類学」と先行研究における議論

死者の名前を口にしないこと、キャラヴァンをはじめとする遺品を廃棄することなど、死者をめぐる沈黙や遺品廃棄の慣習は、マヌーシュのみならず、ジプシー諸集団に広く共通してみられ、多くの研究者が注目してきたことである［Dollé 1980; Gay y Blasco 1999, 2001; オークリー 1986(1983); Rao 1975; Sutherland 1986(1975); Williams 1993］。だが、それに対する解釈は論者によってそれぞれに異なる。まず、ジプシーの死者を、清浄と不浄の分類体系のなかに位置づける議論がある。ここでは、ジプシーにとって、死が「不浄の具体化」であり［Rao 1975: 156］、死者は、身体の内部と外部を分離する象徴的境界を破る死体となると同時に、定住的な「固定した住処」である墓に閉じこめられるという空間的位置の変化により、ジプシーと非ジプシーの境界をも破る危険な存在になると指摘される［オークリー 1986(1983): 360］。そして、そのような死者からもたらされる災いを回避するために、ジプシーの死者をめぐるさまざまな態度が解釈できるとされる。死者の持ち物は不浄であるがゆえに、破壊あるいは放棄されなければならない。生者は、死者を呼ばないように名前を口にするのを避け、死者が生者のもとに戻ってこないようにキャラヴァンを撤去し、その代わりに墓を定期的に訪れ、掃除しなければならない。

論者により事例の細部は異なるが、この議論は共通して、近親者が通夜のあいだに飲食や身づくろいを断つことで不浄の状態に入り、死者の埋葬後に浄化を開始する点を指摘している［オークリー 1986(1983): 346; Rao 1975: 156-157; Sutherland 1986(1975): 283-284］[3]。そこでは、通夜と服喪は、近親者に対する不浄性の付与とその分離という点で、一連の流れを構成する。こうした葬礼を通した死者と服喪者の移行の経験は、ジプシー研究のみならず、「死の人類学」の一連の研究によってもこれまで指摘されてきた［e.g. Bloch & Parry (eds.) 1982; メトカーフ&ハンティントン 1996(1991); 内堀・山下 2006］。たとえば、その嚆矢となる論文を一九〇七年に発表したエルツ［2001］は、ボルネオのダヤク族の二次埋葬制度に着目して、死の直後の埋葬から遺体の腐敗が進み骨化したあとにおこなわれる二度

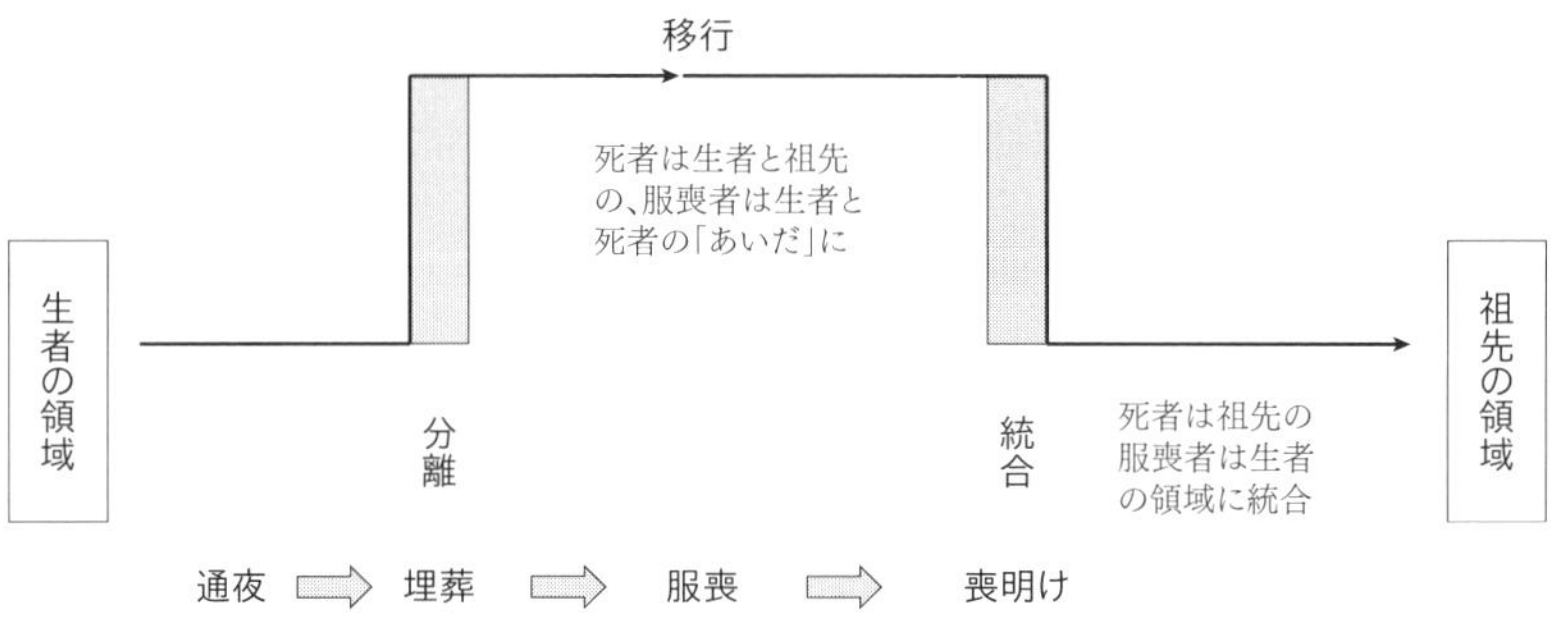

図6-1　死の通過儀礼

目の埋葬までの期間を「あいだの期間」と呼び、この期間には、死者の霊魂は生者の世界にとどまり、生者も完全に死者と切り離されずに死者の世界の延長線上にいること、そして「最終の儀式」を経て、死者の祖先への移行と生者の日常の社会生活への復帰が果たされることを指摘した。

死者の移行の経験は、遺体の処置をめぐる複雑な手続きをもたない社会においても、ジェネップが通過儀礼として理論化したように（また、日本の四十九日法要にもみられるように）、服喪の期間に表現される。先に述べたように、通過儀礼は三つの段階から構成され、死という出来事に際しては、生者からの分離、死者から祖先への移行、祖先への統合という段階を経ることになる（図6-1）。ここでは、生者の喪の手続きによって、「死者」というはかなく有限な個が、「祖先」という繰り返し回帰する普遍的な存在に変換され、永続的な全体のうちに統合される過程、そしてそれを待って、服喪を解かれた生者が死者との分離を果たし、生者世界に再統合される過程が示される。

のちに詳しく説明するが、ポー地域のマヌーシュにおいても、死者と服喪者の移行を決定づける手続きとして喪を捉える視点はあてはまる。だが、移行の過程に類似性が認められるからといって、死者の位置づけが同じとは限らない。ポー地域のマヌーシュのあいだでは、死者の不浄性やその脅威が強調されることはほとんどなく、むしろ「敬意」の問題が繰り返し指摘される。こうした調査地の事例を理解するためには、ジプシー研究において提示されてきたもう一つの議論が重要となる[4]。

ウィリアムは、フランスのマシフ・サントラル地方に暮らすマヌーシュのもとでポー地域の事例とよく似た状況を観察し、マヌーシュが死者を想起するあらゆる事柄を避け、沈黙するのは、死者の「無腐敗性 incorruptibilité」を保持し、死者を「損なうことなく」適切にマヌーシュ社会の「内部に」位置づけ直すためだと主張する。ウィリアムによれば、生者が死者の名前を呼んだり死者の遺品を扱ったり、死者の思い出を想起したりすることには必ず「間違い」の可能性があり、その可能性がマヌーシュを苦しめる。死者に関わるあらゆる事物についての間違いや変形は、死者の静寂を損ない、死者と生者の「共存」を脅かすためである。したがって、マヌーシュの生者は死者と共に構築する「集団の無傷性 intégrité du groupe」のために、沈黙という死者への敬意を必要とする［Williams 1993: 14-16］。

以下でポー地域の事例を検討するにあたり、死者をめぐる生者の沈黙の振舞いの根本に、断絶ではなく連続性、恐怖ではなく敬意をみいだすウィリアムの指摘は非常に重要なものとなる。しかしその一方で、本章では、次のような批判的検討もおこなう。それは、沈黙を、死者の「忘却」を導き、死者を「集団の永続性」を保証する「匿名の祖先」に変換する手続きとするウィリアムの解釈に対してである。ウィリアムは、マヌーシュの沈黙が、死者の取り換えのきかない「特異性＝単独性 singularité」を表明すると同時に、それを「全体性」と「匿名性」に帰すると指摘する。「(死者は) 少しずつその特異な／単独の性質を失う。そして集団、マヌーシュ、〈我々〉という全体に対する忠誠だけを残し、死者たちはそうして集団的匿名的に (集団の) 永続性を保証する」［*ibid.*: 15-16］。このようにウィリアムは、共同体の成員が、死を通して代替不可能な固有の存在から代替可能な普遍的存在に変化し、集団的全体に溶解していくという「死者から祖先への移行」を提示する。すなわちここでもまた、死の通過儀礼のモデルが指摘されることになる。

葬礼を死者が祖先の世界へ移行する移行儀礼と位置づけ、服喪を遺族が生者の世界へ再統合する移行期間とするこのモデルは、世界諸地域の事例研究において繰り返し指摘され、広く共通するものだ。しかしウィリアムに関していえば、その理解を支える事例、たとえば、なぜ沈黙が死者の忘却と結びつき祖先への移行を導くのかという問題について、マヌーシュがどのように語り、示唆しているのかを記述していない。そのため、沈黙を「忘却」と「集団の無傷性／永続性」の保証を目的とすると結論する際、その記述は実際に観察される事例から一挙に飛躍し、次のような疑問を残している。敬意としての沈黙が、死者の「特異性＝単独性」を無傷のままに保つことを目指すのならば、なぜそれを生者はやすやすと忘却してしまうのか。確かに、沈黙は、死者の記憶を後世に伝えることを難しくするので、結果的に死者の忘却につながる。しかし、それは観察者が外部から「全体」を見渡すことで推測可能な結果であっても、マヌーシュの沈黙が目的とするものだといえるだろうか。そこでは、「死者から祖先への移行」という死の通過儀礼のモデルを前提にすることで、「沈黙＝忘却」というつながりが自明視されてはいないか。そもそも、マヌーシュの「反-語り」としての沈黙を、死や喪失の痛みに直面する「個の体験」を「共同体の経験」という「全体性」へと昇華させる「物語行為」［野家 2005: 173］と同じように論じることは適切だろうか。

　このような問題を、以下ではポー地域のマヌーシュの事例をもとに検討していく。ウィリアムが直面したように、沈黙という人々の行為は把握が難しく、抽象的で恣意的な解釈を導きやすい。しかし、この問題はマヌーシュの沈黙が敬意という価値を与えられ生成される文脈を具体的にみていくこと、すなわち沈黙が敬意のためとして要請されるとき、それが何を対象とし、そのとき対象となる人や物事と沈黙する人とのあいだにどのような関係が表現されるのかを記述することで克服できるだろう。

　そこでまず、ポー地域の事例を説明しながら、どのような点において、マヌーシュにとっての死者が不浄と恐怖を付与される対象ではなく敬意の対象となるのかを検討していく。そうすることで、家族や仲間の死という出来事に直面したマヌーシュが、なぜ沈黙や所有物の廃棄を通して死者に敬意を示そうとするのかを理解するための、最初の手がかりが得られる。

2-2　ポーのマヌーシュ共同体における死者の位置づけ

今日、マヌーシュは居住地やキャラヴァンではなく病院でその生を終え、定住民の葬儀屋によって埋葬される。この現代的な死の変化が、死体を扱う「不浄の仕事」を定住民に委ねることを可能にし、宿営地の外で死が生じることを理想とするジプシーの信仰にとって好都合なことだとみる解釈もある［オークリー　1986(1983)：345］。しかし、この死者の不浄性を強調する議論は、なぜ命を終えようとする人のそばにジプシーが大人数で集合し、死者の遺体をできるだけ早く病院から自分たちの宿営地に連れて帰り、埋葬までのあいだつきっきりで寄り添うのかといった点に説明を与えてはいない。ポー地域のマヌーシュの事例からは、次のように不浄信仰とは明らかに矛盾する振舞いを挙げることができる。

①　死者に触れる

通夜のあいだ、死者は自分のキャラヴァンにあるベッドの上に、生前身につけていたもっとも上等な、あるいは好んでいた衣服か白い色の衣服を身にまとって寝かせられ、次から次へと続く親族や仲間の訪問を受ける。このとき、マヌーシュは死者の遺体に触れることをためらわない。マヌーシュの死者の身体は、「非人格化された死体」ではなく(5)、最後の別れ、すなわち埋葬まで、生前に彼／彼女がそうされたように寄り添われ、撫で触れられる身体である。私は、これから通夜に向かおうとするマヌーシュの若者たちに、死者に会うのが悲しくないのか、遺体を見ることが怖くないのか、と聞いたことがある。そのとき、その場にいた四人のマヌーシュのみなが首を振り、そのなかの一人が次のように話した。「私たちは子どものころから死者を何度も見ている。ここでは頻繁に死が起こる。だから死者の身体が怖いなんてことはない」。また別のマヌーシュは次のように言った。「死者に付き添うのはそんなに悲しいことではない。だって、まだ彼は私たちのところにいるから。私たちは彼に声をかけたり、身体を撫でたりさすってあげたりする。けれど、彼を棺に入れて埋葬してしまうと、もう彼は私たちのところからいなくなってしまう。本当につらいのはそこからなのよ」。

マヌーシュにとって、死者の身体は不浄で恐ろしいものではなく親密なものであり続ける。これまで周囲の人々とさまざまな関係を結んでいた人間の存在が、死によって即座に切り離され、非人格化されることを認めない態度は、おそらくマヌーシュに限らず、多くの社会でみられるものだ。しかしその一方で、現代社会において死は、さまざまな技術を通して丁寧に日常生活から不可視化され、隠蔽されてもきた［アリエス 1990(1977)］[6]。フランス社会の制度にしたがって進められるマヌーシュの葬儀も、一見すると同じような過程を踏む。だが、マヌーシュにとって死は、依然として身近で日常生活において頻繁に居合わせる出来事であり、この違いが彼らの死者に対する態度を決定づけているということができる。

マヌーシュが指摘しているように、彼らは、幼いころから家族や仲間の死に頻繁に居合わせる[7]。マヌーシュにとって、死者に会いに行くことは個々人が守るべき社会的義務であり、各人の死は、もっとも近い家族や親族を超えて共同体全体にまで広がり、集団的に対応される出来事である。つまり、マヌーシュは死に立ち会う機会が多いのだ。日常的に顔をあわせることもなく関係の薄い仲間や非親族であっても、たとえば、別の居住地に住むイトコの親族、地域外に暮らすほぼ面識のないイトコといった関係であっても、マヌーシュは死者に会いに行く。

マヌーシュにとっても死という出来事は恐怖であるが、死者は隠蔽されるべき恐ろしい存在ではない。死者の身体や所有物、近親者の不浄性が強調される場面もない。死者の近親者は、通夜のあいだと埋葬直後は肉とアルコールを断って野菜のスープや魚を食べて過ごし、黒色の服を着るが、これら服喪の期間におこなう諸種の振舞いは、死者が生者の世界へ舞い戻ることへの恐れではなく、「敬意のため」と説明される。

② 死者に祈る

埋葬されたあとの死者は、祈りをささげる対象ともなる。マヌーシュは、親族や仲間の誰かが病気や事故に見舞われると、死が現実のものとなるか、ならないかにかかわらず、その危機に立たされた人のもとへ向かい、病院の待合室や外の駐車場や空き地に集結して祈る。そして、その人の命が助かると、それは「私たちが祈ったから」、「祈りが通じたからだ」と言う。このようなときに人々は何に祈るのかと質問すると、カトリック教徒であるマヌーシュの場合、教会に足を運ぶこともラチャイを呼ぶこともせずに、個々人がそれぞれに「神 *Devel*」や聖母マリア、または「すでに亡くなった家族や祖先」に祈りをささげると答える。

マヌーシュは、死後の世界についての独自の観念をもっていない。「死者は心のなかにいる」、「すぐそばにいる」と述べる人もいるが、死者の魂は墓にいるのか天国にいるのか、それとも生者の心やすぐそばにいるのかと問われて、明快な返答をするマヌーシュはいない。しかし、墓は死者と話す特別の場所であるとされる。そのためにマヌーシュは、死者の誕生日やキリスト教の祭日（万聖節（諸聖人の日）や万霊節（諸死者の日）等）以外にも、身内の不幸や心配の種が生じたときに、「祖先に祈るために」と言って、頻繁に墓へと出かけていく。

聖書に忠実にしたがうことを重視するペンテコステ派の場合、本来、死者は祈りの対象ではない。実際に私も、信仰集会の際に、信者が家族の病の奇蹟的な治癒や突然訪れた幸運を「神の奇蹟」として語る様子を幾度か目にしている。この点について、ペンテコステ派信仰がマヌーシュの死者への態度を否定し改変する危険性も指摘されている[Williams 1993: 81–89]。ただしポー地域の現状では、信者はペンテコステ信仰という新たな世界観を前に、教義と一致しない振舞いをすべて排除してしまうほど急進的ではなく、自らの親密な死者に対するあいまいな態度を保留している。亡き家族に毎晩祈るという人もいる。カトリック教徒同様、ペンテコステ派信者も葬儀ミサを教会でおこなわない。彼らは、自らの家族や仲間の死に際して、改宗前と同様に死者のキャラヴァンのもとに集まり、沈黙し、頻繁に死者の墓を訪れる。つまり、死者をめぐるポー地域のマヌーシュたちの態度は、一部でキリスト教の理解を取りいれつつも、生者と死者の個別的で直接的な交渉の余地を残すものである。

以上、ポー地域のマヌーシュにおける死者の位置づけをまとめると、死者は、生者に災いをもたらす恐怖の対象として生者の世界から切り離されるのではなく、親密な他者や保護者として生者世界にとどまるのだということができる。そしてそれがゆえに、死者は敬意の対象として生者によって丁重に扱われなくてはならない存在となる。

多くのジプシー集団と共通して、マヌーシュも死者を「ミュロ *mulo*」と呼ぶ。調査地のマヌーシュは、死者と祖先とを区別せずに「ミュロ」と呼び、祖先を強調する場合にはフランス語の「祖先 ancêtre」を用いる。ミュロは、マヌーシュ、非マヌーシュすべての死者を指し、そのなかには「幽霊」という意味に近い、不気味で災いをもたらす存在もいて、深夜の野営地でこの種のミュロに遭遇したといった話もよく語られる。これに対し、家族や仲間のミュロは「聖なるもの sacré」、あるいは残された生者を見守る保護者として存在すると説明される。

マヌーシュはフランス語で「死者」を指す「モール mort」という言葉を口にすることをためらわないが、マヌーシュ語で同じ意味をもつ「ミュロ」と発音することには慎重な態度をとる。マヌーシュ語でミュロの複数形は「ミュレ *mule*」というのであるが、パンの複数形を表すマヌーシュ語の「マレ *mare*」と混同して私が発音した言葉を、「ミュレ」のようにマヌーシュが聞き取ったことがある。あとからこの私の「悪い発音」は、マヌーシュたちが何度も好んでもちだす笑い種となったのであるが、そのとき周りにいたマヌーシュたちはみな口々に「それを言ってはならない」と私をたしなめた。しかし、「死者《モール》」ではなく「ミュロ」という言葉を慎むのはなぜだろうか。この問いに対する答えとして考えられるのは、「ミュロ」が身近で親密な死者に直接呼びかける言葉ともなりうる点だ。次にみるように、マヌーシュは死者の名前を口にしないが、それは誤って死者に呼びかけてはいけないためである。マヌーシュの沈黙と敬意との関係は、このように沈黙が対象とする事物がどのようなものか、そこにどのような死者との関係が表現されるのかという点を探ることで明らかになる。

2-3　死者の名前――個の代替不可能性をめぐる沈黙

マヌーシュの生者が死者について何を語らないのかという問題であるが、それはほとんど死者についてのすべての事柄といってよいほど、幅広い対象をもっている。だが、沈黙の対象となる事柄のなかで共通していることは、それが死者の「代替不可能な個」としての「特異性＝単独性」に深く関わるということである。

表6-1　ロマノ・ラップとフランス名

ロマノ・ラップ	フランス名
本当の名前、マヌーシュの名前	パピエの名前、学校の名前
生後・成長の段階で徐々に定着	生後出生届に記される
文字化されない「音」の名前	文字化
他の人と重複不可能 ⇒死に際して沈黙され、他の人に受け継がれることはない	他の人と重複可能

「本当の名前」としての「ロマノ・ラップ」

後述するように、沈黙の対象となる事柄のすべてを、マヌーシュは集団的に共有される規則として明確に規定しているわけではなく、遺族によって何を沈黙し回避するかが異なることがある。しかし、マヌーシュが決して語らないものがある。その一つが、死者の「名前」である。ポー地域では大多数のマヌーシュが、公式文書に記載されるフランス風の個人名とともに、マヌーシュ語で「ロマノ・ラップ *romano lap*」という「マヌーシュの名前 nom manouche」をもつ（表6-1）。たとえば、クゥクゥ・ドエールは、「ジョセフ」というフランス名と、「クゥクゥ」というロマノ・ラップをもっている。

個人の死に際して沈黙のもとにおかれるのは、ロマノ・ラップである。死者が出ると葬儀のためにすぐさま方々に連絡がとられるが、そこでは死者は「母」や「誰彼の妻」といった方法で示され、決してそのロマノ・ラップは口にされない。普段、マヌーシュは家族に呼びかけるときは、「お父さん *dada*」、「お母さん *mama*」、「おじいちゃん *papu*」という親族名称を使用するが、成長した子や孫は、彼らをそのロマノ・ラップで呼ぶことが多い。また他者に対し自分の家族について言及する際も、親族名称ではなくロマノ・ラップを使用する。

ロマノ・ラップは、「あだ名 surnom」とも「本当の名前 vrai nom」ともいわれる。対して、ジョセフやアントワン、ローズといったフランスで一般的な名前（大多数がクリスチャン・ネームである）は、「ガジェのパピエ」とマヌーシュたちが呼ぶ、身分証明書や学校の登録書類などの「紙（パピエ papier）」に記録される名前で、出生時に役所に提出される。こちらの名前は、その後、「パピエの名前」とか「学校の名前」とマヌーシュに呼ばれ、定住民相手に使用されるが、マヌーシュたちのあいだではほとんど使われない。子どもは、出生前か出生後に「本当の名前」であるロマノ・ラップを与えられ、それ以後マヌーシュのあいだでは、この名前で名乗り、他者から呼ばれることになる。

個人名に関する人類学的研究は、それぞれの社会での命名の方法や個人名に用いられる言葉の意味に焦点をあて、名前を通して浮き彫りになる社会と個人との関係を探ってきた。しかし、マヌーシュは、ロマノ・ラップの命名に関して、「ユニークであること」、つまりそれが比類ないものであること以外に、特に規則をもっていない。名前をつける人物は、両親や親族が一般的であるが、原則として誰でも構わない。当人にとっても、命名の背景は重要でないようで、自分の名前の由来も名づけ親も知らないマヌーシュは多い。

ロマノ・ラップは、系譜や帰属などの特定の社会的地位が付与されたものでも、名前の意味が個人的な属性と結びつけられたものでもない。音の響きだけでつけられた、特に意味をもたない名前は非常に多い。名前に用いられている言葉に本来意味がある場合も、その意味が名前の持ち主と結びつけられているわけではない。マヌーシュ語、スペイン語、フランス語や英語の、動植物、モノの名前といった名詞、小さい、黒い、優しいなどの形容詞、またはアニメのキャラクターの名前やハリウッドスターの名前など、多種多様な対象からロマノ・ラップは選びだされる。なかにはフランス語で「少年」や「中国人」や「アフガニスタン」を意味する名前やアルコール飲料名のように、個人名にあてるには奇妙な意味をもつものもある。だが、マヌーシュによれば、これらの名前は、意味ではなく響きの美しさという観点から選ばれている。つまり、命名がそれと結びつく個人の記憶（たとえば、息子の誕生の際に父親が見た蒸留酒のテレビCM、娘の妊娠中に母親が見たアフガニスタン紛争の報道番組）をきっかけとしている場合でも、それを特別な経験として名前を通して記憶するというよりは、意味を剝ぎとられた「音」だけが個人名に付与されているということである。(8)

ロマノ・ラップの特徴は、それが文字化されることがない「音」の名前であるという点だ。ロマノ・ラップは繰り返し「声」に出して呼ばれることで、一人ひとりの身体に刻みこまれていく。調査当初、私は、マヌーシュのロマノ・ラップの綴りを逐一確認することにこだわっていたが、自分の名前を紙に書いてくれる人は少なく、私が試しに書いた綴りをちらっと見ただけで、「それでいいよ」と返事する人や、ロマノ・ラップではなくパピエの名前を書く人もいた。マヌーシュにしてみれば、そもそもロマノ・ラップを文字として記す機会は限られており、書かれることがあってもそれぞれの個人がそれぞれの方法で綴りを編みだせばよいのだ。それは、マヌーシュ共同体外部において提示されるフランス風の範例的で文字化された「パピエの名前」とは異なり、文字を通して意味が固定化されることがない。こうした音の名前が、幼いころから繰り返し、他者によって口に出される過程において、徐々に当人とその人物の周囲に浸透していき、「優しい」や「少年」や「アフガニスタン」という言葉の本来の意味を失いながら、持ち主固有のものとなる。

「ユニーク」であり代替不可能な名前をとりまく沈黙

いかなる命名の規則性もないようにみえるが、ロマノ・ラップは「ユニークであること」、「他の人がもっていないこと」が重要だとされる。そこでマヌーシュは、ロマノ・ラップをつける際に、周囲に同名者がいないかを確認する。さらに際立った特徴は、たった一つのロマノ・ラップが生後まもなく与えられ定着する場合もあれば、ある程度年を経てから、あるロマノ・ラップが定着していく場合も多い点である。ロマノ・ラップが「本当の名前」でありながら、「あだ名」とも言われる所以である。たとえば、幼いころから身内や仲間から一つではなく複数の名前で呼ばれ、大人になってもまだ二つのロマノ・ラップをもつ人がいる。また他方で、こうしたロマノ・ラップがもともとないか、途中で使用されなくなったりして、パピエの名前と同じフランス風の名前で呼ばれる人がいる。後者の場合、人々のあいだで定着したロマノ・ラップがなかったことを意味しているが、それが当人にとって不名誉なこととされるわけではない。二つのロマノ・ラップも、たった一つのフランス語名も、マヌーシュ共同体内部の他者の名前と重複していなければ、つまり、それが紛れもなく個人に固有の名前であればよい。実際に私は、ポー地域で同じロマノ・ラップで名前を呼ばれるマヌーシュに出会ったことがない。かつて別のマヌーシュとたまたま同じロマノ・ラップをもっていたという女性はいたが、彼女の場合、同名者が死去したときにそのロマノ・ラップは使われなくなり、もう一つあった別のロマノ・ラップで呼ばれるようになっていた。マヌーシュは、死者のロマノ・ラップを口にすることを徹底的に禁じ、その名前がたとえ死者とは別の他者を指す場合でも、その名前を発音すること自体を禁止する。

このように、ロマノ・ラップの個人に固有のものであるべきという特徴が、マヌーシュの死者に対する沈黙と関係をもつ。文脈の如何にかかわらず、死者の名前が発音されること自体が禁じられるので、日常の会話、たとえば、私がマヌーシュ語の単語を教わっているときなどでも、「あ、これは死者の名前だった……」と言ってマヌーシュが口をつぐむという場面がみられるのである。また次のようなこともある。「ルルド」というポー地域近隣の巡礼地の名前をもった女性が亡くなったあと、親族はもはや巡礼地のルルドをその固有名で指すことができなくなった。ある親族の一人は巡礼地のルルドについて話すとき、「ああ、あのここから四〇キロのところの……、そうそうあの巡礼の……」などという言い回しを用いて、「ルルド」という言葉を口に出すことを避けた。

こうした死者のロマノ・ラップに対するマヌーシュの態度は、マヌーシュがもう一つの名前として保持するパピエの名前とは対照的である。パピエの名前は、たとえば近親のなかに同名者がいるなど、他の人と重複可能である。したがって、多くの場合、マヌーシュは仲間のパピエの名前を知らない。彼らが互いに認識しあうのは、ロマノ・ラップであり、もし彼らの居住地でパピエの名前を手がかりにマヌーシュ個人を探しても、みなが「知らない」と答えてしまうことになる。

以上みてきた点から、ロマノ・ラップは、その音によって個人と切り離しがたく結びつき、マヌーシュ個人にとって代替不可能なものとなっているといえる。周囲の人々からその名前で呼ばれ、それに応答するという日々の相互行為を通して、個人は名前と個別的で密接不可分な関係を育むのである。そして、この点において、個人名が個人に固有であることを重視し、その名前を死に際して呼ばないという、マヌーシュの名前に対する態度は、個人の特異性＝単独性に対するマヌーシュ独自の態度を示すものと理解することができる。(9) カナダのイヌイット社会でも、死者の名前を口にしてはならないとされるが、それはその名前が新生児など「誰かに受け継がれるまで」と限定され、名前が人の生物学的限界を超えて生き続けることが重視されている［岸上 1999］。この事例との対比から理解できるのは、マヌーシュが死者の名前を呼ばないことは、他の誰とも代替不可能な存在として一度限りの生を送る個人の特異性＝単独性に執着するがゆえなのだということである。

死者の名前を呼ばないこと、すなわち沈黙は、「代替不可能な個」としての死者に対する強いこだわりと結びついている。だが依然としてここでは、なぜ、死者に対する沈黙が敬意となるのかは明確ではない。沈黙は、「個」としての死者をどのような状態において捉え、位置づけることによって敬意となるのであろうか。そこで次に、死者の記憶に対するマヌーシュの態度へと、検討を進めたい。

2-4 死者の記憶——沈黙により保護される「特異性＝単独性」

マヌーシュ社会では、語りを通して記憶を共有する機会が限られている。マヌーシュ語は文字をもたず、多くのマヌーシュがフランス語の読み書きもしないので、文字による記録もない。マヌーシュは自身の家系を祖父母の代までしか記憶していないことが通常であり、曾祖父母の名前や彼らの時代に家族が経験した出来事について知る人もほとんどいない。父母や祖父母といった共に生きた人々に対しても死後ほとんど語られることがないので、時とともに、第二世代あるいは第三世代ほど前の家族の死者の名前や記憶が忘却されてしまう。このような「歴史」の不在は、単にマヌーシュがこれまで文字をもたなかったことや、現在も識字率がきわめて低いことだけにその要因があるのではない。同じように文字をもたない社会はあるが、それらの多くは口承文化として、神話や歴史を幾世代にもわたり語り伝えている［e. g. 川田　2001］。これに対して、マヌーシュは語ることそのものを拒否し、「語らないこと」にこそ敬意という価値をみいだす。マヌーシュの死者に対する沈黙は、ウィリアムが指摘するように、「過去の探求や知識の蓄積を目指す記憶」［Williams 1993: 14］とは相容れず、「歴史」という集団表象の記憶装置に抗う。

マヌーシュにおいて共有され価値づけられる社会的行為は、「語ること」ではなく「語らないこと」ということができるかもしれない。だが、それはどのような点で価値を与えられるのだろうか。

語りえない証言と死者の記憶

哲学者の野家啓一によれば、二〇世紀後半の歴史学において、歴史の地層に沈殿し、沈黙を強いられてきたマイノリティの人々の声に言葉を与え、顕在化する動きが高まり、「物語り」をめぐる視座の転換がもたらされたという［野家　2009: 4］。第二次世界大戦後に活性化し、中・東欧の共産主義政権崩壊を経て興隆したジプシー／ロマの民族運動は、この歴史学の転回と歩みを同じくした、ジプシーたち自らの「物語り」といえるだろう。序章で説明したように、「ロマ」をめぐる国際的な民族運動は、インドという起源とロマニという言語を共有する一つの民族像を提示することで、世界中に散在するジプシー集団の国境を越えた連帯と各国でのジプシーの権利承認を目指してきた。この民族運動のなかで特に重要視されたのが、第二次世界大戦中の強制収容をはじめとする差別と迫害の歴史を、ジプシーの同胞や非ジプシーに向かって「語る」という行為である。ホロコーストや強制収容所の記念館に、ジプシー迫害の展示資料や慰霊モニュメントを設置する動きもみられた。被害者による体験記も出版されている［e. g. ラーハ

2009(2004)]。

ジプシーがナチス・ドイツによって迫害の対象とされ、強制収容所で命を落としたという歴史的事実は、ユダヤ人の場合と比べて非常に緩慢なペースであったが、ドイツや中・東欧諸国のジプシー／ロマ運動のなかで、ジプシーの活動家や知識人、非ジプシーによって、戦後、検証され公表されてきた(10)。国内でジプシーやその他の「ノマド」を強制収容していたフランスでも、近年、非ジプシーの学者の主導のもとでその歴史的事実を検証する研究がおこなわれるようになった［e. g. Etudes tsiganes (ed.) 1995, 1999; Filhol 2004］。

この試みの一環として、一九九〇年代初頭、ポー地域でもマヌーシュを対象に聞き取り調査が実施されている。このときのことを私に話してくれたマヌーシュや地元の移動生活者支援団体関係者の話によると、その際、調査者がマヌーシュの証言者から直接聞き取りをおこなうのではなく、マヌーシュの若者にテープレコーダーを渡し、彼らを通じて彼らの祖父母の証言を得る方法が試みられたという。第二次世界大戦中の収容所の記憶は、すでに故人となった人々の記憶を掘り起こすことになり、マヌーシュの死者をめぐる慣習に抵触するうえ、それを定住民に対して証言することがはばかられるのではないかという危惧を調査者側が感じたためである。しかし結果的には、マヌーシュの若者によっても強制収容に関する証言は収集されなかった。若者のなかには祖父母のもとで聞き取りを試みた人もいたというが、証言を得ることはできなかったのだという。

世界のさまざまな地域におけるジプシーたちの近年の「物語り」に対し、ポー地域のマヌーシュは依然として「語らないこと」を選択したということができるだろう。だが、それは、マヌーシュが自分たちの祖先や家族が辿ってきた迫害の歴史に無関心だということではない。マヌーシュは、自分たちの祖父母や仲間もフランス各地のノマド収容所に一時期閉じこめられていたのだと私に話し、戦時中、彼らが「ユダヤ人のように」迫害されたのだと時に怒りや悲哀をこめながら伝えていた。しかし、このような戦時中の体験は、その時代を実際に生きた七〇代や八〇代のマヌーシュの口から語られることはなく、「前にそのような話を聞いたことがあった」と言う人々からも、具体的な内容はほとんど伝えられなかった。そこで私は、「なぜマヌーシュはユダヤ人のように語らないのか」、「なぜマヌーシュには証言をする人がいないのか」としばしばマヌーシュに問うた。しかし、マヌーシュは「わからない」と言って黙ってしまうか、「定住民が何をしてくれるっていうの?」と言って、再び日常的に彼らが直面している差別や偏見の問題に話を変えてしまうことが多かった。

このようなやりとりが続くなかで、私はようやく二〇代後半のマヌーシュ女性、レティシアから次のような説明を与えられた。彼女は言う。「おじいさんは私たちに戦争の話をしてくれた。私たちは彼の孫だから。彼は戦争の時代を生きたから。彼はとても苦しい思いをした。けれど、彼は話しだそうとはしない。なんていったらいいのかしら。彼の過去をみなに……。だって、それはあまりに個人的な personnel ことだから」。そして、「それは定住民には話せないということなのか?」という私の問いに対して次のように続けた。「私たちはジプシーについての本を書いてくれとは望まない。ただ、たくさんの人が虐殺されたのに、それすらも書かれない。それが問題なのよ」。

あまりに個人的なことであるがゆえに、話しだすことができない。しかし、「ジプシー」という集合的記述を求めるわけでもない。このレティシアの発言を通して、迫害の告発をめぐってマヌーシュが直面する一つのジレンマが浮き彫りとなる。レティシアの祖父(この聞き取り調査時の二〇〇八年には何十人もの孫やひ孫に囲まれ九四歳の誕生日を迎えた)のように、戦争の時代を生き延びたマヌーシュが、迫害の事実を子孫や定住民に伝えるためには、おのおのの個人的な体験を戦争中やそれ以後に死んでいった家族や仲間の記憶とともに「代表して物語る」必要が生じる。これは死者の記憶を受け継ぐ子孫にとっても同じで、子孫は死者を「代理して物語る」必要がある。すなわちいずれの場合も、他者の記憶をジプシーやマヌーシュの歴史として集合的な記憶のなかに回収し、他者を代表=代理して「物語る」、あるいは「語り直す」手続きが不可避となる。

これまでみてきたマヌーシュの沈黙の事例を踏まえて、ここで次のことが指摘できる。それは、マヌーシュが迫害の事実を訴えようとしながらも沈黙してしまうのは、「代替不可能な個」としての死者の特異性=単独性を損なわないためだということである。誰か別の人が死者＝他者の個人的な生に刻みこまれた経験を語り直すことは、ウィリアムが先に指摘していたように、必然的に「間違い」を生む可能性を伴う。「物語り」は、一定の視座からおこなわれる言語行為である以上、忘却や抑圧や隠蔽はまぬがれえない［野家 2009］。そもそも犠牲者の、ないしは犠牲者に代わっての証言は、言語という「普遍化する審級」に訴えることなくしてはありえない［デリダ 2000（1999）: 101］。それこそが、死者への敬意に反する振舞いとしてマヌーシュが回避しようとするものなのである。

個人固有の記憶を集合化し物語化することで、ユダヤ人のように、マヌーシュが迫害されたのだと告発することは可能となるだろう。だが、ポー地域のマヌーシュは結果的に語らないことを選択している。この選択は、彼らが、死者＝他者の生きた個別具体的な経験を誰か他の人が代表、代理して語り直し表象するよりも、「語らない」という沈黙のなかにとどめることを意味している。つまり、「そのまま」にしておくのである。そうして、マヌーシュは、死者を安易に生者の世界へと回収することもなく、無関心に忘却してしまうのでもなく、死者の特異性＝単独性を無傷のままに保とうとする。この意味において、沈黙は、死者あるいは他者の個別性と共同性との関係をマヌーシュが独自の方法で秩序づけるための社会的行為なのだということができる。マヌーシュの「沈黙の敬意」は、言葉や物質を通しておこなわれる集合的想起に抗する。しかしそこでは、語りえないものを語らないままにすることが了解され、その行為が社会的に意味づけられるために、「反-語り」として沈黙の共同性が創出される。

以上、死者の名前と記憶をめぐるマヌーシュの沈黙についてみてきた。ここからわかるように、個人から切り離しえない体験やその特異性＝単独性を「そのまま」に保つためにマヌーシュは沈黙を必要とし、それに敬意という価値を与える。それは、死者のキャラヴァンや身の回りの品といった遺品を廃棄することが、なぜ「敬意のため」なのかを理解することにもつながる。キャラヴァンは、その所有者である人の身体性を刻みこんだモノである。この一体化する人とモノの関係は、死してなおも切り離されることがないために、他の誰かに譲り渡すことは誤りであり、死者の特異性＝単独性を損なうことになる。ロマノ・ラップについても同じことがいえるだろう。名前は、生きているあいだにさまざまな他者から呼びかけられ、それに応答してきた死者の特異性＝単独性を表す。したがって、死者の名前を発音することは、その音の名前と不可分な死者に、意に反して、誤って呼びかけてしまうことにつながりかねない。つまり、個人の身体やその生に染みついたキャラヴァンや名前や記憶は、死に際しても個人と切り離しえないものであるがゆえに、生者世界の文脈で生者が呼び起こすことは、代替不可能で特異な存在としての死者を損なうこと、つまり敬意に反する振舞いとなるのだ。

2-5 不明瞭な解決としての沈黙——無為の共同性

この点において、死者についてのあらゆる事柄を誰かの口で語り直すことが「間違い」の可能性を孕み、それゆえ生者を苦しめるのだというウィリアムの指摘は正しい。だが先に述べたように、ウィリアムは性急に沈黙を死者の特異性＝単独性の忘却と結びつけ、祖先への移行を論じていた。

このようなウィリアムの理解は、部分的にはポー地域のマヌーシュの事例にもあてはまる。記憶が語りやモノの保存によって過去の世代へと伝承されることがないため、世代を経るにつれて死者は次第に忘却されていく。そして結果として、死者はその特異性＝単独性を失うが、損なわれることのないまま、集合的で匿名の「私たちの祖先」となるからである。ポー地域のマヌーシュは、死者と祖先とを区別するマヌーシュ語をもたないが、死者をめぐって生者が沈黙するマヌーシュの服喪は、エルツのいう「あいだの期間」とみなすことができる。死者から祖先への移行の過渡的な段階を指す「あいだの期間」では、死者は、その特異性＝単独性ゆえに生者によって「語りえない」、つまり沈黙のなかにとどめられる存在として、匿名的で類型的な祖先とは区別されているからである。

しかし、この死者から祖先への移行図式を受け入れるとき、私はそれをポー地域のマヌーシュの沈黙のもとで矛盾なくスムーズに経過していく過程として描くことにためらいを感じる。なぜなら、次に示すように、マヌーシュの

「沈黙の敬意」には、死者から祖先への移行という「あいだの期間」に明確な区切りをつけることを拒み、それをむしろ不明瞭なかたちで引き延ばすという側面がみられるからである。そして、こうして「沈黙の敬意」が「不明瞭な解決」であり、矛盾やずれを孕むがゆえに、キャラヴァンというモノが必要とされるのではないかと考えるからである。

沈黙のもとで引き延ばされる「あいだの期間」

これまでの人類学的研究において、匿名的で類型化された祖先への社会的地位の変化を待って、死が確定され、生者の社会的秩序の再生産［内堀・山下 2006］や「生の再編成」［Bloch & Parry (eds.) 1982］が達成されることが指摘されてきた。死は生との単なる分離ではなく、生を生み支える時間の連続性のなかにあり、そこでは死者から祖先への移行は、その独自の手続きや期間の設定などの特徴が着目されるなか、ほとんど当然のことと捉えられてきた。実際に、期間の長さやその期間に生者に義務づけられる行為は異なるが、多くの社会が喪の終了を告げる儀礼をおこない、服喪の期間をある程度定めている。

これに対し、ポー地域のマヌーシュ共同体では明確に喪の終了を告げる機会がない。そもそも、マヌーシュの沈黙と忌避の慣習は、死をめぐり共有された集団的な対応であるものの、厳密にその内容が規定されているのではない。死者の親族以外の人も自らの死者に対する思いに応じて喪に服すことがあり、服喪対象者の範囲も明確ではない。残された人々は、死者に対する自らの考えや感情に沿って思い思いに服喪の内容を決めていく。

この点についてウィリアムも指摘している。それによれば、マヌーシュの死者をめぐる慣習には、音楽やテレビを視聴しない、黒色の服を着るなど、禁忌や遵守の項目に関する「規範的な側面」に加え、限定されない服喪の期間をはじめとして「個人のイニシアティヴに任される側面」がある［Williams 1993: 10-12］。マヌーシュの服喪者は、死者が生前好んだ飲食物や祝い時によく口ずさんだ歌や話した物語、訪れていたカフェや川など、多種多様な物事を回避ないしは放棄するが、これらの行為は「何の宣言もないまま」おこなわれ、それぞれ個人的に禁止事項が選択されるという。

　ポー地域でも、服喪者は周囲の人々に対して表明や説明をすることなしに、服喪の内容や期間を自己決定する。たとえば、マヌーシュの居住地では、喪服として黒服を着ている女性を頻繁に見かける。近親者の死後、一年ほどで黒服を着るのをやめる女性もいるが、数年、時には一〇年以上たっても黒服を着続ける女性が多いためである。黒服を着用する（しない）理由について当事者が説明することもなく、それだからといってそれらの人々が周囲から批判されたり、説明を求められたりすることもない。私はマヌーシュに、いつ服喪が解かれるかと質問をしたが、多くの人々は「それぞれが望むように」、「重要なのは、家族の心が休まるまでだ」といったように、服喪の期間が決まっていないこと、その決定が服喪者に委ねられることを説明した(11)。

　このようにマヌーシュは、死者についてのみならず、服喪の内容や期間についても何も語らない。そして遺族の決定に対して、周囲の人々が何らかの介入をすることもない。つまり、マヌーシュの沈黙は、死者ばかりでなく、その喪失に苦しむ遺族の痛みの領域も覆っているといえる。その結果、マヌーシュにおける服喪という「あいだの期間」は、沈黙のもとで個人の意思決定に任されて、その終了が不明瞭な方法で引き延ばされる。そこでは、マヌーシュの死者は、一挙に祖先へと移行するのではなく、いつ祖先へとその社会的地位が変化するのかもわからないまま、静かでゆるやかな過渡の状態にとどまるようにみえる。

　ウィリアムが「死者と生者の共存」というとき、生者と調和的な関係をもつ死者とは「匿名の祖先」を指していた。匿名の祖先こそが「集団の無傷性」を保証するためである。しかしここまでみてきたように、ポー地域のマヌーシュの死者をとりまく沈黙のなかで浮き彫りになるのはむしろ、生者が共に生き、名前を知り記憶を共有している「代替不可能な個」としての死者への執着であり、即座に死者を祖先に変換することを阻む側面である。個別特異な存在者として生きていた死者、そしてその喪失に苦しむ遺族への「応答」であり「敬意」の表現である沈黙が、死の通過儀礼が滑らかに完遂していくことを阻む。ウィリアムは、マヌーシュ社会における生者と死者（祖先）との共存を支える原理を「敬意＝集団の無傷性」として理解したが、むしろここで浮かびあがるのは、個の特異性＝単独性をとりまく敬意である。ポーのマヌーシュ共同体において、それは、死者と生者の関係のみならず、より広く個人と他者、個と共同性との関係を支える原理となる。

ここで死者と生者の共存のあり方は、祖先と生者との関係のように安定的なものではない。埋葬のあと、目に見えて触れられる身体的存在としての死者は失われるが、死者の所有物が廃棄され沈黙だけが漂うとき、そこには死者に対する執着とそれゆえに残された生者が直面する痛みがある。調査地の場合、沈黙され、有形無形のさまざまな事柄が消去されたはずの死者の痕跡がひそかに残されていることがある。死者の遺品のなかで特権的に捨てられずにいる「死者の写真」がその一つである。マヌーシュは、家族の写真をキャラヴァンのなかに飾ることを好み、文字を記した手紙の代わりに他地域に暮らす親族に送って近況を伝える。しかし、死者の写真はキャラヴァン内部の備えつけの棚のなかにしまわれ、そのキャラヴァンを所有する生者以外には、誰の目にも触れられないように大切に取っておかれる。死者の写真は、一人で、あるいは限られた親密な他者とキャラヴァンのなかで手に取られる。そこで、生者は死者を想起し、思いをつのらせることもあるだろう。マヌーシュは、死者の写真を公に開示して集団的に死者を想起、記憶することを拒みながら、残された痕跡と個別的にやりとりし、親密な痛みの領域をたちあげる(12)。

このように、死者を悼む生者の個々の振舞いを通しても、マヌーシュの死者はその痕跡を完全に消去されることも祖先として一挙に集合化されることもなく、存在と不在のあいだ、生者と祖先とのあいだに保留されるといえる。つまり、これまでみてきたことからいえるのは、死者は、固有の名前と記憶を保持する「個別特異的」で「代替不可能」な存在であり、一挙に「全体性」へと還元できない存在であるがゆえに、マヌーシュは沈黙し続けるということである。結果として、沈黙が死者の忘却を導くことは否定できない。しかし、彼らは個別特異な存在としての死者を生者の生きる「今、ここ」につなぎとめるために沈黙を選びとるのであって、死者を忘却し集合化するための実践として沈黙するのではない。

喪の振舞いを集団で均一に共有される社会的な取り決めではなく、個人の意志や感情に基づく選択に委ねるマヌーシュは、死者と生者の、あるいは死者の痕跡を保持し続ける遺族とその他の生者との関係を調整する唯一の手段として沈黙するということもできる。沈黙は、もはや死によって「今、ここ」にいないはずの死者の痕跡とそれに執着する生者の痛みの領域を、制御しつつ保護しているようにみえる。つまり、沈黙は、生者世界に残る死者の痕跡という、身体的な死と社会的な死とのあいだにある時間のずれを社会的な強制力をもって解決しない代わりに、それを顕在化することもしないのである。

分有としての共同性

以上の考察をまとめると次のようになる。マヌーシュの沈黙は、固有の名前や記憶を保持する死者とその喪失の痛みに直面する遺族をとりまき、それら個人に固有で他者によって代表＝代理されえない体験や感情を保護する。そして、こうしたマヌーシュの哀悼の形式であり、他者への敬意の表現でもある沈黙が、死の通過儀礼の滑らかな進行を妨げる。

しかし、このようにマヌーシュの「沈黙の敬意」について明らかにした今、一つの疑問が生じる。どのように死は解決されるのであろうか、という問いである。服喪がいつ終わるのかという問題と同様に、祖先への移行がいつ果たされるのかといった問いに対して、マヌーシュからの明確な答えはない。おそらく最終的には、死者が完全に匿名の祖先となるには、死者と共に生きた人々自身が死者とならねばいけないのだろう。なぜなら、そこで初めて、死者の特異性＝単独性を保証していた生者の記憶が消滅するからである。あるロマノ・ラップやあるキャラヴァンは、それが特定の死者に属するものであることを知っている人が存在している限り、決して別の人に新たに付与されることはないのだ。

つまり、マヌーシュにおいて個人の死は、その記憶や痕跡を分かちあう別の他者（生者）へと受け継がれていくということができる。死者を祖先として、代替不可能な個を代替可能な存在として全体性のなかに移行させることを先延ばしにする「沈黙の敬意」においては、死の社会的解決は不確実なものにとどまり、他者の死へと引き継がれる。

このように沈黙を通して支えられるマヌーシュの死者と生者、個人と他者の関係には、死の通過儀礼の成就を約束する「個の全体への統合」という志向をみてとることはできない。そこにあるのは、フランスの哲学者ジャン＝リュック・ナンシーが死と共同体の相互開示性を論じるなかで指摘した、決定的な「分離」と無媒介的な「分かちあい」としての「分割＝分有 partage」だといえる。ナンシーは、「人がひとりで死ぬことができない」という事実、すなわち死が人間の「有限性（自己完結の不可能性）」を画するがゆえに共同性を露呈すると述べ、おのおのの特異な実存が互いの差異を失って融合するのでも、同一性を共有するのでもなく、その「特異性 singularités」において互いに存在を「分有」する事態を「無為の共同体」と呼んだ［ナンシー 2001(1999)：26–29, 40–53］。

マヌーシュ共同体において、この分有という事態は、人々が沈黙を通して死者の特異性＝単独性、そして遺族の痛みという共約不可能なものを保護しようとする場面に生じる。マヌーシュが沈黙を通して保護しようとするこれらのものは、個人を他者から分かつものである。しかしそれらは同時に、他者から独立して個人に内在しその内部で完結するものではなく、他者によりみいだされ保障される。ロマノ・ラップが、個人の特異性＝単独性を示すものとしてあらわれる過程を振り返ろう。名前は、「個人に固有の」所有物でありながら、自らが選択し意のままにできるものでもなく、周囲の他者の命名や呼びかけによって個人に与えられ、他者を通してその特異性＝単独性が保障／保証される。同様に、ある人の生の記憶、さらに「自らに訪れる死」や「他者の死によって襲ってくる痛み」も、誰によっても代表、代理されえない「個人に固有の」ものでありながら、自らのうちで完結されることなく、他者との関係のなかで生みだされ、他者によって保護される。すなわち、個人を他者から分かつベクトルそのものが、他者の存在を要請し、それにより支えられている。

このように個を他から区切ると同時に他へとつなげる、分有としての共同性を、マヌーシュの沈黙は開示すると結論することができる。この「沈黙の共同性」は、一つの共通の本質のもとに個を他と同一化させることも集団的全体に溶解させることもないので、集団の永続性や秩序の維持とは関わりをもたない。それは、個の有限性と共同体の永続性との調和をめぐるコスモロジーを描くことも通過儀礼を成就することもない「無為の」共同性であり、個と他がそれぞれの特異性＝単独性や差異の露呈において互いの存在を分有する出来事としての共同性である。

3　沈黙のなかのキャラヴァン

死者をめぐるマヌーシュの振舞いにおいてもっとも興味深いのは、死者に対する敬意が、キャラヴァンや愛用の品、名前や思い出といった有形無形の死者に属する事物すべてを、生者世界から取り除くことにより示されるという点である。前節では、この「沈黙の敬意」が、マヌーシュにおける個と共同性の関係を支える社会的行為であることを明らかにしたが、そこでは同時に、死者をめぐる沈黙がスムーズに移行し集合化されえない死者＝他者の特異性＝単独性を保護し、「あいだの期間」に対しては「不明瞭な解決」しかもたらさないという側面も指摘した。通過儀礼として最初に挙げた駆け落ちの場合も、この点に関しては同じである。駆け落ちもまた、個人の身体ばかりでなくその社会的位置づけに変容をもたらす出来事であるが、それをとりまく沈黙は、既存の秩序から逸脱する個的経験を共同性の空間のなかで「語りえないもの」にとどめる。

このように、マヌーシュの沈黙のなかの通過儀礼は、個の経験を集団的に共有し、共同性の空間の秩序再編へと結びつけるプロセスを欠いているようにみえる。無為の共同性は、通過儀礼の成就を約束するものではないのだ。しかし、ここで立ち戻るべきは、次のようなキャラヴァンの働きである。

通過儀礼のなかで「敷居の上の人たち」に、キャラヴァンが新たな位置づけを与え、社会的地位の移行を保証することについては、第1節で述べた。ジェネップの議論にもみられるように、多くの社会では、結婚と死という人生における重要な局面は類似した過程を辿る。マヌーシュの場合も、一見して、キャラヴァンが与えられる結婚と放棄される死は逆の手続きをとるようにみえても、社会的位置の更新という点においては同様の過程を踏む。駆け落ち前の男女は、境界的な状況にあるため、キャラヴァンという適切な社会的、空間的位置づけを一時的に喪失し、それゆえに沈黙する。死者は、直ちに祖先へと移行せず、ゆるやかな過渡である「あいだの期間」にとどまり、それゆえに沈黙される。そして、キャラヴァンは与えられるにしても放棄されるにしても、身体的かつ社会的状態を変容させた個人のための居場所を更新する。

「沈黙の敬意」について理解した今、キャラヴァンのこのような媒介物としての働きは、重要な意味をおびる。マヌーシュの沈黙は、避けようもなく訪れ、既存の秩序から逸脱していく個人の経験を集団的な領域において開示することなく、分有としての共同性をたちあげる。しかし、この沈黙の共同性のなかで、キャラヴァンは、成長し変容する個人の身体に応じて個別化される社会的皮膚として、身体と一体化したモノとしてあらわれる。そしてここでは、キャラヴァンを介して、個人の経験はその生の私的な領域に閉じられるのではなく、共同性へと開かれる。駆け落ちをするカップル、死者という「敷居の上の人たち」の経験を、語りや細やかな儀礼手続きを通して顕在化し共有するのではなく、沈黙のなかで不明瞭なままに保つマヌーシュにとって、キャラヴァンは既存の秩序を更新するために必要不可欠な物質的支えとなる。駆け落ちから戻ってきたカップルに与えられたキャラヴァンを通して新たな夫婦の誕生を確認すること、死に際して放棄されたキャラヴァンの不在を通してその所有者の不在を確認すること、つまり、沈黙のなかにあらわれるキャラヴァンを介して、個の変容が共同性の空間のなかで了解可能な現実となる。

キャラヴァンというモノが沈黙のなかの個的経験を集団的に共有される出来事に変換し、変容する個を共同性のなかに新たなかたちで位置づける。この点において、キャラヴァンという物質的な支えがあるがゆえに、沈黙のもとにとどめられる移行の経験が確定され、秩序が再編されるといえる。

キャラヴァンの媒介物としての能力とそのあらわれ

マヌーシュの「沈黙の敬意」に対して、キャラヴァンは物質的な支えとして働く。以上みてきたキャラヴァンの媒介物としての能力は何に由来しているのであろうか。

まず、キャラヴァンがその可視性と不可視性という属性を通して、ある特定の意味をあらわにする状況について考えたい。本調査を始めたばかりの二〇〇七年一〇月のある日、私はマヌーシュの男女が一週間前に駆け落ちを終えて結婚したことを聞かされ、驚いた。二人はそれぞれに私と雑談を交わす仲であったが、恋人がいることも近い将来結婚することもまったく口にしていなかったからである。そして、結婚の詳細について聞きたがる私を前に、妻となった女性は恥ずかしそうに微笑みながらほとんど何も語ろうとはせず、自分のキャラヴァンのなかに入ってしまった。しかし、驚きの表情を浮かべたままの私に対して、そばにいたマヌーシュは笑いながら次のように言った。「だってほら、彼らは一緒に住んでいるでしょ。私たちのところでは、キャラヴァンに一緒に住むということが結婚なのよ」。

このようにマヌーシュは、新たなキャラヴァンとそこに暮らす新たな夫婦という結びつきが、一つの現象として目で見てわかる。共同性の空間において個々人の身体を包みこむキャラヴァンの集合は目に見える秩序であり、その点で、新たなキャラヴァンは、沈黙のなかで新たな夫婦の誕生という意味の了解を達成する。つまりここでは、キャラヴァンの可視的な属性を通して、言語を介せずして秩序が可視化されている。

しかしその一方で、キャラヴァンが可視的な属性をもってマヌーシュの社会的現実に働きかけるとき、キャラヴァンは、一定の秩序のなかで意味をもったものとして見られ読まれるという、不可視性を必然的に伴ってもいる。マヌーシュの居住空間において、キャラヴァンは、人の身体を包み位置づけるモノとしてあらわれ、人の身体の拡張、あるいは住み手の身体と一体化した身体そのものとなる。こうしたキャラヴァンと身体との関係の社会的、経験的な意味づけを、マヌーシュは日常生活におけるキャラヴァンとの持続的で実践的な関わりのなかで自明のものとし、それを通して自らをとりまくモノ、身体、意味の関係性を把握している。それゆえマヌーシュは、新たなキャラヴァンを見ることで、そこにあらわれている新たな人と人の関係を理解し、新たな世帯の誕生を確認することができる。キャラヴァンに刻みこまれる意味は不可視であるが、それはモノを通して目で見てわかる、つまり、ある社会的現実を直接知覚可能なものとして理解することを導く。

このように、キャラヴァンは、その物質性に由来する可視性と意味に由来する不可視性の二重の属性を通して、沈黙の共同性に満たされた空間の秩序を支えるということができる。そしてそこから発展して、キャラヴァンの媒介物としての能力について次のように指摘することもできる。可視的かつ不可視的な属性をもつキャラヴァンは、社会的かつ経験的な意味を刻みこみつつその現出を可能とするモノとして働く。このとき、キャラヴァンは、意味が投影される単なる客体物なのではなく、「物質であると同時に意味でもある」モノとして人の生活世界に働きかけ、その社会的現実を支え構築しているのではないか。

こうしたモノと意味との相互浸透的な関係を考えるうえで、序章で挙げた「モノを通して考える」方法論［Henare, Holbraad & Wastell 2007］が参考になる。(13) この方法論は、概念がモノと「存在論的に」区別されているという前提を捨て去ることで、認識論あるいは客体化作用にとらわれない視点を提示する。そこでは、西欧的な概念体系に依拠して「世界観」という現実の見方や認識の仕方を問うのではなく、当該社会の人々が「彼らの仕方で一つの世界を生みだす」さまを照らすこと、そして、人とモノ、あるいは人間と非人間が共につくりあげる社会的現実を新たなかたちで描きだすことが試みられる。ここで重要視されるのは、モノと意味とを分割することなしに、「一つのもの the same」として扱うこと、そしてそのような「モノ＝概念 thing-concept」がたちあがる特定の社会的現実を捉えることである。なぜなら、意味や概念は、モノとの絡みあいのなかで産出されるがゆえにそもそもモノと切り離すことができず、モノと浸透しているからである。つまり、人がモノを見ること、すなわちモノとの出会いや経験が、すでに「概念的な創造行為」［*ibid*.: 15］なのである。

こうした視点にたつならば、マヌーシュが彼ら自身の身体との日々の持続的で実践的な関わりを通してみているキャラヴァンを、人とモノ、内容と容器、所有者と所有物という二項関係で捉えることはもはやできない。むしろ、マヌーシュにとってキャラヴァンは、そこに住みこむ人の身体の延長、もしくは融合した「身体-モノ」という「一つのもの」としてあらわれるがゆえに、個人の身体性や他者との関係を人が見て理解することを可能にしているといえよう。そこでは、キャラヴァンは意味を付与され、そこに刻みこまれた表象を解読されるといった「回顧的な性質を超え」［Keane 2005: 194］、人と一体化したモノとしてマヌーシュの人々の生活世界にあらわれる。すなわち、マヌーシュが生きる社会的現実を構成しているのは、人と切り離された表象、あるいは「身体のようなもの」としてのキャラヴァンではなく、身体とそれを包みこむキャラヴァンの一つの連続体であるといってよい。キャラヴァンは、そうした固有のあらわれをもって「沈黙の敬意」のなかで不可視化されたままの個の出来事を可視化することで、移行の経験を確定し、人々が共に生きる共同性の空間の秩序を更新するのだ。

マヌーシュの死者は、その特異性＝単独性を保持し続け、生者の親密な領域に痕跡を残すがゆえに、集合匿名的な祖先への移行を先延ばしにされる。ただし、死者のキャラヴァンが放棄され、生者世界において「見えないもの」となったとき、かつて共に住まい生きたその人の不在が、生者にとって切実なものとしてあらわれることは想像に難くない。その人の不在は、キャラヴァンの不在を通して、生者が生きる「今、ここ」の世界に切迫してくる。「沈黙の敬意」が、そのような個人の親密な痛みを保護するマヌーシュの社会的行為である一方で、キャラヴァンというモノは、確実に生者の生きる新たな社会的、空間的秩序をあらわにし、前に進めてしまう。死者は一挙に祖先になることはないが、身体的存在としての個人の死は、キャラヴァンを介して社会的に了解された可視的な現実となるのだ。

マヌーシュにおける死の解決は、こうした沈黙と協働するキャラヴァンの働きを通して初めて理解することができる。所有者とともに不可視化された死者のキャラヴァンは、それが埋めこまれた社会的現実のなかで一つの現象をあらわにしながら、「あいだの期間」を先延ばしにするマヌーシュたちの沈黙の共同性を支えるのである。

4 キャラヴァンに住まうという創造的行為――第6章まとめ

第5章で述べたように、自らの身体に配慮し、共同性の空間のなかでそれぞれの社会的、空間的な位置づけを適切に保つことは、身体的かつ社会的存在として人生過程のなかで変容していくマヌーシュの個人が、他者と共に暮らし共同性を育み維持するために、必要不可欠な手続きであった。そして、こうしたマヌーシュの身体や他者、共同性とのあいだで多様に変化する関係性を媒介するのがキャラヴァンであった。

これを踏まえて本章では、「キャラヴァンが与えられる結婚」と「キャラヴァンが放棄される死」というマヌーシュの人生儀礼に着目し、キャラヴァンが、「沈黙の敬意」という社会的行為と協働しながら、秩序の動態性のなかでたちあらわれる個と共同性の関係をどのように支えるのかという問題を検討した。明らかになったのは、敬意としての沈黙を通して、共同体に生きる個人の特異性＝単独性を保護しようとするマヌーシュ独自の個と共同性の関係であり、人やその身体と一体化したモノとして、沈黙のなかで不可視化されたままの個の出来事を可視化し、秩序再編に関与するキャラヴァンの働きである。

序章や前章でも述べたように、マヌーシュにおける共同性の様態を捉えるうえで、個がどのように育まれ支えられているのかを把握することが必要不可欠である。本章で検討してきた「沈黙の敬意」は、マヌーシュにおける個的経験の特異性＝単独性ならびに個の代替不可能性に対する執着や高い価値付与を指し示すものであった。しかし、そうしたマヌーシュの個は、他者との日常的な相互行為を通して育まれ保護されるものでもあった。すなわち、ここでみいだされるのは、「個の全体への統合」を目指す集団主義的志向でも、他者から切り離され自律した個を価値づける個人主義的志向でもない。むしろ、個の特異性＝単独性をとりまくマヌーシュの沈黙は、通過儀礼の終了を不明瞭にし、個と他のあいだの「分割＝分有」としての共同性を開示する。

そして、このような無為の共同性のなかにあるがゆえに、マヌーシュはキャラヴァンを必要とする。キャラヴァンは、日々の持続的で実践的な身体との関わりを通して特定の意味を可視化するモノであるがゆえに、沈黙のもとにとどめられる個の出来事を共同性の空間において開示し、了解可能な現実にする。キャラヴァンは、物質であると同時に意味でもあるような身体-モノとしてマヌーシュの生きる生活世界にあらわれ、人々が共に構築する社会的現実を支えるのだ。

以上のように、マヌーシュが紡ぎあげる共同性の様態とそれを支えるキャラヴァンの働きが明らかになった。マヌーシュは、人生のさまざまな局面において身体的かつ社会的な変容を遂げる個人を位置づけ直し、共同性をたちあげるとき、キャラヴァンを必要不可欠な媒介とする。マヌーシュの住まいは、キャラヴァンとの日常的で身体的な関わりを通して、彼らの個的かつ共同的な生と不可分なかたちで編みあげられる。この意味において、キャラヴァンに住まうことは、マヌーシュが、日々の住まうという営みのなかで彼ら固有の生の様式を確認しながら、自らの居場所をつくりだしていく創造的行為だといえるのだ。

終章　紡がれる〈私たち〉とその居場所

日々の生活に諸種の矛盾や困難をもたらす急激な社会変化の只中で、排除や抑圧の経験が生じる他者の世界の只中で、なぜマヌーシュはキャラヴァンに住み続けるのか。キャラヴァンという「移動する住居」に住まうことにより、マヌーシュはどのような社会的、身体的実践を織りなし、〈私たちのところ〉と呼ぶ居場所を紡ぐのか。このように問いながら、本書は、ジプシーというヨーロッパの内なる他者が、彼ら自身の方法で捉え、構築する現実を描こうとしてきた。また、こうした現代フランスを生きるジプシーの姿を通して、住まうことと共にあることとの分かちがたい結びつきを明らかにしようとしてきた。

本書は二部の構成をとり、第Ⅰ部では、旅の道具としてのキャラヴァンを用いてマヌーシュがつくりあげる生活空間に焦点をあて、マヌーシュが定住化の時代にキャラヴァンに住み続けることを通して、どのように生活を再編しているのかという問題を検討した。そして第Ⅱ部では、居住の道具としてのキャラヴァンとそれによりかたちづくられる居住空間に焦点をあて、マヌーシュが自らの身体とキャラヴァンとの関係を通して、どのように他者や環境と関係を結び、個と共同性を育んでいるのかという問題を考察した。以下では、このようなキャラヴァン居住を通して紡ぎあげられるマヌーシュの多層的な生活世界について、本書がこれまで述べてきた内容を辿り直していきたい。

社会変化のなかの共同体とノマディズム

これまでジプシーと呼ばれる人々を対象にした研究において、定住化に伴う社会変化が人々の生活にどのような影響を及ぼしているのかという問題は十分に議論されてこなかった。そこで第I部では、ポー地域のマヌーシュの事例を通して、定住化という新たな社会的環境のもとで営まれるキャラヴァン居住の実態を探っていった。ここでは特に、共同体と移動生活の再編状況に注目することで、マヌーシュが、「旅」の道具であるキャラヴァンを用いて生活のための空間を新たにかたちづくりながら、定住化の時代を独自の方法で生きぬこうとする様子を明らかにした。

第1章では、ポー地域に定着するマヌーシュが構築した地縁共同体に着目し、定住化の進行に伴い、マヌーシュがどのように社会関係を変容させていったのかという問題を考察した。マヌーシュは、「動かない」キャラヴァンに住み、生活空間を縮小させることになったが、その一方、定着する土地で旧来の親族ネットワークの外部にいる多様な人々と共住の経験を積み重ね、地縁という新たな社会的結びつきを生みだした。そして、この地縁共同体の創出に深く関与したのが、日常の生活条件に応じて集団の枠組みを変化させるというマヌーシュ集団編成の「柔軟性の原理」である。この原理は、旅の生活と密接に関わり維持されていたものであるが、調査地のマヌーシュが定住化の過程で新たな共同体を形成していくうえでも重要な役割を果たし、さらに今日も進行する社会変化のなかで、彼らが共同体の境界や内部の社会関係を更新しながら、自らの居場所を再構築することを可能にしていた。

このように第1章では、マヌーシュが新たな人と人の結びつきを育みながら、定住化の時代を生きる様子を描いた。しかしこれに対して、第2章で検討した定住民社会との関係の変化は、定住化の時代におけるキャラヴァン居住が導いた否定的な側面を浮き彫りにするものとなった。この章では、定住民社会の只中でその社会経済的変化の影響を強く受けながら生活を営んできたマヌーシュが、受け入れ地という指定地を割りあてられながら、徐々に移動生活を縮小させていった背景を論じた。そして、定住化が、移動のなかに住まうという居住の形態にとどまらず、それと密接に結びつきながら維持されていた生活の仕組みに矛盾をもたらし、マヌーシュの日々の経験にさまざまな困難や葛藤を与えている状況を指摘した。

このように、今日の社会経済的環境のもとでキャラヴァンに住まうことが困難な選択となりつつある現状を踏まえ、第3章で論じたのは、それでもなおキャラヴァンに住み続けることで、生活を新たにたて直していこうとするマヌーシュの試みであった。この章では、家族用地やアパルトマン居住など、居住形態を多様化させているマヌーシュの暮らしに着目した。そこで浮かびあがってきたのは、マヌーシュが「定着のための土地」を手に入れながらも旅の道具としてのキャラヴァンを保持することで、移動生活を活性化している状況である。彼らは、移動と定着という二つの生活相が相補的に重なりあう新たな旅と居住の実践を編みだしながら、定住化の時代に実現可能なノマディズムを模索していた。

以上のように、第I部では、マヌーシュがキャラヴァン居住の実践を変化させながら、共同体と移動生活を再編していることが明らかになった。先行研究で指摘されていたように、現代を生きるマヌーシュの生活のなかにもさまざまな矛盾やひずみが生じている。しかし、彼らは単に社会変化を受動的に経験するのではなく、新たなかたちで共同性を紡ぎ、移動と定着との新たな関係をつくりだすことで、彼ら独自の方法で生活空間を構築しているのである。

キャラヴァンに住まう身体と生の様式

第II部では、キャラヴァンの「居住」の道具としての側面に焦点をあて、マヌーシュの住まいと生のかたちが不可分に絡みあいながら編みあげられていく様子を考察した。ここで目指したのは、マヌーシュが、定住民(ガジェ)やマヌーシュ仲間、親密な他者という多様な関係にある人々とどのように共に住まい、結びつきをつくりだしているのかという問題を、マヌーシュの居住空間におけるキャラヴァンと身体の関係、それを通して紡ぎだされる他者や環境との関係に光をあてながら検証することである。

第4章では、キャラヴァン外部に広がる生活領域とそこで動き行為する身体に着目して、マヌーシュが野外環境や他者との交わりの場へと開かれた居住空間を構築する方法を論じた。マヌーシュは物理的な障壁を用いて居住空間を閉じるのではなく、視線が交じりあい、共在感覚に満たされた空間に身を開くことで、他者との交渉のなかで空間を拡張し、境界づける。そして、その異質でありながらも不可分な他者との共在を秩序づけるマヌーシュの「身構え」は、住まいの空間をかたちづくるだけでなく、マヌーシュ固有の生の様式と不可分に結びつく身体性としてあらわれ、居住環境の変化のなかでも持続していた。

このように第4章では、マヌーシュがキャラヴァンに住まうなかで育む身体性や他者や環境との関係を明らかにした。続く第5章と第6章でも、キャラヴァンと身体との関係を探り、居住空間のなかでもつれあう身体、モノ、意味の関係性を解きほぐしながら、マヌーシュが個と共同性を織りなすさまを考察した。

第5章では、キャラヴァン内部の空間に包みこまれる身体の経験に着目して、マヌーシュが個人に固有の身体空間としての個別性の領域を創出する状況を考察した。ここではまず、キャラヴァン内部空間の利用法を記述し、周囲の環境から区別されたキャラヴァンが、個人の身体と個別的で親密な関係を結ぶ状況を示した。そして次に、身体を包み、位置づけるというキャラヴァンの身体に対する二つの働きに注目し、マヌーシュの個人がどのように個別性を育むのかという点を考察していった。そこで明らかになったのは、キャラヴァンが、自然的かつ社会的な身体の重層性を支える「社会的皮膚」として、人の身体を位置づけ個別化する装置となる一方で、複数の身体を包みこむ「身体-モノ」として、意味作用の手前にある人の身体経験にも働きかけ、個別性の領域内部で共同的な身体空間をたちあげる状況である。このような人とモノとの双方向的な交わりにより、マヌーシュの住まいでは、他者との多層的な共同性へと開かれた個の居場所がつくりだされていた。

第6章で焦点をあてたのは、個と共同性の関係に変容をもたらし、秩序の再編をうながす結婚と死の局面におけるキャラヴァンの役割である。マヌーシュの結婚と死の通過儀礼のなかで特徴的なものとしてあらわれるのは「沈黙の敬意」であり、この非言語的行為とキャラヴァンとの関係を探っていった。ここではまず、死者の名前や記憶をめぐるマヌーシュの態度に着目し、「沈黙の敬意」が身体的かつ社会的存在としての個人の特異性＝単独性を共同性のなかで保障する社会的行為であることが示された。しかし同時に、このマヌーシュの沈黙が死者の位置づけをめぐって不明瞭な解決しかもたらさないために、キャラヴァンが必要不可欠な役割を担うことも明らかにされた。キャラヴァンは、日々の持続的で実践的な身体との関わりを通して固有の意味を獲得し、所有者の身体と一体化した身体-モノの連続体としてマヌーシュの生きる社会的現実にあらわれることで、沈黙のもとで不可視化されたままの個の出来事を可視化し、人々の生きる秩序を更新していくのである。

以上、第Ⅱ部の三つの章を通して浮き彫りになったのは、マヌーシュが自らの身体とキャラヴァンとの交わりや協働を通して、彼ら固有のあり方で他者や環境との結びつきを育み、住まいを構築している状況であった。

従来の人類学的研究は、住まいの空間のなかに表現される生の様式を象徴の体系として解明してきた一方で、動き行為する身体や特定の物質性をもった住居そのものが、そうした空間と生の不可分な結びつきにどのように作用するのかという点を十分に議論してはこなかった。しかし、本書がマヌーシュのキャラヴァンと身体との多層的な関係を探ることで明らかにしたように、人は自らの生の様式やそこにあらわれる意味を無媒介的に空間やモノに付与したり、それらから読みとったりするのではない。マヌーシュの居住空間では、意味を刻みこむと同時に意味を生成する身体が、モノや他者の身体との交渉を重ねながら、彼ら固有の空間と生のかたちを編みあげていた。そこでは、キャラヴァンもまた意味が書きこまれる単なる媒体なのではなく、住まうという日常性のなかでマヌーシュが自らの身体、他者、環境との関係を育むときに常にその関係に介在し、それを調整するモノとして、人々の身体的かつ社会的な経験に働きかけていた。このような身体、そしてそれを支え方向づけるキャラヴァンを媒介としながら、マヌーシュは他者や環境と交わり、個的かつ共同的な自らの居場所を紡ぎあげていた。

住まうこと、共にあること

以上のように本書は、マヌーシュのキャラヴァン居住の二つの異なる側面に着目しながら、マヌーシュが彼ら固有の方法で社会変化と他者の只中を生き、自らの生のありようが刻みこまれた住まいを紡ぐさまを描いてきた。そしてさらに、本書では、ヨーロッパの「内なる他者」であるジプシーの居場所構築の独自のプロセスを明らかにするために、マヌーシュのキャラヴァン居住を共同性という視点から問い続けてきた。そこで次に、この点について明らかになったことをまとめたい。

従来のジプシー研究と人類学的研究では、非西欧と西欧という二分法に基づいた「集団への埋没」と「個の自律性」という図式が前提とされ、非西欧社会の人々がどのように個を認識し、共同性のなかに位置づけているのかという問題が十分に検討されてこなかった。この点を踏まえ、本書では、マヌーシュがキャラヴァン居住の生活世界のなかで多層的な個的存在として共同性をたちあげていく状況を探り、静態的な二項対立には還元できない個と共同性の絡みあう関係を明らかにすることを目指した。

まず、第1章と第3章では、キャラヴァンに住みながら定住化を進めたマヌーシュが、新たに構築した共同体とそこでの人々の社会関係の特徴が浮き彫りになった。ここでは、マヌーシュが個別家族や個々の家族集団ごとに自律的に行動することを重視しながらも、キャラヴァンでの共住を通して必要不可欠なかたちで親族集団や地域のマヌーシュ共同体のなかに融合している様子、そしてさらに、こうした彼ら独自の個と共同性の関係に彩られた社会生活をキャラヴァンでの移動生活を通して維持している様子が明らかになった。また第4章では、マヌーシュが個々の家族集団単位で専有することのできる「私たちだけの土地」を希求する一方で、〈外〉へと開かれるキャラヴァン居住の身体的、空間的な実践を通して他者との相互行為が生じる共在の場へと参入していくことを指摘した。これらの検討を通して示されたのは、マヌーシュが個々の家族や家族集団の個別性に高い価値を付与しながらも、キャラヴァン居住の実践を通して共同体内外のさまざまな他者との結びつきを保ち、個の自律性と共同性への志向を矛盾なく生きている状況である。

そして、第5章と第6章では、マヌーシュの居住空間のなかにあらわれる個別性の領域、そして「沈黙の敬意」という社会的行為を通して浮かびあがる個人の特異性＝単独性の観念に着目しながら、マヌーシュの個人がキャラヴァンを媒介にして他者や共同性と取り結ぶ関係について考察した。ここでは、身体や名前や経験（記憶）といった個人に帰属するさまざまな事物が、「個人に固有の」所有物、あるいは「代替不可能なもの」として価値づけられる一方で、それらが自他関係を超えて「意のままにできるもの」としてではなく、他者との共同性へと開かれ、他者によって保障されるものとしてあらわれることが明らかになった。そして、このように不可分に結びつく個と共同性の関係が、結婚や死といった個人の人生過程の局面や日常の身体経験のなかにたちあらわれる際、キャラヴァンがその関係を安定化し、時に多層化する働きを担うことが示された。

以上、本書が各章、異なる文脈で論じてきたマヌーシュにおける個と共同性の様態は、多様で多元的なものであった。しかし、こうした議論を通して、マヌーシュがさまざまな他者とのあいだで共同性を創出し、自らの居場所をつくりだしていく固有の方法もみえてきた。

本書では、マヌーシュの人々がどのように個と共同性を育むのかという問題を、キャラヴァン居住の実践のなかで編みだされる社会的な結びつきのありよう（第I部）、キャラヴァン居住の空間のなかでもつれあう身体、モノ、意味の関係性（第II部）に光をあてながら探っていった。これらの検討を通して浮き彫りとなったのは、マヌーシュが制度や規範に基づく静態的な共同体、あるいは象徴の体系を通して構築される抽象的な共同体へと安易に同一化することなしに、住まうという社会的かつ身体的な実践を通して、日常の動態性と具体性のなかから個と共同性が多層的に絡みあう自らの居場所をたちあげていくさまである。マヌーシュは、キャラヴァンに住まうなかで出会うさまざまな他者——非ジプシーの定住民や移動生活者、マヌーシュ仲間や家族という親密な他者——との関係を、社会制度やイデオロギーを通して固定化しない。むしろ彼らは、自らの身体とそこから多層的に広がる人と人、人とモノとの結びつきを出発点とし、そのつど彼らが生きる社会的条件や経験的リアリティにしたがい、外枠の明瞭化されていない共同性の境界を柔軟かつ動態的に編みあげていくのである。このように、マヌーシュが住まうという日常の現場のなかで、共にある他者やモノと絶え間なく交渉しながら織りなす共同性は、ジプシーの居場所構築のダイナミックな過程から個と共同性をめぐる対立図式を乗り越える一つの事例を提示するとともに、人の社会的な営みや共同性の問題を生の基盤である物質性や身体性の視点から照らしだすものとなるだろう。

まとめ――旅する人々の創造的な居場所構築

ここまで、マヌーシュの住まいと共同性について本書が各章で検討してきた内容を振り返ってきた。以上の議論をまとめると、マヌーシュがキャラヴァンに住まうことを通して、どのように自らをマヌーシュとして位置づけ、彼ら自身の居場所をつくりあげるのかという問いに対する一つの答えが導きだされる。

本書の記述と考察では、マヌーシュが独自のあり方で社会変化を生き、他者の只中で自らの生とそのための空間を編みあげていく創造的な実践が明らかになった。本書が対象としてきた現代フランスを生きるマヌーシュは、先行研究が強調してきたような、非ジプシーとのあいだの強固な民族境界も、それを秩序づけ維持する制度化された社会組織も象徴体系ももたなかった。加えて、かつて彼らの生と生活を支えていた移動の生活様式も、定住化という社会変化のなかでさまざまな矛盾や限界を抱えることになっていた。しかし、このような変化と不安定さの局面にあってなお、マヌーシュはキャラヴァンに住まうという社会的かつ身体的な実践を通して、〈私たちのところ〉と表現される彼ら自身のための居場所を紡ぎだしていた。

マヌーシュのキャラヴァンは、定住化の時代における生活空間の再編、さらに人とその身体、他者や環境との関係という生の様式が刻みこまれる居住空間の構築に不可分に関わり、特定の方向づけを与えることで、マヌーシュの日々の生活とそのための空間を支えると同時に、そこで創出される人と人の結びつきや共同性を支えるモノとなっていた。この意味において、キャラヴァンに住まうことは、マヌーシュが「住まう」という日常性のなかで自らの生のありようを確認し、自らを位置づけるために必要不可欠な営みなのだということができる。マヌーシュは、キャラヴァン居住の実践を通して、移動と定着、あるいは個と共同性の固有の関係が刻みこまれた彼ら自身の居場所をかたちづくっていくのだ。

このように、マヌーシュのキャラヴァン居住を通した居場所構築の実践を探ることで明るみにだされたのは、ジプシーやノマドと呼ばれ、多数派である定住民社会の只中で生きてきたマイノリティに固有の創造力であったといえる。マヌーシュは、社会的ないしは物質的な境界をもって自らの居場所を明確に区切り、保護するのではなく、キャラヴァンという自らの身体と共に移動する住居を物質的な足がかりとして、日常の多層的な生活世界のなかで変化する他者や環境と交渉し関係を結びながら住まう。こうした、〈外〉との絶え間ない対話を通して〈私たち〉とそのための居場所を紡ぎあげるマヌーシュの試みは、圧倒的な力関係にある定住民社会の内部で生きながらも独自の方法で生活世界を開拓してきたジプシーの社会や文化のダイナミズムを、現代の文脈であらためて照らしだすものとなる。

また、このことはジプシーのみならず、現代世界のノマドについての今日的な議論にもつながる。現代では、狩猟採集民や牧畜民として伝統的に移動生活を営んでいたノマドたちが、近代国家による統合政策や社会経済的条件の変化のもとに定住化を余儀なくされている。これらの人々の定住化の過程やそこで生じている社会文化現象を同一の視点から論じることは難しい。しかし、そこには、移動生活によって維持されてきた人々の社会や文化が、大きな国家システムや定住民文化のなかに取りこまれて消失していくのだろうか、という共通した問いも浮かびあがる。こうした問いに対して、社会変化のなかで共同体とノマディズムを再編し、「住まう」という日々の営みのなかに固有の身体性や共同性を刻み続けるマヌーシュの姿は、ノマド文化の現代性とそのしなやかな力強さを示すものとなる。

とりわけ、マヌーシュは西欧近代の外部ではなく、その内部でその諸力の作用（そしてその矛盾）を引きうけながら生きぬいてきたノマドである。この意味において、彼らほど徹底した定住主義により埋めつくされたかにみえる現代社会にあって、ノマディズムという「動きのなかの生」の可能性に気づかせてくれる人々はいない。西欧近代や他者の領土から立ち去る必要はない。むしろ、それに依拠しつつ、動きのなかでその潜在力を活性化させ、変容や異質性に開かれた居場所を創出すること、それが、マヌーシュが教えてくれるノマディズムという生き方である。

そしてこのようなマヌーシュの居場所の経験は、翻って、伝統的ノマドのみならず、旅へと向かう、あるいは移動を強いられる私たち「非ノマド」の現代的経験を新たな角度から照らし返すものともなる。現在、世界の諸地域で社会と自然の変動に伴う多くの人々の移動や移住が生じ、社会問題化している。このように、動きや変化を根づきや居場所に対立するものとみなす定住型の社会構造が限界を迎えつつある時代にあって、動きのなかに自らの身体を沿わせ、環境の変化を感受しながら生活と社会を更新してきたノマドの知や創造力に学ぶべきことは多いはずだ。

共にあることに向けた住まい――おわりにかえて

最後に、キャラヴァン居住の実践を通して社会変化と他者の只中を生きぬくマヌーシュの事例を、より広く、現代社会に生きる私たちの住まいと共同性をめぐる議論のなかに位置づけたい。フランスと同様、日本でもグローバル化と空間の均質化は進行しており、私たちはあふれるほどのモノや情報に囲まれながらも、〈私たちのところ〉と呼べるような居場所を見つけることに苦労している。また、都市の過密化や地方の過疎化、あるいは少子高齢化や経済的貧困、さらに震災をはじめとする幾多の災害により、多くの人々が住まいを奪われ、今日に至るまで、「仮住まい」や「移転」を余儀なくされている。「住む場所がない」、「住むことが難しい」とこれら日本社会に生きる人々が言うとき、それは単に自らの望む住まいや住まう場を欠いているということではない。慣れ親しんだ、あるいは新たに希求する方法で、〈私たち〉やその居場所を見いだすことが困難になっているのである。

このように、マヌーシュと同じく日本に生きる私たちもまた、社会や環境の変化のなかで、どのように自らの住まいと共同性を紡いでいくのかという問題に直面している。しかし、マヌーシュのキャラヴァンのような特別な媒介物をもたない私たちは、どのようなモノや場、あるいはその他の物質的、身体的な支えを、私たちに固有の住まいと共同性の結びつきのなかで必要としているのだろうか。「自分たちのもの」と呼べるような土地やモノを所有し境界を設けることが、「ホーム」に根づいて生きるうえでそれほど重要でないことは、マヌーシュが教えてくれている。また日本でも、襖障子や縁側など、内と外が浸透的に入り混じる敷居が好まれ、そうした伝統建築が維持していた柔らかな境界を取り戻そうとする動きが今日活発化している（シェアハウスもその一つの試みであろう）。この意味において、私たちとマヌーシュは、異なる社会と文化を生きながらも、共にあることに向けた創造的な住まいを探求する日々の実践を分かちあっている。そして、そこで追い求めている住まいと生のかたちは、思いのほか、よく似ているのかもしれないのだ。

あとがき

二〇〇六年夏、眩い日差しがふりそそぐポーを訪れ、マヌーシュの人々に出会ってから、すでに一〇年の歳月が過ぎた。

この間、私は日本とフランスのあいだを何度も往復し、日本国内でも動き回っていたが、ポーのマヌーシュたちは、今も同じ土地で同じようにキャラヴァンをとめて暮らしている。ただし、彼らをとりまく風景には変化のきざしもみられる。NB集合宿営地は二〇一七年末には解体され、住民は新しく建てられる適合住宅群に集団移住する予定となっている。当人たちは、家族ごとに分散して地域内の土地に移住することを望んでいたが、結果的には、今までと同じ集住単位で現在の宿営地のすぐ隣の土地に引っ越すことになってしまった。新たな住まいへの不安と期待を抱えながらも、それでも「なるようになるさ」と、どこか他人事のように構えている彼らの今後を、私はこれからも見守っていきたい。

また本書の執筆中、フランスは二〇一五年一月のシャルリ・エブド襲撃事件を発端とする度重なる暴力に襲われた。ジプシーの事例を通しても、市民の平等を掲げる共和国の深刻な課題は明らかである。しかし、他の欧米諸国と比較してフランスは、ジプシーが今もなお（非常に苦労しながらも）旅を続けている数少ない国の一つである。私には、それが、フランスの社会の人々がすべてを一元化してしまうのではなく、いつもどこかに隙間や余白を残すことを大切にしてきたことと関係があると思えてならない。こうした現代社会の空間と共同性の可能性について、「旅する人々」の視点から今後も考えていきたい。

二〇〇七年から二〇〇九年までの長期調査のあいだ、毎日のように居住地にやって来てぶらぶらと歩き回り、雑談をしていく私をポーのマヌーシュたちは慎重に、しかし徐々に受け入れてくれた。私は彼らにたくさんの問いを投げかけたが、彼らもまた私に同じだけたくさんの問いを投げ返した。そうした日々のやりとりが、私の居場所を少しずつつくりあげていったように思う。彼らは、「日本の家族のもとを離れてたった一人で」やって来て、「一人ぼっちでアパルトマンに住む」私を気の毒がり、「孤独は禁止よ」と言って彼らの住まいに招き、温かい食事や笑いや安らぎを与えてくれた。そして、途中から私のポーでの暮らしに合流した娘を抱きしめ、マヌーシュ流にたいそう甘やかしてくれた。

いつの間にか居心地の良い日常となったフィールドを離れ、もち帰った資料と先行研究とをつきあわせながら民族誌を書く過程で、しばしば孤独を感じることはあったものの、彼らはずっと私のそばにいた気がする。知識や技術の伝達の方法として、言葉での説明ではなく、見てまねることを重視するマヌーシュは、「知りたい」という私に対して、「私たちのところにいればわかるようになるだろう」、「ほら、あんたもわかり始めてきたね」と言うばかりであった。そうして「わかった」と確信できぬまま日本に戻り、書くという作業に取りかかるとき、私は常にマヌーシュの一人ひとりの顔を思い浮かべ、私は間違いのないようあなたたちのことを書いていますか、と問い続けていたように思う。

二〇一四年の夏、ようやくポーのマヌーシュたちを再訪できた。彼らは私が「戻ってきた」と驚き、ひとしきりキスやハグや握手を交わしたあと、「さあ、今まで何をしてきたのか話して!」と、不在のあいだに私と私の家族が日本で元気に暮らしていたか、何を経験したのかを尋ねてきた。そして、私たちはお互いの子どもたちの成長と家族の無事を報告しあい、「時は過ぎる、けれども私たちはたいして変わりはしない」と笑いあった。そのときになって初めて私は、私が彼らの仲間の一人であり続けていたことに気づくと同時に、旅の文化を生きる人々は、他者との予期せぬ出会いとその再会を心から喜ぶ人々なのだと思い知らされた。

本書は、このようなマヌーシュの人々との幸運な出会いの産物である。本書では、彼らをとりまく現実の厳しさばかりでなく、彼らが紡ぎあげる現実の豊かさや力を描きだそうと試みた。その記述はポジティヴすぎただろうか。ただ、私がいつも繰り返し思いだすのは、他者へとまず身を開き、そこから細やかな交渉を日々丁寧に重ねていくことで、共にあることの感覚を研ぎ澄ませていくマヌーシュの人々の姿である。

彼らに感謝の言葉を伝えることは難しい。なぜなら、彼らの多くは文字を読み書きしないうえ、「ありがとう」という言葉をそもそも必要としないからだ。私が「ありがとう」はマヌーシュ語で何と言うの？　と聞いたとき、ある女性は「それはメルシー（フランス語）だけれど、私たちのところではそれは言わない。だからあなたも言う必要がない」と返した。また別の女性は、「メルシー」を繰り返す私に、「それは禁止よ。こうすればいい」と言って、ウィンクした。けれどもやはり私は私流に、ポーのマヌーシュたちに心からの敬意と「ありがとう」の言葉を送りたい。

＊　＊　＊

本書は、二〇一二年一二月に筑波大学に提出した博士論文「フランス南西部ポー地域におけるマヌーシュのキャラヴァン居住に関する人類学的研究」、および以下に記す既発表論文をもとに、その後の調査研究で得られた情報を踏まえ、新たに加筆修正を施したものである。

近　刊　'Decline and Restructuring of Gypsies' Nomadism in France: Beyond the Nomadic/ Sedentary Binary', in K. Ikeya (ed.), *Sedentarization among Nomadic Peoples in Asia and Africa (Senri Ethnological Studies)*. Osaka: National Museum of Ethnology (In Press).
二〇一四「沈黙の共同性――フランスのマヌーシュ共同体における「沈黙の敬意」に関する考察」『文化人類学』七八巻四号、四七〇～四九一頁。

二〇一三「空間をつくりあげる身体――フランスに暮らす移動生活者マヌーシュのキャラヴァン居住と身構えに関する考察」『文化人類学』七八巻二号、一七七～一九七頁。

二〇一二「定住化の時代における地縁共同体の構築――フランス南西部に暮らす移動生活者マヌーシュの共同体を事例として」『論叢現代語・現代文化』八号、二九～五七頁。

二〇一一「定住化の時代における生活空間の再構築――フランス南西部に暮らすマヌーシュの家族用地の事例を中心に」『文化交流研究』六号、一～二四頁。

二〇一〇 'Chacun a sa caravane: l'habitat caravane et l'organisation sociale chez les Manouches semi-sédentaires ou sédentaires dans la région paloise', *Journal des anthropologues* 120-121: Pp. 399-416.

以上の投稿論文は、匿名の先生方による丁寧な査読がなければ完成しなかった。御礼申し上げたい。

博士論文の執筆にあたっては、筑波大学の多くの先生方のご指導を仰いだ。主指導教官の山口恵里子先生は、激務のあいだをぬって何度も論文に目を通し、研究室での長く結論のみえない私の相談につきあってくださった。先生の創造的なご助言に触発されて、私の論点のぼやけた議論が少しずつかたちをなしていったように思う。廣瀬浩司先生は、私の研究に対して哲学思想の見地からのしなやかで奥深いご指摘を与えてくださったばかりでなく、フランス留学に際しても貴重なお力添えをくださった。畔上泰治先生は、私をあたたかく見守りながら励ましのお言葉と的確なご助言をくださり、思うように進まない執筆の過程で煮つまる私の心にすっと風を通してくださった。

京都大学（当時、広島大学）の岩谷彩子先生にも博士論文の審査に加わっていただき、ジプシー／ロマ研究と人類学の視点から鋭く厚みのあるご助言を賜った。岩谷先生には、現在、日本学術振興会特別研究員の受け入れ教官を務めていただき、先生のジプシー／ロマ研究にかける情熱と学問に対する真摯なご姿勢から、私はいつも新たな光をいただいている。

本書では、私の力不足のため、みなさま方からいただいたご指摘をすべて反映することができなかった。この点は、今後研究者として精進するなかでお返しすることを誓い、これまでの御恩に対し、深く感謝の意を表したい。

二〇〇七年から二〇〇九年まで、現地調査と並行して留学していたフランス国立ポー・ペイ・ドゥ・ラドゥール大学大学院ITEM研究所のみなさまにも大変お世話になった。主指導教官のアベル・クヴアマ先生には、論文指導のほか、大学内での研究発表や異分野研究者との対話の機会を数多く設けていただいた。ITEM研究所の先生方と仲間は、現代フランスの人類学や社会学や地理学の豊かな議論を私に紹介してくださった。

また、私のフランスでの調査研究は、ポー地域のAGV64とパリに本部をおくFnasatをはじめ、フランス各地の移動生活者／ジプシー支援団体関係者のご厚意とプロフェッショナリズムに支えられてきた。みなさま方からは、移動生活者やジプシーについて、フランスの市民社会について、そしてフランスの人々が愛する人生について、本当に多くのことを教わった。

お名前をすべて挙げることはできないが、フランスの大勢の方々が私の現地での研究と生活にお力添えをくださった。この場を借りて、お一人おひとりに厚くお礼申し上げます。

フランスの現地調査と大学院留学、そして日本での調査研究は、二〇〇八年から二〇〇九年まで政府給費留学生として受けていたフランス政府による助成と、二〇一四年から現在まで特別研究員PDとして採用していただいている独立行政法人日本学術振興会の研究助成（特別研究員奨励費）二六・一八四七によって可能となった。なお本書の出版にあたっては、日本学術振興会の平成二八年度科学研究費補助金（研究成果公開促進費）を受けている。

最後に、私の旅と研究生活をいつもそばで応援してくれる娘と息子と夫に、そして、私たち家族をこれまでずっとあたたかく見守り支えてくれた父と母に、心からの感謝をこめて。

二〇一六年一二月　京都にて

左地亮子

注

序章　ジプシーの住まいと共同性をめぐって

（1）本書では、世界各地のジプシーについて広く議論することはできない。ジプシーの概説に関しては、フレーザー［2002(1992)］や水谷［2006］を参照いただきたい。

（2）ジプシーのインド起源説は仮説の域を出ず、出身地と出立時期についてはさまざまな見解が提示されている。ジプシーの単一起源説に異議を唱える論者も多く、今日ジプシーと呼ばれている人々は、インドの末裔のみで構成されるのではなく、ヨーロッパ土着の民との混淆によって形成されてきたと指摘される［水谷 2006; オークリー 1986(1983); Willems 1997］。第1章で説明するように、この理解は本書が対象とする人々にもあてはまる。

（3）この点に関しては、フレーザー［2002(1992): 308-310］に詳しい。

（4）二〇〇〇年の第二ベッソン法（第2章参照）による定義。

（5）ドイツ語圏地域に古くから暮らす移動民。三〇年戦争の混乱の際に街道に投げだされた農民や兵士、ユダヤ人という説があるが［Bader 2007］、「金髪のジプシー」とも呼ばれ、ジプシーと共住し婚姻関係を結ぶ（本書第1章も参照）。英国やアイルランドなどにもヨーロッパ土着の移動民（トラヴェラーズやティンカーズなど）が暮らす。ジプシー研究は、これらの非インド起源の移動民も研究対象に含めてきた。

（6）ジプシーは絶え間ない排除と迫害のなかで、定住することを許されずに移動を強いられてきたという指摘もある［ハンコック 2005(1987)］。今日、中・東欧諸国から西欧諸国へと向かうロマの「移動」も出身国での社会的排除の結果であるが、受け入れ国では、彼らを「移民」ではなく「ノマド」というヨーロッパ主流社会に適応できない根なし草の人間集団として表象し、排除を正当化する発言がしばしばなされる。

（7）フランス、ベネルクス三国、スイス、アイルランド、イングランドといった国々で、マヌーシュやロマの一部が第二次世界大戦後まで活発な移動生活をおこなっていたのに対し、スペインでは一五世紀末から強制的な定住同化政策がとられ、すでに一八世紀にはジプシーの多くが国内に定住していたといわれる［フレーザー 2002(1992)］。

（8）Fédération nationale des associations solidaires d'action avec les Tsiganes et les Gens du voyage（ジプシーと移動生活者と共に行動する連帯団体全国連盟）。フランスにおけるジプシー／移動生活者研究と社会支援活動双方において中心的な役割を担う。

（9）キャンピング・トレーラーが普及するまで、ジプシーが用いてきた家具馬車は、一九世紀後半から二〇世紀の中ごろまでと短い歴史しかもたないが、発祥の地であるイングランドでは、さまざまなタイプの家具馬車が生産され、そのスタイルや装飾の特徴、歴史的な推移が注目されてきた［Baxter & Thorburn 2010; Smith 1997］。一方、フランスでは、第二次世界大戦後、ルーロットの外壁がトタンで覆われるようになったため木製のルーロットに施されていたような馬や花の絵模様の彫刻がみられなくなり、さらには警察への登録の関係から色の変更が難しくなったという［大森　1978: 58］。

（10）ローカルな文化体系の内部で独自に生みだされたのではないモノとその所有者の関係については、アパデュライやミラーらによる一連の経済人類学的研究［Appadurai 1986; Miller 1987］が参考になる。彼らは、さまざまな社会的環境のなかを移動していくモノが、消費や使用というプロセスを通して人やその社会と相互に作用しあいながら属性を変化させていくことを示し、これまで対立的に捉えられてきた人とモノ、贈与と市場交換、ギフトと商品の関係を問い直した。

（11）人類学の居住空間研究および象徴論的住居研究の研究動向に関しては、以下を参照［佐藤　1989a, 1989b; 清水　2005］。また、本書第4章も参照のこと。

（12）たとえば、オークリーは自らの調査で「多くの場合はっきりした有無を知ることはしばしば困難ではあった」としながらも、女性の不浄性についての議論を過去の時代の報告を援用して展開する［オークリー　1986(1983): 328］。こうした手続きは、非歴史的で静態的な文化観を再生産する危険性を孕むといえよう。

（13）例外として、フランスにおけるジプシーのペンテコステ派改宗を集団と個人の選別意識との相関に着目しながら検証した研究［岩谷　2000］、スペインのヒターノ社会における「想像の共同体」構築のプロセスを「個人 person」によるジプシー性の遂行に着目しながら明らかにした研究［Gay y Blasco 1999］がある。

（14）人間の精神を遍在的にあらゆる社会においてみられる「自己 moi」と、それぞれの社会において法的権利と倫理的責任を備えた社会的概念として異なった様態であらわれる「人格 personne」という二つのカテゴリーとして区別したモースの議論以降、人類学では、非西欧社会における「個」を検証する試みがなされてきた。アフリカの個は、自立と責任を承認される一般的な道徳的地位としての西欧的「人格」ではなく、家族や親族、祖先や地縁といった集団と同一化するか、他者や自然環境と切り離されることなくそこに埋めこまれる存在として位置づけられ［Dieterlen (ed.) 1973; ラ・フォンテーヌ 1995(1985)］、メラネシアの個は、社会的、関係的に構成され、「分割可能 dividual」な個、あるいは関係によって構築される「効果」であるような「行為体」として捉えられてきた［レーナルト　1990(1947); Strathern 1988］。

（15）本書では、調査対象者の人々の日常的表現に倣って、「ポー地域」や「ポー」と呼ぶが、正確には本書の調査地は、ピレネー山脈の渓流ポー川沿いに位置するアキテーヌ地域圏の一部を構成するピレネー=アトランティック県の県庁所在地「ポー Pau」を中心として、近隣の自治体を含めた「ポー都市圏共同体」に相当する。フランス国立統計経済研究所（INSEE）二〇〇八年の調査によると、ポー都市圏には約一五万人が住み、アキテーヌ地域圏ではボルドーについで人口が多いが、市街地の規模は小さく広大な自然に囲まれている。

（16）INSEEの一九九九年度と二〇〇六年度の調べによると、

フランスでは、約一〇万人から一三万人が、移動式住居で日常生活を送っているとされる。ただし、ここには、高い家賃を払うことができずモービル・ホームに暮らす人や外国からの出稼ぎ労働者など、ジプシー／移動生活者以外の人が含まれる一方で、家屋やアパルトマンに住むジプシーや移動生活者は含まれない。

（17）夫婦と未婚の子からなる家族を単位とすると、世帯数は約三五〇と推計される。他の地域のジプシー家族と同様に調査地のマヌーシュもまた子沢山であり（現在、二〇代から三〇代前半の母親は平均的に三人の子を、それよりも上の世代となると五人から一〇人の子をもつ）、全人口の六二%が二五歳以下とされている［AGV64 2007］。

（18）一九六一年の人口統計調査では、「移動民あるいはノマド出自の人々」の総人口は七万九四五二人とされ、二万六六二八人の「移動者」、二万一六九〇人の「半定住者」、三万一一三四人の「定住者」という内訳が示された。しかしこの調査は、非ジプシーの市商人などを対象者に含む一方で、定住するジプシーや移動生活者出自の人々を対象とはしていなかった［Liégeois 2007: 27-28］。

（19）実際にロマの話すロマニは、マヌーシュ語とよく似ている。例を挙げると、私がパリ郊外で出会ったルーマニア出身のロマたちは「シュカール・ディーベ（こんにちは）」と挨拶をし、ポーのマヌーシュたちは「ラッチョ・ディーベス *laćo dives*」と言う。「ディーベ」と「ディーベス」は共に「日 day」を表し、「シュカール」と「ラッチョ」は「良い」という意味をそれぞれの言語で表す。マヌーシュ語のなかにも「シュカー（ル）*šukar*」という単語があり、それは「美しい」や「すばらしい」を意味する。

（20）たとえば、ヴァレ神父の語彙集に記されている、「義理の父」を意味する *štif-dat* という言葉を調査地のマヌーシュは使用せず、フランス語の beau-père を用いる。「義理の *štif*」という言葉の意味を知っているのは、四〇代から五〇代以上のマヌーシュに限られる。

（21）統計調査が存在しないので正確な数値を提示することはできないが、調査地では、初等教育や中等教育を受けている最中の青少年はある程度の読み書きができるものの、三〇代以上のマヌーシュの大多数は識字に困難を抱えている。

（22）ペンテコステ派は、キリスト教プロテスタント教会の一派で、一九〇〇年ごろにアメリカで始まった聖霊運動から生まれた。今では、アフリカや南米などの貧困にあえぐ社会から急激に改宗者が増えている。フランスでは、一九五二年にノルマンディー地方を旅するマヌーシュ家族が最初に改宗したとされ、一九五七年には「ジプシー福音宣教会」が設立された。

（23）地方自治体と国から大部分の資金援助を得る非営利団体で、一〇人弱のメンバー（すべて非ジプシー）が地域の移動生活者を対象に、各種社会保護サービス手続きの代行や案内、就労、就学、その他生活全般にわたる支援をおこなう。

第Ⅰ部　旅の道具としてのキャラヴァン

第1章　変動するマヌーシュ共同体

（1）この点において、ロマとの違いは明確である。ロマ社会では父系リネージと夫方居住の制度が厳密に適用され、集団間の揉め事を解決する場として、「クリス *kris*」と呼ばれる長老議会、もしくは集団的な決議や調停の場が開かれる。そして、この集団間の連帯のなかで、家長同士の社会的、経済的な相互関係に基づく取り決め婚が慣習的におこなわれてきたとされる［Sutherland 1986(1975); Williams 1984］。

（2）これは、マヌーシュの集団編成の特徴を「構造的柔軟性」と呼んだ先行研究の表現［Reyniers 1992: 544］に倣っている。

（3）マヌーシュの最小の家族単位は核家族が中心となるものの、共住の単位としては、子が思春期に達すると核家族はさらに細分化され（第5章参照）、また高齢の祖父母を含んだり、寡婦同士の近親が共住したりすることも多いので、本書では「個別家族」と呼ぶ。

（4）たとえば、クゥクゥ・ドエールは、結婚後に彼の両親と共に移動生活を続けたが、彼の娘たちは結婚後もクゥクゥと共に生活し、彼の晩年には調査地近隣の村で共に暮らした。

（5）世代間で相続される財産も地位もないマヌーシュ社会において、彼らを中心に家族集団内部の権力が不均等に集中することも役割が固定的に配分されることもない。マヌーシュ男性は、妻と子をもつことで周囲から一人前とみなされ、男性社会のなかで平等に扱われるようになる。拡大家族集団内部の複数の子夫婦間の関係についても、長幼の区別はなく、娘の夫であっても既婚の長男をはじめとする実子と対等の権利をもつ。マヌーシュの女性も同様に、母となることで一人前の女性として周囲から認められる。妻が夫側の居住集団に入ることが一般的なロマ社会では、権威をもつ夫の母とそれに従属する嫁という権力関係が指摘されているが［Hasdeu 2007］、夫が妻側の居住集団に移り住むことも多いマヌーシュの場合、そうした嫁姑関係はあまりみられない。

（6）二家族間で二組以上の結婚が生じることも多い。つまり、A家の姉妹二人がB家の兄弟とそれぞれ結婚する例がある。これは二家族間の関係性が、同じ居住地の共有や第一の子の結婚により密になっていることを示すが、あくまで配偶者選択の決定権は当事者にあるので、マヌーシュの配偶者選択の幅が定住化により狭まっている例ともいえる。

（7）例外として、ラオの研究［Rao 1975］がある。また、クゥクゥ・ドエールは、マヌーシュ女性と非ジプシー男性との性関係の禁止を含めたいくつかのタブーに触れているが［Doerr 1982: 68］、これらは彼が幼少時代に長老から伝え聞いた話として挙げているもので、その当時に実践されていたものではない。

（8）スペインへと続く主要道路が通るバイヨンヌは、交易が活発な地帯であることから、スペインで商品を入荷し、フランスの市で商売をおこなうロマやジタンの数がポー地域に比べて多い。これらロマとジタンの各家族は、それぞれに近似するものの異なる言葉を話し、同じ地域に住むマヌーシュ家族と日常的に接触することはなく、結婚の成立もない。バイヨンヌに住むマヌーシュ家族の多くは、ポー地域のマヌーシュの親族であり、互いの行き来も頻繁であるが、ジタンやロマといった他集団と織りなす関係は異なってくるのである。

第2章　行き詰まるキャラヴァン居住

(1)「ジプシー」をめぐるフランスの法政策については、拙稿[2016]も参照されたい。

(2) *Loi du 16 juillet 1912 sur l'exercice des professions ambulantes et la réglementation de la circulation des nomads*

(3) *Loi n° 69-3 du 3 janvier 1969 relative à l'exercice des activités ambulantes et au régime applicable aux personnes circulant en France sans domicile ni résidence fixe*

(4) 可決された「〈平等と市民権〉に関する政府法案」(第八七八番)の具体的な内容に関しては、フランス国民議会と住宅・持続的居住省のウェブサイトを参照。なお、この政府法案では、移動生活者の居住政策を推進するための条項も含まれることになった。

(5) *Loi n° 90-449 du 31 mai 1990 visant à la mise en œuvre du droit au logement*

(6) *Loi n°2000-614 du 5 juillet 2000 relative à l'accueil et à l'habitat des gens du voyage*

(7) NB集合宿営地の住民の数は、通年平均で約一五〇人。冬場になると定員数四〇世帯のこの地に七〇世帯ほどが常駐し、人口は二〇〇人に達する(第4章も参照のこと)。市は、NB集合宿営地を二〇一七年末までに隣接する土地に移転する計画を決定している。

(8) 居住地の構成は、第4章で詳しく記す。夏には移動生活に出かける家族が多いため、人口は六〇人から七〇人ほどになるが、冬季にはその倍近い住民人口になる。宿営区画の使用に際して賃料は不要であるが、平均で月七〇ユーロ程度の水道・電気料金を支払う。

(9) NB集合宿営地とLC集合宿営地以外に、ポー地域には長期滞在者用に建設されたBL集合宿営地と短期滞在者用JS集合宿営地がある。BL集合宿営地には、一五〇人弱の住民が暮らす。もう一方のJS集合宿営地は、本来は短期滞在者としてポー地域を訪れる移動生活者のために建設されたもので、水道が設置されているだけの簡素な宿営地であるが、設営当初から地域のマヌーシュ家族が四〇人ほど居住している。

(10) 調査地にはかつて、人々が自由に立ち入ることのできる公共のごみ収集所があり、マヌーシュの主要なスクラップ回収場となっていたが、二〇〇二年に閉鎖された。そして管理人が常駐する新収集所では、外部の人間がごみをもち去ることはできなくなった。

(11) 生産者も移動生活者やジプシーを好んで雇用するという。彼らにとっての利点は、フランス市民である移動生活者やジプシーは、外国人や移民を雇用するよりも雇用手続きが簡易であること、彼らがキャラヴァンに寝泊りしてくれるため宿泊所の確保が不要であること、集団統制のとれた大家族で仕事に従事することなどがある[Bordigoni 1998]。

(12) RSAは、働かずに生活保護を受けるよりも、少しでも働いたほうが収入増加につながる制度として、RMIと単親手当および雇用手当をまとめたものである。二〇一五年五月にマヌーシュ家庭に給付額を聞いたところ、RMI時代とほとんど違いがないことがわかった。

(13) 私の聞き取りでは、マヌーシュは平均的に毎月三〇〇～五〇〇ユーロほどキャラヴァンのローンを支払っていることがわかった。マヌーシュのキャラヴァンは定住民がレジャー用に所有するキャンピング・カーとは異なり、毎日使用する住居なので、五年もすると傷み始めてくる。一〇年ほど使用し続けたり、別の移動生活者家族から中古のキャラヴァンを買い取ったりすることもあるが、五年ごとに新しいキャラヴァンに住み替える家族も多い。また子どもの成長や結婚に際しても、新たにキャラヴァンを購入する必要が生じる。キャラヴァンの新車価格は、だいたい二万～三万ユーロであるが、キャラヴァンを購入する際は、中古車としてそれまで使用していたキャラヴァンを売り払い、新車との差額分をローンによって毎月支払うので負担額はおさえられる。

(14) 「この子は甘やかされている」という表現は、マヌーシュの親にとって、子どもが精神的にも物質的にも満たされているという意味になり、賛辞となる。「だからマヌーシュの子どもは、ガジェの子どもたちのように、おしゃぶりやドゥドゥ（フランスの子どもの一般的な持ち物で、生まれたときから肌身離さない縫いぐるみ）をもたないんだよ」、「私たちのところでは子どもはもっとも大事に扱われるものだ」と、誇らしげに親たちは言う。実際に、移動生活者支援団体関係者も、マヌーシュの子育てに関して私に次のように語っている。「マヌーシュのところでは、子どもは常に周囲の人間から抱きしめられ、キスをされて育つ。子どもは愛されて育つことができる。……中略……私たちの社会のように、子どもをネグレクトすることもない。時に若い娘が子をもつこともあるけれど、私は何も心配しない。なぜかというと、そこには彼女の母親や姉妹やオバがいて、みながその子がおなかをすかせていないか、幸せであるかを常に気にしているからよ」。

第3章　定住化の時代におけるノマディズムの再編

(1) キャラヴァンは移動式住居であるが、法的には「住宅」とはみなされないため、住宅手当の給付対象からはずされる。それに加え、キャラヴァンの宿営は次のような制限を受ける。フランスの都市計画法では、土地は「建築可能地」と「建築不可能地」の二種に分類される。この後者の土地にキャラヴァンを三カ月以上とめおくことは、建造物建設と同様に違法行為とみなされる。ポー地域の家族用地のなかには、建築不可能地でありながらキャラヴァンを長期間設置している場合もあるが、実際には見過ごされ、特に問題は生じていない。しかし、私が二〇〇六年に訪れたブルターニュでは、建築可能地の区画に家屋を建設し、その横にある建築不可能地の区画にキャラヴァンをとめて暮らしていた移動生活者家族が、違法性を問われていた。この家族の話では、向かいの敷地に住む定住民男性が警察に告発したとのことであった。

(2) 適合住宅には、高齢者や障害者用のものもある。移動生活者専用の適合住宅については、以下を参照 [Ministère de l'Écologie 2009; Robert 2007]。

（1）このように記述すると、「女性＝私的領域」、「男性＝公的領域」と固定されているようにみえるかもしれないが、実際にはそれほど厳密ではない。女性が昼間過ごすキャラヴァン周囲の領域には、ひっきりなしに親族の男性成員が訪れて女性に用事を頼む。そして夜になると、そこは男性たちの社交場となる。つまり、マヌーシュにおける男女の空間的分離は、あらかじめ男女それぞれの行動領域を決定することによって保たれているのではない。重要なのは、一日を構成する時間の流れと文脈に応じて、可変的に女性や男性の領域として性化される空間の区別に配慮することである。そうであるため、男性が日中に家族の女性たちが集う領域に一人混じってくつろぐことはないし、女性が広場で立ち話する男性の集まりの輪に立ち入ったりすることもない。

（2）ここで挙げる二種の相互作用の区別は、ゴッフマンが、「共在」という人々が身体的に共に居合わせる状況を、「焦点の定まらない相互作用」と「焦点の定まった相互作用」という表現で二つに区別したかたちと対応する。「焦点の定まらない相互作用」は、「互いに目と耳が届く範囲にいる個々人がそれぞれ自分のするべきことをやっていて、共通の関心の焦点がない場の相互行為」［ゴッフマン　2002(1967): 136］である。それは、「話をやめることができても、身体表現によるコミュニケーションはやめることができない」［ゴッフマン　1980(1963): 39］とされるように、人々が視線の相互性に基づく集まりの場において身体的コミュニケーションを繰り広げる状況を表すが、参加者が「お互いになんとなく話しかけたりする」状況をつくることから、「単一の知覚的・視覚的焦点」によって「対面的関わり」を維持しようとする「焦点の定まった相互作用」へとも移行する。

（3）無関心さの表明は、家族集団間の関係が親族関係の遠近にかかわらず複雑化している現状では、難しく不自然にもなっている。たとえば、あるマヌーシュ女性が、「向かいの家族とは口を利かないことにしたのよ」と私に耳打ちをしたことがあるが、この女性の家族集団と不和にあるもう一つの家族集団は、両家の祖母が姉妹ということで近親関係にある。通常、マヌーシュは近親同士で宿営区画を近接させるので、この二つの家族集団の宿営区画もすぐ近くで向かいあう状況にある。いやおうなしに互いの宿営区画での生活の様子が、見る、見られる関係にあるのだ。しかし、この二家族は、まるで両者の宿営区画のあいだに透明の壁があるかのように互いに無関心をよそおうことで対立の悪化を避けていた。

（4）ルフェーヴルはこのような空間を「抽象空間」と呼び、例としてスペインの植民都市計画を次のように説明する。「正方形や長方形の各区画にそれぞれの機能が定められ、またその逆に中心区域（行政庁舎、市の門、広場、通り、港湾施設、貿易機構、市庁舎）からの距離に応じて、それぞれの場所が機能的に割り振られる。こうして均質な空間の上に、徹底した隔離が重ね合わされる」［ルフェーヴル　2000(1974): 231］。

（5）「黙認された土地」に暮らす住民は、一年を通して同じ家族構成で同じ土地に定着している。近親が近隣の宿営地に住んでいるケースが多い。これらの土地は水道や電気設備などのライフラインの確保にも事欠き、生活環境は悪いのであるが、彼らの多くは移動生活に際して土地を離れることがあっても、また戻ってくる（しかない）。

（6）エランス・ローカルの家族のなかには、地域外からやって来て一年の一時期をポー地域で過ごす家族もいる。この「通りすがりの移動生活者 gens du voyage de passage」を地元の家族と明確に区別することは難しいが、私が調査地で出会った多くのエランス・ローカルの家族（BT家を含む）は、他の居住地に暮らすマヌーシュ家族と同様に、一九六〇年代以降に調査地に定着し始め、SC集合宿営地や他の宿営地に一時的に居住していた家族である。調査地に親族が暮らし、子どもも地元の教育機関に通う。これらの地域社会に根づいた家族がエランス・ローカルを選ぶ背景はさまざまである。私の調査では集合宿営地のスラム化した生活環境、家族間トラブル、若者の非行化などの理由、さらに移動の自由を否定する「指定地」そのものへの抵抗感が語られた。

第5章　身体を包み、位置づけるキャラヴァン

（1）「プロプルではない」という表現を、同じようにマヌーシュ語で表すことはできない。なぜなら、フランス語の「プロプル」の二つの意は、マヌーシュ語ではそれぞれ別の表現となるためである。「清潔」を意味する言葉に近いのは、*kel* あるいは *klor* で、「適切」や「良い」など一般的な肯定的価値を指す場合に頻繁に用いられるのは、*mištó* である。

（2）中古のキャラヴァンは、地域内のマヌーシュから購入されるほか、見知らぬジプシーや移動生活者が集合するルルドのような巡礼地でも調達される。

（3）これは、一般的にはモービル・ホームと呼ばれる種類に属し、高額であることに加え、道路交通法上のさまざまな規制が加えられるので移動生活には不向きでもある。

（4）ただし、集合宿営地のシャワー設備が破損していたり、清潔でない場合、自力でシャワー室を宿営区画に建設するか、キャラヴァン内のシャワーを利用しなければならない。

（5）ジプシー社会における清浄と不浄の観念は古くからさまざまな報告のなかで注目されてきたが、一九六〇年代から七〇年代にジプシー社会を調査研究した英米の人類学者たち［Gropper 1975; Miller 1975; オークリー 1986 (1983); Sutherland 1986 (1975)］は、それまで人類学的研究の対象として注目されていなかった自国内部のジプシー社会を、象徴論や構造主義、民族境界論といった当時の学問的視座を取りいれて論じ、西欧社会とは異なる独自の文化構造をもつ社会として鮮やかに描きだした。

（6）女性は月経や出産といった身体的機能からジプシー男性の清浄性を脅かしかねない、また外部社会での行商という社会的役割から非ジプシーからの性的汚染を受けやすいとされる［オークリー 1986 (1983): 32-36］。死者については第6章を参照のこと。

（7）清浄と不浄ではなく、恥や敬意（名誉）の観念がガジェとの差異を明確にし、「ジプシー性」の重要な指針となるこう

した例は、他のジプシー社会の事例でも同様に指摘されている［Gay y Blasco 1999; Stewart 1997; Williams 1993］。

（8）マヌーシュは、普段からテレビの報道番組などを見て、離婚や児童虐待など、ガジェ家族が多くの問題を抱えている様子を自分たちの家族の団結力と比較して話題にするので、おそらくこういった家族崩壊にまつわる事柄を、この「運命」という言葉は指している。

（9）「社会的身体」に着目し、生身の身体を秩序化する象徴作用を中心的に議論したダグラスも、次のように述べる。「社会的身体は生理的身体を知覚するそのやり方を制約する。身体の生理的経験は、身体を知覚するさいの媒介となるさまざまな社会的範疇に絶えず限定されつつ、社会に対する独自の見方を支えている。つまり、これら二種類の身体経験のあいだには絶えずお互いに意味の交流がおこなわれており、それぞれが他方のさまざまな範疇を補強しているのである。このような相互作用の結果、身体そのものが高度に制約された表現手段になっているのだ」［ダグラス 1983(1970): 129］。

（10）たとえば、メラネシアやアフリカの社会を対象とする近年の研究では、近代化やポストコロニアル期にあって変化の只中にある非西欧社会の個の様態を、「分割不可能 individual」と「分割可能 dividual」な側面［LiPuma 1998］、あるいは「個別化 individuation」と「個人主義化 individualization」［Corin 1998; Marie 1997］という二つの側面の緊張関係や、変動する社会状況のなかで揺れ動く共同性との関係において照らしだすことにより、西欧と非西欧、近代と伝統という静態的な二項図式を覆していく試みがなされている。

第6章　キャラヴァンが支える沈黙の共同性

（1）カトリック教徒の結婚式は、レストランやパーティ会場を利用しておこなわれる。一方、ペンテコステ派信者同士の結婚の場合は、教会が野外にテントを張って特設した会場で、牧師の立会いのもと実施される。しかし、結婚までの流れは両教派とも同じであり、教派の違いを理由に双方の信者が式への出席をためらうこともない。準備には花嫁と花婿双方の親が協力し、婚資の支払いが一方の親に義務づけられることはない。

（2）ポー地域のマヌーシュの多くが、居住地から車で二〇分から一時間ほどの距離にあるピレネー山脈付近の村々に家族墓地を所有する。

（3）サザーランドは、アメリカのロマ社会における死者が、「清浄である神」と「不浄である悪魔」とのあいだで両義的な意味をもつと指摘しているが（表5-1）、他の論者同様、喪の慣習を死者に由来する不浄性と災いの回避と説明する［Sutherland 1986(1975): 283-286］。

（4）ウィリアムの解釈は、マヌーシュの事例に限って適用されるものではない。死者の不浄視という解釈をマヌーシュの事例から展開する論者もいれば［Rao 1975］、スペインのヒターノの事例からウィリアムの解釈に賛同する論者もいる［Gay y Blasco 1999］。

（5）ジプシーは、死者の身体が死後の解剖によって損なわれることを非常に恐れ、できるだけ早く病院や霊安室から連れだすと指摘されるが［オークリー 1986(1983): 350; Williams

1993: 15]、私もまた、マヌーシュが死後の解剖や臓器移植に対する恐れを口にするのを聞いている。火葬に対する抵抗感も語られる。土葬が一般的であるフランスでは、近年、都市部を中心に火葬が広まっているが、ポー地域のマヌーシュのなかで家族が火葬された人はいない。

(6) アリエスは、西欧社会の人々の死に対する態度の歴史的変遷を追うなかで、中世において身近なもので、個人の日常生活および共同体の社会生活の一部として組みこまれていた死が、現代に至るまでに、逆戻りや変奏を伴いながらも、次第に汚れていて不快なものとされ、隠蔽されるべきものとなっていったことを指摘している。

(7) マヌーシュの平均寿命はフランスの一般的なそれよりも格段に短いとしばしば指摘され、私も同様の見解を地元の移動生活者支援団体で働く看護師から得ている。彼女によると、糖分と脂質の多い食事や飲酒による疾患、自動車運転に伴う交通事故による死傷者数の多さが関係しているという。

(8) 川田は、世界各地の名づけの慣行を比較して、高い価値をもつ言葉に「あやかる」名前と、ある特定の出来事に「ちなむ」名前とに大別している[川田 1988]。菅原は、それを「祈念」と「記念」と言い直し、後者の個人名は何らかの印象的な出来事を共同体が振り返ることを可能にする「記憶装置」なのだと指摘している[菅原 2004: 40-41]。ロマノ・ラップとして用いられた言葉に本来意味が備わっている場合、このような名前と祈念／記念との結びつきを認めたくなるが、実際にはこうした理解はロマノ・ラップにそぐわない。「優しい」という名やハリウッドスターの名をもつ子に対して、マヌーシュの親は「優しい子」やそのハリウッドスターのようになってほしいという特別の希望をこめたわけではないと言う。アルコール飲料名やアフガニスタンに由来する名前も、命名者がそのCMや報道を強い印象として記憶しているからではなく、たまたま音の響きや語感が気に入ったためだと説明される。

(9) 人類学的研究は、多くの社会で、名前が社会的カテゴリーとしての人格や役割と結びつくことを指摘してきた[e.g. モース 1995(1938)]。個人の識別ではなくその社会的分類を明確化する装置という名前の理解は、同じ名前を複数の個人に配分する社会だけでなく、同名を忌避する社会においても同様にあてはまるという[出口 1995]。この名前における「指示の非固有性」を示す議論は妥当であるが、そもそも人は名前に個体識別の機能だけを求めているのではなく、名前の固有性はその指示機能以外に関わるともいえる。浜本[2005]は、固有名＝名前を、言語記号の自己完結した相互参照関係という観点からではなく、実践のためのコミュニケーション・システムの発生プロセスから捉えることの重要性を述べ、名前とその持ち主が「記号と指示」の関係に還元されるのではなく、「彼の身体に刻みこまれたタトゥー」にも似た「人とその所有・領有物」という「固有の」関係、すなわち換喩的関係（同じコンテクストにおける共起、隣接の関係）をもつと指摘する[*ibid.*: 79]。ロマノ・ラップが持ち主と不可分の関係をもつのも、この意味においてである。それは、呼ばれ応答するという、日々の持続的で実践的な他者との相互行為を経ることで、「本当の名前」として個人に定着する「固有の所有物」である。

(10) ナチス・ドイツによる絶滅・強制収容政策でどれだけのジプシーが犠牲になったのかは、今日に至るまで確定されていない。ナチス・ドイツの占領地域、および同盟諸国のジプシーは、収容所に送られ殺害されたばかりでなく、前線や占領地でも虐殺されたためである。推定される犠牲者数は、二五万人から最大で四〇〇万人とされ、大きな開きがある［水谷 2006］。

(11) 次のような例もある。地元の移動生活者支援団体の企画でマヌーシュの若者が創作演劇を披露した際、上演直前に主演者の一人である女性の叔父が死去した。舞台音楽を担当する別の若者は、流す予定の音楽は「陽気な」曲ではないのだからそのまま上演してはどうだろうかと意見した。しかし最終的には、遺族である女性の「流さない」という一言により、すべてのバックミュージックを取り除いた上演がおこなわれることになった。彼女の決定に対して、別の参加者が理由を求めたり自らの意見を主張したりすることはなかった。

(12) 死者の生前の姿を収めた写真が保存される「本」は、マヌーシュの「沈黙の敬意」を脅かすものになる。ドレは、彼の著作に添付された死者の写真がもとでマヌーシュ家族とのあいだで問題を抱えたという［Williams 1993: 14］。私も調査中、この点で、マヌーシュの人々の写真撮影に配慮を要した。実際、調査地では、死者の写真が収められた本の増刷をマヌーシュが拒んだという出来事がある。また、本書でも参照しているドエールの著書にも、調査地のマヌーシュの亡き家族の写真が含まれる。ポー地域のマヌーシュの誰一人として、彼らの親族であるドエールの本を所持していなかったが、私が見せると、彼らは嬉々として本のページをめくり、家族の姿を探しだそうとした。しかし、ドエールの姪の一人は、次のように私に注意している。「いいこと、この本は大事に保存しなければならない。破ったり、ごみ箱に捨てたりなんかしてはならない。なぜなら、ここには私たちの親愛なる死者たちがいるのだから」。一般的とはいえないが、死者が所有していたアクセサリーや腕時計を遺族が手元に残していたケースも耳にしたことがある。しかし、遺族はそのことを公言したり、それらの装飾品を身につけて人目にさらしたりすることはなかった。これらの保持される写真や装飾品と、廃棄されるキャラヴァンとの違いは、前者が人目につかないように秘かに、また傷んだり壊されたりすることなく手元にとっておくことができるという点にある。つまり、マヌーシュは、死者の所有物を「無傷のままに」保つという観点から、保持するものと廃棄すべきものとを区別しているのである。

(13) 近年再検討されている「客体化＝物体化 objectification」概念も示唆的である。そこでは、モノと精神の円環的な相互規定関係を指摘したブルデュの客体化概念をもとに、精神から物質への一方向的なプロセスとしての客体化ではなく、モノが人の思考や実践に働きかけ、人とモノとが統一体を構成する側面が強調される［Miller 2005; Tilley 2006］。

http://www.assemblee-nationale.fr/14/ta/ta0878.asp（2016 年 12 月 28 日最終アクセス）
INSEE（フランス国立統計経済研究所）
www.insee.fr
Ministère du Logement et de l'Habitat durable（住宅・持続的居住省）
http: //www. logement. gouv. fr/tout-comprendre-sur-le-projet-de-loi-egalite-et-citoyennete（2016 年 12 月 28 日最終アクセス）
http: //www. logement. gouv. fr/adoption-definitive-du-projet-de-loi-egalite-et-citoyennete（2016 年 12 月 28 日最終アクセス）

新聞

Le Monde 2015 年 6 月 10 日。

Turner, Terence

1994 'Bodies and Anti-Bodies: Flesh and Fetish in Contemporary Social Theory', in T. J. Csordas (ed.), *Embodiment and Experience: The Existential Ground of Culture and Self.* Cambridge: Cambridge University Press, Pp. 27–47.

1995 'Social Body and Embodied Subject: Bodiliness, Subjectivity, and Sociality among the Kayapo', *Cultural Anthropology* 10(2): Pp. 143–170.

2007 'The Social Skin', in J. Farquhar and M. Lock (eds.), *Beyond the Body Proper: Reading the Anthropology of Material Life.* Durham and London: Duke University Press, Pp. 83–103.

Valet, Joseph

2007 *Lexique Français-Manouche.* chez l'auteur.

Vaux de Foletier, François de

1961 *Les Tsiganes dans l'ancienne France.* Paris: Société d'édition géographique et touristique.

Willems, Wim

1997 *In Search of the True Gypsy: From Enlightenment to Final Solution.* translated by Don Bloch, London: F. Cass.

Williams, Patrick

1984 *Mariage tsigane: une cérémonie de fiançailles chez les Rom de Paris.* Paris: L'Harmattan.

1987 'Le développement du Pentecôtisme chez les Tsiganes en France: mouvement messianique, stéréotypes et affirmation d'identité', *Vers des sociétés pluriculturelles* (*Actes du colloque international de l'A. F. A.*). Paris: L'ORSTOM, Pp. 325–331.

1993 *Nous, on n'en parle pas: les vivants et les morts chez les Manouches.* Paris: Maison des Sciences de l'Homme.

地方行政および政府刊行物、その他報告書

Association Gadjé-Voyageurs 64（AGV 64）

2007 *Bilan d'Activité.*

Conseil de l'Europe（欧州評議会）

2012 *Glossaire terminologique raisonné du Conseil de l'Europe sur les questions roms.*

Cour des Comptes（フランス会計院）

2012 *L'accueil et l'accompagnement des gens du voyage.*

Département des Pyrénées-Atlantiques（ピレネー=アトランティック県）

2003 *Schéma départemental d'accueil et de l'habitat des gens du voyage*: approuvé le 19 novembre par le Préfet du Département des Pyrénées-Atlantiques et le Président du Conseil Général des Pyrénées-Atlantiques.

Ministère de l'Écologie, de l'Énergie, du Développement durable et de la Mer en charge des Technologies vertes et des Négociations sur le climat（エコロジー・エネルギー・持続可能開発・海洋・環境技術・気候関連交渉省）

2009 *Guide de l'habitat adapté pour les gens du voyage.*

オンライン資料

Assemblée nationale（国民議会）

and other Travellers. London: Academic Press, Pp. 139-167.
1985 'Des nomades méconnus: pour une typologie des communautés péripatétiques', *L'Homme* 25 (3): Pp. 97-120.

Rapport, Nigel
1997 *Transcendent Individual: Essays towards a Literary and Liberal Anthropology*. London: Routledge.

Reyniers, Alain
1986 'Le système tsigane et la question du nomadisme', *Etudes tsiganes* 3: Pp. 7-11.
1992 'La roue et la pierre: contribution anthropo-historique à la connaissance de la production sociale et économique des Tsiganes', Thèse de doctorat: Université de Paris V.
1998 'Le souci de soi, ou la pérennité d'une communauté tsigane', *Etudes tsiganes* 11: Pp. 116-124.

Reyniers, Alain et Patrick Williams
2000 'Permanence tsigane et politique de sédentarisation dans la France de l'après-guerre', *Etudes tsiganes* 15: Pp. 10-25.

Glize, Richard
1986 'Les processus messianiques de l'église évangélique tsigane chez les Rom de la banlieue nord-est de Paris', Thèse de 3ᵉcycle: Université de Paris VII.

Robert, Christophe
2007 *Eternels étrangers de l'intérieur ?: les groupes tsiganes en France*. Paris: Desclée de Brouwer.

Ruddick, Susan M.
1996 *Young and Homeless in Hollywood: Mapping Social Identities*. London: Routledge.

Scott, James C.
1998 *Seeing Like a State: How Certain Schemes to Improve the Human Condition Have Failed*. New Haven: Yale University Press.

Smith, David
1997 'Gypsy Aesthetics, Identity and Creativity: The Painted Wagon', in T. Acton and G. Mundy (eds.), *Romani Culture and Gypsy Identity*. Hatfield: University of Hertfordshire Press, Pp. 7-17.

Stewart, Michael
1997 *The Time of the Gypsies*. Boulder: Westview Press.

Strathern, Marilyn
1988 *The Gender of the Gift: Problems with Women and Problems with Society in Melanesia*. Berkeley: University of California Press.

Sutherland, Anne
1977 'The Body as a Social Symbol among the Rom', in J. Blacking (ed.), *The Anthropology of the Body*. London: Academic Press, Pp. 375-390.
1986 *Gypsies: The Hidden Americans*. Illinois: Waveland Press (first published in 1975).

Tilley, Christopher
2006 'Objectification', in C. Tilley, W. Keane, S. Küchler, M. Rowlands, and P. Spyer (eds.), *Handbook of Material Culture*. London: Sage Publications, Pp. 60-73.

1976 *Mutation tsigane: la révolution bohémienne*. Paris: Complexe.

2007 *Roms en Europe*. Editions du Conseil de l'Europe.

Liégeois, Jean-Pierre (dir.)

2007 *L'accès aux droits sociaux des populations tsiganes en France: rapport d'étude de la Direction générale de l'action sociale*. Rennes: l'ENSP.

LiPuma, Edward

1998 'Modernity and Formative Personhood in Melanesia', in M. Lambek and A. Strathern (eds.), *Bodies and Persons: Comparative Perspectives from Africa and Melanesia*. Cambridge: Cambridge University Press, Pp. 53-79.

Lucassen, Leo, Wim Willems, and Annemarie Cottaar

1998 *Gypsies and Other Itinerant Groups: A Socio-Historical Approach*. New York: St. Martin's Press.

Marie, Alain

1997 'Du sujet communautaire au sujet individuel: une lecture anthropologique de la réalité africaine contemporaine', in A. Marie et al. (eds.), *L'Afrique des individus: Itinéraires citadins dans l'Afrique contemporaine*. Paris: Karthala, Pp. 53-110.

Miller, Carol

1975 'American Rom and the Ideology of Defilement', in F. Rehfisch (ed.), *Gypsies, Tinkers and Other Travellers*. London: Academic Press, Pp. 41-54.

Miller, Daniel

1987 *Material Culture and Mass Consumption*. New York: Basil Blackwell.

2005 'Materiality: An Introduction', in D. Miller (ed.), *Materiality*. Durham: Duke University Press, Pp. 1-50.

Okely, Judith

1994 'L'étude des Tsiganes: un défi aux hégémonies territoriales et institutionnelles en anthropologie', *Etudes tsiganes* 4(2): Pp. 39-58.

Olive, Jean-Louis

2003 'Approche discrète d'un anthropologue au seuil de l'altérité: conjugalité et parentalité, famille et communauté, le dedans et le dehors du monde gitan', *Spirale* 26: Pp. 29-63.

Omori, Yasuhiro

1976 'Conception de l'espace de vie chez les Tsiganes manouches', *Etudes tsiganes* 4: Pp. 9-15.

1977 'L'utilisation de l'espace chez les Manouches', Thèse de doctorat: Université de Paris X.

Piasere, Leonardo

1994 'Les Tsiganes sont-ils "bons à penser" anthropologiquement ?', *Etudes tsiganes* 4 (2): Pp. 19-38.

Poole, Fitz John Porter

1994 'Socialization, Enculturation and the Development of Personal Identity', in T. Ingold (ed.), *Companion Encyclopedia of Anthropology*. London: Routledge, Pp. 831-860.

Rao, Aparna

1975 'Some Mānuš Conceptions and Attitudes', in F. Rehfisch (ed.), *Gypsies, Tinkers*

The Journal of the Royal Anthropological Institute 7(4): Pp. 631-647.
Gropper, Rena C.
1975 *Gypsies in the City: Culture Patterns and Survival*. Princeton: Darwin Press.
Hasdeu, Iulia
2007 '"Bori", "r(R)omni" et "Faraoance": genre et ethnicité chez les Roms dans trois villages de Roumanie', Thèse de doctorat: Institut d'ethnologie de I'Université de Neuchâtel.
Helliwell, Christine
1996 'Space and Sociality in a Dayak Longhouse', in M. Jackson (ed.), *Things As They Are: New Directions in Phenomenological Anthropology*. Bloomington: Indiana University Press, Pp. 128-148.
Henare, Amiria, Martin Holbraad, and Sari Wastell.
2007 'Introduction: Thinking through Things', in A. Henare, M. Holbraad, and S. Wastell (eds.), *Thinking through Things: Theorising Artefacts Ethnographically*. London: Routledge, Pp. 1-31.
Humeau, Jean-Baptiste
1995 *Tsiganes en France: de l'assignation au droit d'habiter*. Paris: L'Harmattan.
Ingold, Tim
1986 *The Appropriation of Nature: Essays on Human Ecology and Social Relations*. Manchester: Manchester University Press.
1994 'Introduction to Social Life', in T. Ingold (ed.), *Companion Encyclopedia of Anthropology*. London: Routledge, Pp. 737-755.
2000 *Perception of the Environment*. London: Routledge.
Iwatani, Ayako
2002 'Strategic "Otherness" in the Economic Activites of Commercial Nomads: A Case of the Vaghri in South India', *Journal of the Japanese Association for South Asian Studies* 14: Pp. 92-120.
Jackson, Michael
1989 *Paths toward a Clearing: Radical Empiricism and Ethnographic Inquiry*. Bloomington: Indiana University Press.
1995 *At Home in the World*. Durham: Duke University Press.
Keane, Webb
2005 'Signs Are Not the Garb of Meaning: On the Social Analysis of Material Things', in D. Miller (ed.), *Materiality*. Durham: Duke University Press, Pp. 182-205.
Lacroix, François
1996 'du lieu, d'un habitat', *Etudes tsiganes* 7: Pp. 130-142.
Lakoff, George and Mark Johnson
1999 *Philosophy in the Flesh: The Embodied Mind and its Challenge to Western Thought*. New York: Basic Books.
Lee, Ken
2000 'Orientalism and Gypsylorism', *Social Analysis: The International Journal of Social and Cultural Practice* 44(2): Pp. 129-156.
Liégeois, Jean-Pierre

1994 *Self Consciousness: An Alternative Anthropology of Identity*. London: Routledge.

Corin, Ellen

1998 'Refiguring the Person: The Dynamics of Affects and Symbols in an African Spirit Possession Cult', in M. Lambek and A. Strathern (eds.), *Bodies and Persons: Comparative Perspectives from Africa and Melanesia*. Cambridge: Cambridge University Press, Pp. 80-102.

Csordas, Thomas J.

1994 'Introduction: The Body as Representation and Being-in-the-World', in T. J. Csordas (ed.), *Embodiment and Experience: The Existential Ground of Culture and Self*. Cambridge: Cambridge University Press, Pp. 1-24.

Delépine, Samuel

2012 *Atlas des Tsiganes: les dessous de la question rom*. Paris: Autrement.

Dieterlen, Germaine ed.

1973 *La notion de personne en Afrique noire*. Paris: CNRS.

Doerr, Joseph (dit Coucou)

1982 *Où vas-tu, Manouche ?: vie et mœurs d'un peuple libre*. Bordeaux: Wallada.

Dollé, Marie Paul

1980 *Les Tsiganes Manouches*. Sand: chez l'auteur.

Eberstadt, Fernanda

2007 *Le chant des gitans: à la rencontre d'une culture dans le sud de la France*. Paris: Albin Michel.

Ellen, Roy

1986 'Microcosm, Macrocosm and the Nuaulu House: Concerning the Reductionist Fallacy as Applied to Metaphorical Levels', *Bijdrangen tot de Taal-, Land- en Volkenkunde* 142(1): Pp. 1-30.

Etudes tsiganes ed.

1995 *1939-1946 France: l'internement des tsiganes (Etudes tsiganes 6).*

1999 *L'internement(II): des lieux de mémoire Arc-et-Senans (Etudes tsiganes 13).*

Filhol, Emmanuel

2004 *La mémoire et l'oubli: l'internement des Tsiganes en France, 1940-1946*. Paris: L'Harmattan.

Formoso, Bernard

1987 *Tsiganes et sédentaires: la reproduction culturelle d'une société*. Paris: L'Harmattan.

Forth, Gregory L.

1981 *Rindi: An Ethnographic Study of a Traditional Domain in Eastern Sumba*. The Hague: Martinus Nijhoff.

Frank, Arthur W.

1991 'For a Sociology of the Body: An Analytical Review', in M. Hepworth, M. Featherstone, and B. S. Turner (eds.), *The Body: Social Process and Cultural Theory*. London: Sage Publications, Pp. 36-102.

Gay y Blasco, Paloma

1999 *Gypsies in Madrid: Sex, Gender and the Performance of Identity*. Oxford, New York: Berg.

2001 '"We Don't Know Our Descent": How the Gitanos of Jarana Manage the Past',

Cambridge: Cambridge University Press, Pp. 123-140)
リーチ、エドマンド
1981 『文化とコミュニケーション——構造人類学入門』(文化人類学叢書) 青木保・宮坂敬造訳、紀伊國屋書店。(Edmund Leach, 1976, *Culture and Communication: The Logic by Which Symbols are Connected: An Introduction to the Use of Structuralist Analysis in Social Anthropology*, Cambridge: Cambridge University press)
ルフェーヴル、アンリ
2000 『空間の生産』斎藤日出治訳、青木書店。(Henri Lefebvre, 1974, *La production de l'espace*, Paris: Anthropos)
ルロワ=グーラン、アンドレ
1973 『身ぶりと言葉』荒木亨訳、新潮社。(André Leroi-Gourhan, 1964-65, *Le geste et la parole*, 2 vols, Paris: Albin Michel)
レーナルト、モーリス
1990 『ド・カモ——メラネシア世界の人格と神話』坂井信三訳、せりか書房。(Maurice Leenhardt, 1947, *Do Kamo: la personne et le mythe dans le monde mélanésien*, Paris: Gallimard)
渡辺公三
2003 『司法的同一性の誕生——市民社会における個体識別と登録』言叢社。

外国語文献

Appadurai, Arjun
1986 'Introduction: Commodities and the Politics of Value', in A. Appadurai (ed.), *The Social Life of Things: Commodities in Cultural Perspective*. Cambridge: Cambridge University Press, Pp. 3-63.
Aubin, Emmanuel
2001 'L'évolution du droit français applicable aux Tsiganes: les quatre logiques du législateur républicain', *Etudes tsiganes* 15: Pp. 26-56.
Augé, Marc
1992 *Non-lieux: introduction à une anthropologie de la surmodernité*. Paris: Seuil.
Bader, Christian
2007 *Yéniches: les derniers nomades d'Europe: suivi d'un lexique yéniche-français et français-yéniche*. Paris: L'Harmattan.
Barany, Zoltan
2002 *The East European Gypsies: Regime Change, Marginality, and Ethnopolitics*. Cambridge: Cambridge University Press.
Baxter, John and Gordon Thorburn
2010 *Travelling Art: Gypsy Caravans and Canal Barges*. Stroud: History Press.
Bloch, Maurice and Jonathan Parry eds.
1982 *Death and the Regeneration of Life*. Cambridge: Cambridge University Press.
Bordigoni, Marc
1998 'Gitans et saisons en Cavalon', *Etudes tsiganes* 12(2): Pp. 47-71.
Bourdieu, Pierre
1977 *Outline of a Theory of Practice*. Cambridge: Cambridge University Press.
Cohen, Anthony P.

2006　「セルフの人類学に向けて――偏在する個人性の可能性」田中雅一・松田素二編『ミクロ人類学の実践――エイジェンシー／ネットワーク／身体』世界思想社、380-405頁。
2007　「複数化する間身体――現代ケニアのムンギキ・セクトを事例として」菅原和孝責任編集『身体資源の共有』（資源人類学第9巻）弘文堂、231-259頁。

マルティネス、ニコル
2007　『ジプシー』（文庫クセジュ新版）水谷驍・左地亮子訳、白水社。（Nicole Martinez, 1986, *Les Tsiganes*, Paris: PUF）

水谷驍
2006　『ジプシー――歴史・社会・文化』平凡社新書。

メトカーフ、ピーター&ハンティントン、リチャード
1996　『死の儀礼――葬送習俗の人類学的研究　第二版』池上良正他訳、未來社。（Peter Metcalf and Richard Huntington, 1991, *Celebrations of Death: The Anthropology of Mortuary Ritual* (2nd ed.), Cambridge: Cambridge University Press）

メルロ=ポンティ、モーリス
1967・1974『知覚の現象学』1・2巻、竹内芳郎他訳、みすず書房。（Maurice Merleau-Ponty, 1945, *Phénoménologie de la perception*, Paris: Gallimard）

モース、マルセル
1976　「身体技法」有地亨・山口俊夫訳『社会学と人類学』2、弘文堂。（Marcel Mauss, 1936, 'Les techniques du corps', *Journal de Psychologie* 32(4), Pp. 271-293）
1981　『エスキモー社会――その季節的変異に関する社会形態学的研究』宮本卓也訳、未来社。（Marcel Mauss, 1904-05, 'Essai sur les variations saisonnières des sociétés eskimos. Étude de morphologie sociale', *L'Année sociologique* 9, Pp. 39-132）
1995　「人間精神の一カテゴリー――人格の概念および自我の概念」マイクル・カリザス他編・厚東洋輔他訳『人というカテゴリー』紀伊國屋書店、15-58頁。（Marcel Mauss, 1938, 'Une catégorie de l'esprit humain: la notion de personne, celle de "moi"', *The Journal of the Royal Anthropological Institute of Great Britain and Ireland* 68, Pp. 263-281）

山口昌男
1983　「家屋を読む――リオ族（インドネシア・フローレス島）の社会構造と宇宙観」『社会人類学年報』9、1-28頁。

やまだようこ
2000　「人生を物語ることの意味――ライフストーリーの心理学」やまだようこ編『人生を物語る――生成のライフストーリー』ミネルヴァ書房、1-38頁。

ラーハ、ルードウィク編
2009　『スィンティ女性三代記〈上〉私たちはこの世に存在すべきではなかった』金子マーティン訳、凱風社。（Ludwig Laher (Hrsg.), 2004, *Uns hat es nicht geben sollen. Rosa Winter, Gitta und Nicole Martl. Drei Generationen Sinti-Frauen erzählen*, Grünbach: Edition Geschichte der Heimat）

ラ・フォンテーヌ、J. S.
1995　「人格と個人――人類学的考察」マイクル・カリザス他編・厚東洋輔他訳『人というカテゴリー』紀伊國屋書店、225-255頁。（J. S. La Fontaine, 1985, 'Person and Individual: Some Anthropological Reflections', in M. Carrithers, S. Collins, and S. Lukes (eds.), *The Category of the Person: Anthropology, Philosophy, History*,

(Yi-Fu Tuan, 1982, *Segmented Worlds and Self: Group Life and Individual Consciousness*, Minneapolis: University of Minnesota Press)

常田夕美子

2006　「個的経験の共同性・単独性・歴史性――東インド・オリッサにおける初潮儀礼をめぐって」田中雅一・松田素二編『ミクロ人類学の実践――エイジェンシー／ネットワーク／身体』世界思想社、240-262 頁。

ド・セルトー、ミシェル

1987　『日常的実践のポイエティーク』山田登世子訳、国文社。(Michel de Certeau, 1980, *L'invention du quotidien, 1. Arts de faire*, Paris: U. G. E.)

ナンシー、ジャン=リュック

2001　『無為の共同体――哲学を問い直す分有の思考』西谷修他訳、以文社。(Jean-Luc Nancy, 1999, *La communauté désœuvrée*, Paris: Christian Bourgois)

野家啓一

2005　『物語の哲学』岩波現代文庫。

2009　「展望　歴史を書くという行為――その論理と倫理」野家啓一編『歴史／物語の哲学』(岩波講座哲学 11 巻) 岩波書店、1-16 頁。

浜田寿美男

1999　『「私」とは何か――ことばと身体の出会い』講談社選書メチエ。

浜本満

2005　「名前と指示――人類学的省察」『九州大学大学院教育学研究紀要』8、61-84 頁。

バルト、フレドリック

1996　「エスニック集団の境界」青柳まちこ編監訳『「エスニック」とは何か――エスニシティ基本論文選』新泉社、23-72 頁。(Frederik Barth, 1969, 'Introduction', in F. Barth (ed.), *Ethnic Groups and Boundaries: The Social Organization of Culture Difference*, Boston: Little Brown, Pp. 9-38)

ハンコック、イアン

2005　『ジプシー差別の歴史と構造――パーリア・シンドローム』水谷驍訳、彩流社。(Ian Hancock, 1987, *The Pariah Syndrome: An Account of Gypsy Slavery and Persecution*, Ann Arbor, Michigan: Karoma Publishers)

フランク、アーサー、W.

2002　『傷ついた物語の語り手――身体・病い・倫理』鈴木智之訳、ゆみる出版。(Arthur W. Frank, 1995, *The Wounded Storyteller: Body, Illness, and Ethics*, Chicago: University of Chicago Press)

ブルデュ、ピエール

1988　『実践感覚』1 巻、今村仁司他訳、みすず書房。(Pierre Bourdieu, 1980, *Le sens pratique*, Paris: Minuit)

フレーザー、アンガス

2002　『ジプシー――民族の歴史と文化』水谷驍訳、平凡社。(Angus Fraser, 1992, *The Gypsies*, Oxford: Blackwell)

松田素二

1999　『抵抗する都市――ナイロビ移民の世界から』岩波書店。

2004　「変異する共同体――創発的連帯論を超えて」『文化人類学』69 (2)、247-270 頁。

ジェネップ、アルノルド・ヴァン
1999　『通過儀礼 新装版』秋山さと子・弥永信美訳、新思索社。(Arnold Van Gennep, 1909, *Les rites de passage*, Paris: Emile Nourry)
清水郁郎
2005　『家屋とひとの民族誌——北タイ山地民アカと住まいの相互構築誌』風響社。
菅原和孝
2004　『ブッシュマンとして生きる——原野で考えることばと身体』中公新書。
2007　「序——身体資源の共有」菅原和孝責任編集『身体資源の共有』(資源人類学第9巻) 弘文堂、13-26頁。
杉島敬志
1988　「舞台装置としての家屋——東インドネシアにおける家屋のシンボリズムに関する一考察」『国立民族学博物館研究報告』13(2)、183-220頁。
関根康正
2004a　「序論〈都市的なるもの〉を問う人類学的視角」関根康正編『〈都市的なるもの〉の現在——文化人類学的考察』東京大学出版会、1-39頁。
2004b　「都市のヘテロトポロジー——南インド・チェンナイ(マドラス)市の歩道空間から」関根康正編『〈都市的なるもの〉の現在——文化人類学的考察』東京大学出版会、472-512頁。
ダグラス、メアリ
1983　『象徴としての身体——コスモロジーの探究』江河徹他訳、紀伊國屋書店。(Mary Douglas, 1970, *Natural Symbols: Explorations in Cosmology*, London: Barrie & Rockliff)
2009　『汚穢と禁忌』塚本利明訳、ちくま学芸文庫。(Mary Douglas, 1966, *Purity and Danger: An Analysis of Concepts of Pollution and Taboo*, London: Routledge & Kegan Paul)
ターナー、ヴィクター・W.
1996　『儀礼の過程　新装版』冨倉光雄訳、新思索社。(Victor W. Turner, 1969, *The Ritual process: Structure and Anti-Structure*, Chicago: Aldine Publishing)
田中雅一
2006a　「序論—ミクロ人類学の課題」田中雅一・松田素二編『ミクロ人類学の実践——エイジェンシー/ネットワーク/身体』世界思想社、1-37頁。
2006b　「網子たちの実践と社会変化——スリランカ・タミル漁村の地曳網漁をめぐって」田中雅一・松田素二編『ミクロ人類学の実践——エイジェンシー/ネットワーク/身体』世界思想社、263-315頁。
出口顯
1995　『名前のアルケオロジー』紀伊國屋書店。
1999　「名前と人格の系譜学——マルセル・モース再読」上野和男・森謙二編『名前と社会——名づけの家族史』早稲田大学出版部、28-58頁。
デリダ、ジャック
2000　「世紀と赦し」鵜飼哲訳『現代思想』11月号、89-109頁。(Jacques Derrida, 1999, 'Le siècle et le pardon (entretien avec Michel Wieviorka)', *Le Monde des Débats*, décembre)
トゥアン、イーフー
1993　『個人空間の誕生——食卓・家屋・劇場・世界』阿部一訳、せりか書房。

anthropologie des mondes contemporains, Paris: Aubier）
小田亮
2004　「共同体という概念の脱／再構築——序にかえて」『文化人類学』69(2)、236-246頁。
2009　「生活の場としてのストリートのために——流動性と恒常性の対立を超えて」関根康正編『ストリートの人類学』下巻（国立民族学博物館調査報告81）、489-518頁。
加藤政洋・大城直樹編
2006　『都市空間の地理学』ミネルヴァ書房。
川田順造
1988　『聲』筑摩書房。
2001　『無文字社会の歴史——西アフリカ・モシ族の事例を中心に』岩波現代文庫。
岸上伸啓
1999　「カナダ・イヌイットの個人名と命名」上野和男・森謙二編（比較家族史学会監修）『名前と社会——名づけの家族史』早稲田大学出版部、252-272頁。
ギブソン、ジェームズ・J.
1985　『生態学的視覚論——ヒトの知覚世界を探る』古崎敬他訳、サイエンス社。（James J. Gibson, 1979, *The Ecological Approach to Visual Perception*, Boston: Houghton Mifflin）
木村大治
2003　『共在感覚——アフリカの二つの社会における言語的相互行為から』京都大学学術出版会。
ゴッフマン、アーヴィング
1980　『集まりの構造——新しい日常行動論を求めて』（ゴッフマンの社会学4）丸木恵祐・本名信行訳、誠信書房。（Erving Goffman, 1963, *Behavior in Public Places: Notes on the Social Organization of Gatherings*, New York: Free Press of Glencoe）
2002　『儀礼としての相互行為——対面行動の社会学 新訳版』浅野敏夫訳、法政大学出版局。（Erving Goffman, 1967, *Interaction Ritual: Essays on Face-to-Face Behavior*, Garden City, New York: Doubleday & Co.）
近藤仁之
1995　『スペインのジプシー』人文書院。
サイード、エドワード・W.
1993　『オリエンタリズム』上・下、今沢紀子訳（板垣雄三・杉田英明監修）、平凡社ライブラリー。（Edward W. Said, 1978, *Orientalism*, New York: Pantheon Books）
左地亮子
2016　「「ジプシー」をめぐる政策の人類学試論——ノマド、移動生活者、ロマに対するフランスの法政策の分析を中心として」『文化人類学研究』17、91-107頁。
佐藤浩司編
1998　『住まいをつむぐ』（シリーズ建築人類学《世界の住まいを読む》1）学芸出版社。
佐藤浩司
1989a　「学界展望　民族建築学／人類学的建築学（上）」『建築史学』12、106-132頁。
1989b　「学界展望　民族建築学／人類学的建築学（下）」『建築史学』13、92-115頁。

参照文献

日本語文献

アリエス、フィリップ

1980　『〈子供〉の誕生——アンシアン・レジーム期の子供と家族生活』杉山光信・杉山恵美子訳、みすず書房。（Philippe Ariès, 1960, *L'enfant et la vie familiale sous l'Ancien Régime*, Paris: Plon）

1990　『死を前にした人間』成瀬駒男訳、みすず書房。（Philippe Ariès, 1977, *L'homme devant la mort*, Paris: Seuil）

市川浩

1993　『〈身〉の構造——身体論を超えて』講談社学術文庫。

岩田慶治

1986　「東南アジアにおける居住様式の展開」『住宅建築研究所報』13、3-16 頁。

岩谷彩子

2000　「「宗教をもたない民」の改宗——フランスの「ジプシー」の事例より」『宗教と社会』6、3-26 頁。

2009　『夢とミメーシスの人類学——インドを生き抜く商業移動民ヴァギリ』明石書店。

ウォータソン、ロクサーナ

1997　『生きている住まい——東南アジア建築人類学』布野修司監訳、学芸出版社。（Roxana Waterson, 1990, *The Living House: An Anthropology of Architecture in South-East Asia*, Singapore, New York: Oxford University Press）

内堀基光・山下晋司

2006　『死の人類学』講談社学術文庫。

エルツ、ロベール

2001　「死の宗教社会学——死の集合表象研究への寄与」吉田禎吾他訳『右手の優越——宗教的両極性の研究』ちくま学芸文庫、37-138 頁。（Robert Hertz, 1907, 'Contribution à une étude sur la représentation collective de la mort', *L'Année sociologique* 10, Pp. 48-137）

大森康宏

1978　「ルーロット（家式馬車）フランス——ジプシーの移動生活」『季刊民族学』2(1)、54-63 頁。

1984　「フランス・ジプシーの家馬車（ルーロット）——マヌーシュ族の生活空間」『季刊人類学』15(4)、129-168 頁。

1998　「大地をかける家馬車（マヌーシュ／フランス）」佐藤浩司編『住まいをつむぐ』（シリーズ建築人類学《世界の住まいを読む》1）学芸出版社、215-232 頁。

オークリー、ジュディス

1986　『旅するジプシーの人類学』木内信敬訳、晶文社。（Judith Okely, 1983, *The Traveller-Gypsies*, Cambridge: Cambridge University Press）

オジェ、マルク

2002　『同時代世界の人類学』森山工訳、藤原書店。（Marc Augé, 1994, *Pour une*

ヤ行

ラ行

ワ行

ナ行

ハ行

マ行

タ行

サ行

索　引

「⇒」は参照を,「＝」は正式名称を示す。

正誤表

『現代フランスを生きるジプシー』の奥付におきまして、
副題に誤りがありました。
お詫びして訂正いたします。

誤）マヌーシュの住まいと共同性の人類学
↓
正）旅に住まうマヌーシュと共同性の人類学

左地 亮子（さち りょうこ）

1980年京都府生まれ。
筑波大学大学院博士課程人文社会科学研究科修了。博士（学術）。
現在、日本学術振興会特別研究員PD（京都大学）。
専門は、文化人類学、ジプシー／ロマ研究。

おもな著作

2014　「沈黙の共同性――フランスのマヌーシュ共同体における「沈黙の敬意」に関する考察」『文化人類学』78(4)。

2013　「空間をつくりあげる身体――フランスに暮らす移動生活者マヌーシュのキャラヴァン居住と身構えに関する考察」『文化人類学』78(2)、日本文化人類学会奨励賞受賞。

2010　'Chacun a sa caravane: l'habitat caravane et l'organisation sociale chez les Manouches semi-sédentaires ou sédentaires dans la région paloise', *Journal des anthropologues* 120-121.

現代フランスを生きるジプシー
――マヌーシュの住まいと共同性の人類学

2017年2月28日　第1刷発行　　定価はカバーに表示しています

著　者　左《さ》 地《ち》 亮《りょう》 子《こ》
発行者　上 原 寿 明

世界思想社
京都市左京区岩倉南桑原町56　〒606-0031
電話　075(721)6500
振替　01000-6-2908
http://sekaishisosha.jp/

落丁・乱丁本はお取替えいたします。　（印刷・製本 太洋社）

ISBN978-4-7907-1694-5